핵심 실무 중심
마케팅 관리론

복준영·박소윤 지음

복준영

現) 신구대학교 글로벌경영과 교수, 경영학 박사(마케팅전공)
現) 한국외식산업정책학회 사무국장 및 정보시스템감사통제협회 이사
前) 풀무원ECMD미래전략실장 겸 밸류인 대표이사
前) CJ푸드빌 복합화 본부장, 삼성물산 수석 그룹장
前) SK텔레콤 마케팅전략 부장

    CJ제일제당 식물나라 브랜드, SK텔레콤 TTL, UTO, 월드컵 붉은악마 캠페인, 세계최초 인공지능 서비스 1mm, SK텔레콤 로밍서비스 국가별 통합요금제, CJ foodworld 및 국내외 54곳 상업시설 융·복합화, 중국 북경역 한국브랜드무역종합전시관 개관 및 프랜차이즈 外 다수.

마케팅실무자가 꼭 알아야 할 101가지, 세상에서 가장 재미 있는 마케팅이야기, 콜럼버스 마케팅 등 저술 外 서비스경영학회, 외식경영학회 등 다수 논문 등재

박소윤

現) 경희대 경영학부 겸임교수, 홍익대학교 석박사 통합 고급 마케팅 강의, 경영학 박사(마케팅전공)
現) 마케팅조사 및 브랜드 컨설팅 회사 Lemonade & Co. 대표 / 정성조사 및 Small Data 전문가로 미샤, 에뛰드하우스, 이니스프리, 설화수, AHC, 펩시, 퀘이커, 풀무원, 베지밀, CJ오쇼핑, 언더아머, 나이키, 유무선 통신 그룹 KT, E-land Retail NC 쇼핑 서울점 및 지방점, 에버랜드 및 다수의 광고 회사와 NPD(New Product Development), Brand Revitalization, 마케팅 및 커뮤니케이션 관련 전략 방안 도출 外 다양한 마케팅 및 브랜드 프로젝트 수행.
前) SPC, 와와컴, 브랜드 컨설팅 회사 책임 컨설턴트, 한컴 이찬진컴퓨터교실 등에서 기획 & 마케팅 담당.

이것이 소비자다 저술 外 마케팅학회, 유통학회, 소비자학회, 외식경영학회 등 다수 논문 등재

핵심 실무 중심
마케팅 관리론

발행일	2019년 8월 30일
지은이	복준영 · 박소윤
펴낸이	최민서
기획	추연민
책임 편집	신지항
펴낸곳	(주)북페리타
등록	315-2013-000034호
주소	서울시 강서구 양천로 551-24 한화비즈메트로 2차 807호
대표전화	02-332-3923
팩시밀리	02-332-3928
이메일	bookpelita@naver.com
값	19,000원
ISBN	979-11-86355-06-0 (93320)

이 도서의 국립중앙도서관 출판예정도서목록(CIP)은 서지정보유통지원시스템 홈페이지(http://seoji.nl.go.kr)와 국가자료종합목록시스템(http://www.nl.go.kr/kolisnet)에서 이용하실 수 있습니다. (CIP제어번호 : CIP2019033336)

핵심 실무 중심
마케팅 관리론

머리말

2016년 1월 스위스 다보스에서 열린 세계경제포럼에서 4차 산업혁명이라는 키워드가 본격적으로 등장한 이후, 산업과 시장은 성장 동력을 구체화하고자 다양한 도전을 지속하고 있다. 하지만 '혁명과 혁신'으로 이어지기 위해서는 행동의 주체인 관리자들의 변화 수용적 태도, 축적된 경험과 새로운 지식의 응용이 필수적이다. 그동안 산업과 시장의 변화 및 혁신을 선도해온 마케팅은 실증된 이론을 시장과 소비자를 대상으로 적용하며 발전해온 실질적 학문분야다.

이처럼 마케팅이 산업과 시장 변화를 소비자 중심으로 주도해왔으나 관련된 이론 학습은 주로 해외 연구이론과 사례를 중심으로 수행되어 국내 상황에 적합하지 않은 측면이 존재했었다. 이에 변화무쌍한 상황적 영향요인으로 인해 관리자가 구체적 해법을 탐색하고 제시하기에 어려움도 발생하였다. 아울러 마케팅을 학습하는 학생들의 경우, 수많은 이론과 사례로 인해 정작 학습한 내용을 실무적으로 접근·적용함에 있어 무엇을 활용하고, 어떻게 접근해야 하는지 혼란스러워 한 것도 사실이다.

본서는 Why와 How보다는 What이라는 관점에 초점을 맞춰온 기존의 마케팅 관리론과는 달리 학술적 지식과 이론의 현장 실무 적용에 중점을 두었다. 이에 마케팅의 다양한 학술적 이론과 지식들이 산업과 시장에서 실제로 어떻게 적용되며, 기업의 전략으로 포함되어 성공 가능성을 높일 수 있는지 등에 초점을 두었다. 특히 핵심적인 마케팅 이론과 연관되어 실무적으로 활용 가능한 대표적인 사례를 분석하여 구성하였다. 이로써 마케팅을 학습하고픈 학생들과 기업의 초급 마케팅 관리자들이 현장에서 마케팅 감각 지수를 높일 수 있도록 돕고자 하였다.

본서는 국내외 소비자를 대상으로 정보통신, 소비재, 무역, 외식, 부동산, 서비스 등의 다양한 산업과 마케팅 환경에서 20년 이상 마케팅 관리자와 의사결정자로서의 실행과 경험을 토대로 한 실무적 내용으로 구성하였다. 총 12장으로 구성하여 1장에서는 마케팅의 포괄적인 개념으로부터 2장부터 11장까지는 마케팅을 구성하는 핵심요소인 환경 분석, 소비자 조사방법, STP전략, 4P Mix 등에 관해 다루고, 마지막 장에서는 직접 마케팅 전략을 기획할 수도 있도록 접근하였다. 아울러 핵심적인 마케팅 지식을 서술하고, 현장에서 적용 가능한 대표적 사례들과 토론·분석을 촉진하는 퀴즈 형식의 질문으로 독자가 스스로 자기평가를 해볼 수 있도록 구성하였다. 모쪼록 마케팅을 공부하고 연구하는 독자들이 본서를 통해 실증된 이론을 학습하고 현장에 실무적으로 적용하여 다가오는 변화와 도전을 슬기롭게 해결해나가길 바란다.

2019년 8월
저자 일동

목차

Chapter 1
마케팅 개요

제1절 마케팅 개념

1. 마케팅이란?

미국 마케팅 협회(AMA)에서는 1960년에 마케팅을 '생산자로부터 생산된 제품 및 서비스의 흐름을 관리하는 기업활동'으로, 1985년에는 '개인과 조직의 목적을 충족시키는 교환을 창조하기 위하여 아이디어, 재화 그리고 서비스의 개발, 가격결정, 판매촉진, 유통을 계획하고 수행하는 과정', 2007년에는 '소비자, 고객, 파트너 그리고 사회를 위한 가치를 제공하기 위해 창조되고 의사소통하고 전달하고 교환하는 활동, 제도와 프로세스'로 정의하였다.

실무적으로는 '시장과 소비자에게 지속적인 가치를 부여하기 위한 기업의 관리 및 지원 행위 또는 활동'을 의미하며, 일부 기업의 실무자들은 마케팅(Marketing)의 개념을 'Market(시장)+ing(현재진행형의 과정)'으로서 시장과 소비자 만족을 위한 지원 과정과 활동으로 이해하기도 한다. 정리하면, 마케팅은 시장 활동의 주체와 대상으로서 '기업(생산자)과 고객(소비자)'이 존재하며 '제품과 서비스(상품)'로 '가치'를 전달하고 '교환하는 활동' 과정이라고 할 수 있다.

2. 마케팅 개념의 변화

마케팅의 개념은 산업, 시장 환경의 변화에 따라 지속적으로 진화, 발전해오고 있다. 마케팅 개념의 변화를 이해하는 것은 현재 및 미래의 마케팅 진화방향을 미리 고민하여 시대와 산업 등에 적합한 마케팅 전략과 세부활동을 설정하기 위함이다. 이에 과거부터 마케팅 개념의 주요 변화 흐름을 간략하게 살펴보면, 마케팅은 대량생산중심, 제품중심, 판매중심, 고객중심, 사회중심으로 계속적으로 진화·발전해오고 있다.

1) 대량생산중심

산업혁명 무렵인 20세기 초부터 미국과 유럽은 공급보다 수요가 많아진 시기로서 저렴한 제품을 더욱 효율적으로 생산하는 것에 초점을 맞추었다. 이에 노동인구의 분업화와 전문화, 대량생산을 갖춘 시설의 보완 등을 통해 대량생산과 효율적 생산이 산업과 시장의 목표이자, 마케팅의 기본적인 방향이었다. 이 시기에는 소품종 대량생산이 가장 중심이라고 하겠다.

2) 제품컨셉중심

산업혁명 이후, 산업화된 국가를 중심으로 대량생산으로는 소비자의 욕구를 충족하기 어려울 뿐 아니라 새로운 기능적·효율적 제품을 원하는 소비자가 증가함에 따라 대량생산보다는 다품종 소량생산을 중심으로 하는 신규제품의 개발 및 제품컨셉을 중심으로 하는 산업과 시장, 소비자의 요구가 점차 증가하였다.

3) 판매중심

마케팅을 판매와 수익으로 이해하고 대량생산시대가 열리면서 소비자들을 대상으로 판매하러 간다는 방식으로 판매관심이 증가하였는데, 이는 1970년 초까지 지속되었으며, 수요보다는 공급과잉의 상태에서 인적 판매와 광고를 통한 판매가 기업의 주요 관심사였다. 이 시기에는 자사의 제품을 구매하도록 자극하고 설득하는 대인판매, 방문판매 등의 인적 판매기법이 수행되었다.

4) 소비자중심

상품을 생산·판매하기 전에 소비자가 원하는 것은 무엇이고, 가치를 전달·제공하는 것이 마케팅의 목표를 달성할 수 있다고 판단하는 시기로서 '소비자중심' '소비자지향' '소비자

가치창출' '소비자관계' 등이 마케팅의 주요 관심사였다.

5) 사회지향적

오늘날의 마케팅은 소비자중심에서 비영리 CSR, CSV, 공유마케팅 등이 생산자인 기업과 소비자인 고객의 주된 관심사이며, 단지 기업의 생산품을 소비하는 것이 아닌, 생산·소비를 위한 기업의 사회적 책임과 의무, 시장에서 다른 이해관계자들과의 상생·공생 활동이 지속가능한 경영과 소비를 담보해줄 수 있는가에 관심이 집중되고 있다.

제2절 마케팅과 판매의 개념

일반적으로 마케팅을 학습하거나 기업 실무자들 사이에 마케팅과 판매의 개념에 대해 혼동하는 경우가 있다. 우선 마케팅과 판매는 개념상 여러 가지 측면에서 다르지만, 상호보완적인 관계에 놓여 있다고 할 수 있다. 이것은 마케팅의 목표와 성과가 궁극적으로 판매활성화 및 판매목표의 달성과 동일한 맥락으로 해석된다고 볼 수 있다. 다시 말해서, 마케팅의 성과를 측정하고 판단하는 기준은 결국 판매 목표 또는 그 이상 달성하는 재무적 결과로 해석하는 것이 일반적이다. 이에 마케팅과 판매의 개념을 미국의 경영학자 필립 코틀러(Philip Kotler)는 다음과 같이 구분한다.

"판매와 마케팅은 정반대이다. 같은 의미가 아닌 것은 물론, 서로 보완적인 부분조차 없다. 어떤 형태의 판매는 필요하다. 그러나 마케팅의 목표는 판매를 불필요하게 만드는 것이다. 마케팅이 지향하는 것은 고객을 이해하고 제품과 서비스를 고객에 맞추어 저절로 팔리도록 하는 것이다."

그의 주장은 효율적인 마케팅 활동을 통해 판매 중심이 아닌, 소비자 중심의 판매 및 판매활동을 견인(Pull-In)해야 하며, 강제적으로 판매를 늘이기 위한(Push-Out) 수단으로서 마케팅을 활용할 경우, 기대 이상의 결과를 얻기 어려울 수 있다고 주장하였다. 하지만 그의 마케팅과 판매의 관계를 그대로 받아들이기보다 판매증진 및 판매활동에 도움이 될 수 있는 상호보완적 특성을 강조한 것으로 해석해야 할 것이다.

실제로 기업의 관점에서 보면, 기업은 활용할 수 있는 자원(Resource: 자금, 인력, 시설, 인프라 등)은 항상 제한적이다. 따라서 현재의 자원을 가지고 효율적인 생산과 효과적인 판매에 매진할 수밖에 없다. 특히 기업의 본원적인 목표로 판매가 계속 늘어나야 이익을 창출할 수 있기 때문에 판매가 마케팅과 독립적인 활동이 될 수 없다. 즉 마케팅은 직접적인 판매와는 다르다고 한 주장에는 마케팅이 판매를 지원하고, 직접적인 판매비용과 제한된 자원을 효율적으로 활용할 수 있는 선제적인 방안이라는 뜻이다.

또한 수많은 산업과 시장상황을 고려해보면 많은 제품과 서비스가 쏟아져 나오고 있으며, 이에 따른 소비자의 상품 선택을 위한 구매의사결정이 시시각각으로 계속 변화하는 상황에 직면하고 있다. 이는 경쟁자와의 싸움에서 소비자의 선택을 받기 위한 판매활동과 정반대의 개념 또는 독립적인 활동으로서 마케팅을 분리시킬 수 없다. 특히 수많은 경쟁 상황과 경쟁사가 존재하는 시장에서 기업의 상품이 기업이 정한 목표고객 집단으로부터만 선택받아서는 생존하기 어려운 것이 현실이다. 따라서 마케팅은 기업의 자원을 최대한 효율적으로 활용, 기업이 정한 판매목표를 달성하기 위한 필요조건으로 이해하는 것이 바람직하다.

마지막으로 마케팅과 판매의 관계에서 마케팅은 불필요한 판매자원의 낭비를 줄이고, 효율적인 판매를 견인하는 데 더 큰 가치를 지니고 있으며, 단기적인 판매증진이 아닌 중장기적인 안목으로 지속적인 충성고객을 만들어내는 데 반드시 필요한 기업활동임을 강조하고 있다고 볼 수 있다. 이처럼 마케팅과 판매와의 차이와 관계를 정리하면 다음과 같다.

[표 1. 마케팅과 판매의 차이 비교]

마케팅	판매
중장기적 성과	단기적 성과
일부 계량적 성과 측정 가능	재무적 측정 가능
이윤 이상의 투자 발생 가능	이윤대비 투자
간접적인 재무적 효과	직접적인 재무적 효과
소비자 지향적	제품과 서비스 지향적

제3절 마케팅 관리자의 역할과 과업

대부분의 마케팅 서적들과 학술적 연구에서는 마케팅 관리자를 위해 그들의 마케팅 활동을 돕고, 지원하기 위함이라고 언급되어 있으나 구체성이 떨어지며, 마케팅 관리자가 해야 할 일에 대한 범위와 과업(Task)이 너무 광범위하게 기술되어 있다. 따라서 일부 마케팅 관리자들은 혹시 관리자 자신이 마케팅을 하는 것이 아닌, 사업 자체를 운영·관리하고 있는 것이 아닐까 하는 착각마저 드는 것이 현실이다. 이를 증명하듯 일부 기업들은 마케팅 관리자를 기업의 미래를 짊어질 미래 CEO 후보자로 생각하는 경우도 점차 늘어나고 있다. 이에 기업에서 활동하는 마케팅 관리자의 역할과 과업에 대하여 살펴볼 필요가 있다.

1. 마케팅 관리자의 역할

우선 마케팅 관리자의 역할은 기업이 속해있는 산업과 시장, 기업의 규모 및 사명, 성격 등에 따라 다르게 나타난다. 하지만 기본적으로 마케팅 관리자들이 해야 하는 기본적인 직무와 역할은 다음과 같다.

- 특정 산업에서의 기업의 마케팅 목표 수립
- 시장 내 환경분석 및 목표 소비자 조사와 분석
- 소비자 분석과 기업 내·외부 분석을 통한 마케팅 방향의 수립
- 마케팅 방향설정에 근거한 마케팅 전략의 수립과 설정
- 마케팅 전략의 세부 실행 계획 수립(운영계획) 마련
- 세부 운영계획에 따른 관련부서의 마케팅 실행지원
- 마케팅 활동에 대한 성과측정과 평가

이것이 일반적으로 기업에서 활동하고 있는 마케팅 관리자들의 역할이다. 산업, 시장, 기업 등의 상황에 따라 마케팅 활동이 변화될 수 있으나 기업에서의 마케팅 관리자 역할은 위의 내용을 수행할 수 있는 자질과 역량을 요구한다. 이에 본 서적에서는 마케팅 관리자가 되기 위해 반드시 알아야 할 필요 직무역량과 자질에 초점을 두고 소개하기로 한다.

2. 마케팅 관리자의 과업(Task)

기업에서 마케팅 관리자는 기업에서 요구하는 마케팅 과업이 결정되어 있는 경우가 대부분이지만, 기업이 속해있는 산업과 시장, 기업의 규모, 판매하는 제품, 제공되는 서비스 및 해당 시장의 목표 소비자 등에 따라 마케팅 과업과 활동의 차이가 발생하는 경우도 있다.

가령, B2C산업의 경우에 마케팅 관리자는 직접적인 소비자를 비롯하여 다양한 유통채널의 담당자들을 파트너로 대응하고 함께 협업해야 한다. B2B산업의 경우, 직접적인 최종소비자보다는 대부분의 경우에 소매상이라 불리는 자영업자들과 해당 상품을 원재료 또는 가공품으로 활용하는 중소기업들의 담당자들이 1차적인 소비자가 된다. 이때 마케팅 관리자는 제조 및 생산시설에서 생산하는 1차 원재료가 최종 산출물이므로 이에 대한 마케팅 관리는 직접적인 소비자를 상대한 과업과는 차이가 발생할 수밖에 없다. 따라서 상품을 제조 생산하는 기업이 최종적으로 일반 소비자가 구매하여 소비하는가, 아니면 중간재로서 다른 기업이 최종적인 일반 소비자를 상대하는가에 따라 마케팅 관리자의 과업이 달라진다.

예를 들어, 완성된 자동차에는 수많은 부품이 필요하다. 이러한 부품을 생산하는 업체의 마케팅 관리자는 완성된 자동차를 판매하는 자동차회사의 생산담당자가 소비자일 수밖에 없다. 또한 일부 부품을 판매하고 있는 판매 기업들의 담당자가 최종 소비자가 된다. 이 경우의 마케팅 관리자의 역할은 일반 소비자를 직접적으로 상대하지 않기 때문에 우리가 흔히 예상하는 마케팅 전략과 프로그램의 기획과 실행과는 다르다. 이처럼 마케팅 관리자의 과업은 관리자가 속한 산업 또는 시장에 따라 그 역할과 책임이 차이가 발생하며, 이로 인해 마케팅이 판매 또는 영업 관리자와 유사한 업무를 수행하기도 하기도 한다. 하지만 분명한 것은 B2B, B2C 등 해당 산업의 구조나 특성이 달라도 소비자가 구매 선택을 위해 고려하는 구매 결정과정과 요인은 크게 다르지 않기 때문에 마케팅 관리자의 포괄적인 역할과 책임은 동일하다고 볼 수 있다.

커피시장의 애플 '블루보틀', 원두 고급화를 추구하다

블루보틀은 2002년 클라리넷 연주자이자 커피 매니아인 제임스 프리먼이 엉터리 로스팅 한 커피 원두에 실망해 신선한 커피를 직접 만들겠다며 시작했다. 스타트업으로 친구와 함께 차고에서 시작했다고 하여, '커피산업의 애플'이라는 별명이 붙었다. 미국에서 선풍적인 커피 업계의 아이콘으로 등장한 블루보틀이 최근 한국 성수동에 첫 매장을 오픈한다는 소식이 전해지면서 연일 많은 사람들이 줄서서 먹는 커피로 회자되고 있다.

사진 출처: 블루보틀 인스타그램

국내 커피업계에서 1위는 단연코 스타벅스이다. 스타벅스는 제리 볼드윈과 고든 보커, 지브 시글 등 3인이 동업하여 1971년 미국 워싱턴주 시애틀에서 최초 개점하였으며, 당시 커피 원두를 판매하는 소매점에 불과하였으나, 1987년에 하워드 슐츠가 인수하여 프랜차이즈 커피 전문점으로 새롭게 탄생시켰다. 우리나라는 테스트 매장으로 1999년 이화여자대학교 앞에 처음 생겼으며, 2000년 12월 신세계와 공동 투자로 '스타벅스 코리아'를 설립, 2018년 1조 원 이상의 매출을 기록하며 승승장구하고 있다. 스타벅스는 커피 원두를 '싱글 오리진 최고급 생두'로 만들지만, 원두의 원산지는 남미, 아프리카, 중국 운남성 커피단지에 이르기까지 국제적으로 구매처를 확대해왔다. 스타벅스의 경우, 스타벅스 드라이브, 스타벅스 리저브 등 전문 매장을 비롯하여 전국적으로 1200여개의 점포를 직영으로 운영하고 있다.

현재 업계 2위는 투썸플레이스로서 2012년 200여 개의 점포만 오픈되었으나 영국풍의 인테리어, 맥심으로 유명한 동서식품으로부터 원두를 구매, CJ 계열사 간 마케팅 시너지를 추구하여 내부적으로 300여 개 매장 오픈을 기점으로 적자에서 흑자로 전환, 스타벅스를 추격하는 토종 매장으로 급성장 중이다. 그밖에 매장 점포수로는 가장 많은 이디아 커피를 비롯하여, 할리스커피, 탐앤탐스, 롯데 그룹 계열의 엔젤리너스 등 중소기업과 대기업이 전문 커피 시장에서 치열하게 경쟁을 벌이고 있다.

이처럼 국내 커피시장은 세계 3위 규모의 시장이며, 미국이 260억 860만 달러로 1위이며 중국이 50억 7100만 달러로 2위, 한국은 43억 2400만 달러로 3위를 차지하고 있다. 블루보틀 최고경영자(CEO)는 한국 커피 시장의 빠른 성장세 및 고급화를 추구하는 한국 소비자의 입맛이 고급원두와 로스팅, 바리스타의 숙련된 기술로 어우러져 충분한 틈새시장으로서의 가능성을 봤다고인터뷰하고 있다. 특히 새로운 것을 받아들이는 데 있어 상대적으로 다른 국가들의 소비자보다빠르고 장벽이 없으며, 인터넷과 모바일 등으로의 구전 확산력이 높은 곳이 한국 시장이어서 충분한 매니아층을 확보할 것으로 예상한다고 말했다.

하지만 최근 오픈한 성수점과 삼청점을 방문한 소비자들은 다양한 찬사와 함께 혹평을 쏟아내고있다. 가령 대기시간이 너무 길거나, 다른 나라에 비해 상대적으로 높은 가격, 한글 메뉴판이 없는 것 등의 기본적인 서비스 품질에 대한 언급이 이어지고 있다. 예를 들어, 블루보틀 대표 메뉴인뉴 올리언스는 미국에서 4.35달러(한화 5,046원, 부가가치세 8.75% 포함)에 판매되고 있고, 일본에서는 540엔(한화 5,616원, 부가가치세 8% 포함)에 판매되고 있다. 반면에 국내에서는 5,800원에 판매하고 있다. 카페라테는 미국에서 4.35달러(약 5,046원)에 판매되고 있고, 일본에서는 561엔(약5,834원)에 판매되는 데 비해 한국에서는 6,100원으로 판매하고 있다.

이러한 논란에도 불구하고 블루보틀의 경우 검증된 생두를 수입, 생두에 적합한 로스팅을 현지매장에서 직접 한다는 강점을 보유한다. 무조건적으로 비싼 원두보다는 합리적인 가격의 원두를사용하여 신선도를 극대화시키는 것을 철학으로 삼기 때문에 여타의 커피 전문매장에서 보여주는 것과는 시작점이 다르다. 또한 블루보틀의 커피 추출기구도 다른 브랜드에 비해서 고급 품질을 유지하며, 에스프레소 머신의 경우, 커피 전문점 점주들이 주로 선호하는 기계인 '라마르조꼬리네아'인데 고급화된 블랙이글 브랜드와 유사한 기계이다. 게다가 콜드브루 커피도 전용 드리퍼와 필터를 연구하여 사용 중이어서 다른 커피브랜드와는 차별화된 품격을 유지하려고 노력한다. 이제 막 한국에 상륙한 블루보틀이 과연 어떠한 차별화된 마케팅을 제품과 서비스 중심으로 전개해 나갈지 기대해본다.

숨어서 하는 마케팅?

일명 숨은 마케팅, 매복 마케팅을 들어본 적이 있는가? 용어 자체는 생소한 전문 용어여서 일상에서 거의 쓰이지는 않지만 스폰서십 계약이 이뤄지는 대형 스포츠 행사들에서 종종 사용된다. 흔히 이를 앰부시 마케팅이라도 한다. 즉 교묘히 규제를 피해 가는 마케팅 기법이며 공식 스폰서 기업이 아님에도 공식 스폰서처럼 보이게 하는 효과를 의미한다. 본격적으로 기업들이 이 전략을 구사하기 시작한 것은 1984 LA 올림픽 때부터인데, 스폰서십 제도를 도입한 이후에 이 전략도 함께 활성화된 것으로 추정한다.

올림픽, 월드컵 같은 영향력 있고 부가가치가 높은 대회는 물론 세계육상선수권대회, F1, 심지어 아시안컵 같은 대회도 로고와 그 명칭까지 각 위원회에서 상표권으로 등록해 놓았기에 무단으로 이용하게 되면 법적으로 커다란 논란을 불러올 수 있어 아무래도 스폰서가 아닌 기업들에게는 불리한 게 사실이다. 특히 이들 대회의 공식적인 스폰서들은 해당 대회나 축제에서 노출할 수 있는 홍보와 광고에 대한 독점권을 부여 받는다. 예를 들면 IOC나 FIFA 같은 각 스포츠 행사의 기관들은 업종별로 한 회사와 독점 스폰서십 계약을 맺어 기업으로부터 수익금을 가져가고 돈을 낸 기업들은 각 행사의 명칭, 마크, 로고 등 상표권을 합법적으로 이용할 수 있도록 허용한다. 독점 계약을 맺은 그 회사는 마케팅을 벌여 대회도 홍보하고 수익을 극대화하는 전략인 것이다.

올림픽을 예로 들면 음료 부문은 코카콜라만이, 전자제품 중에서도 영상, 음향 제품은 파나소닉, 무선 전자 제품은 삼성전자 그것도 무선 사업부만이 독점으로 광고할 수 있다. 월드컵의 경우 자동차 및 선수 수송 부문에서는 현대자동차와 기아자동차만 독점 계약을 맺어 해당 회사의 차량만 지원되었다. 그러나 이외의 기업이라면 상표권을 이용할 수 없어 홍보에 큰 애로사항이 있으므로 그 대회의 명칭, 로고, 엠블럼 등을 사용하지 못하고 우회적으로 홍보를 하는 방법을 고민한다. 그래서 광고를 가끔 보다 보면 월드컵, 올림픽 명칭 자체를 드러내지 않는 것을 볼 수 있는데 공식적인 스폰서로서의 지위를 가질 수 없기 때문이다.

2000년대에 들어선 후 스포츠 관련 행사가 치러질 때마다 기업들이 이 전략을 활발히 구사하고 있다. 해당 대회 상표들을 붙이지 못하니 '16강 진출!'이나 '금메달이 보인다' 따위의 문구나 경기를 개최할 도시, 개최 국가의 이름을 들먹이며 출전 국가대표 선수 혹은 대표팀의 승리를 기원하는 등 상표권에 저촉되지 않을 문구를 넣는 방법을 사용한다.

가장 대표적인 사례로 2002년 한일 월드컵 축구대회에서 붉은 악마처럼 빨간 옷을 입고 나와 응원하는 모습 또한 월드컵 분위기를 낼 수 있어서 적절하다. 제일 대표적인 방법이 해당 대회에 출전하는 스포츠 스타를 기용하는 방법인데 국내외 어딜 가나 이런 광고는 많이 볼 수 있다. 사실 FIFA 로고나 올림픽의 오륜 마크 등을 붙이지 않아도 대회 때가 다가오면 각 언론사의 보도를 통해 소비자들도 웬만큼 다 알고 있어서 광고 전략이나 컨셉이 좋아 흡인력을 끌어들일 수 있다면 스폰서 비용 덜 들고 소비자들에게 충분히 어필할 수 있는 장점이 있다.

이렇게 모든 기업들이 얌체같이 간접적으로 광고를 하게 되자 해당 단체에서는 규정에 의한 제동을 걸 때가 많다. 실제 올림픽 헌장과 FIFA 규정에도 영리 목적의 명칭 사용을 규제하고 있기 때문이다. 따라서 올림픽이 열리면 경기장 내부와 그 주변, 그리고 선수촌 내에 있는 모든 물품들이 해당 조직위와 스폰서십이 체결된 관련 물품들만 있다고 한다. 또 출전한 선수들이나 심지어 관중들이 입은 옷부터 시작하여 2012년 런던 올림픽 당시에는 해당 선수들이 출연한 광고까지 일일이 단속, 올림픽과 스폰서 체결된 물품이 아니면 안 되도록 철저히 규제하고 있다.

국내 매복 마케팅의 전설 사례

2002 한일 월드컵 당시 조직위원회의 무선 통신 분야 공식 스폰서는 KTF였다. 따라서 경쟁기업인 SK텔레콤은 FIFA의 로고는 물론 월드컵이라는 세 글자조차도 쓸 수 없는 상황이었다. KTF는 당시 회사 풀네임까지 Korea Team Fighting이라고 까지 알리는 등 사활을 건 홍보전을 펼쳤다. 또 최고의 주가를 올리던 가수 겸 탤런트 장나라 씨를 출연시켜 오빠~ 한 골만!을 외치게 한 광고도 화제를 모았다.

그러나 SK텔레콤은 국가대표 공식 서포터즈인 붉은악마의 응원을 적극 후원하는 앰부시 마케팅에 돌입하였다. 붉은악마의 공식 응원가를 TV광고에 노출시키고, 시청 앞 광장에 모인 붉은악마와 국민들의 응원을 적극적으로 홍보하게 된다. 이것은 공식적인 한일월드컵의 스폰서인 KTF를 당황하게 만들었고, 국민들의 관심은 KTF의 광고나 홍보보다는 간결하고 임팩트 있는 SK텔레콤의 붉은 악마 응원 광고에 더욱 집중하게 되었다.

실제로 대회가 끝나고 여론조사에 의하면 가장 기억에 남는 기업에 SKT를 꼽기도 했다. 결과적으로 KTF는 공식 스폰서의 효과만 믿고 마케팅 면에서 좋은 아이디어를 보인 SKT에게 그야말로 일격을 당한 셈이다. 당시 SKT는 전속 모델이었던 한석규를 데리고 붉은 악마를 출연시켜 빨간 티셔츠를 입힌 채 구호나 노래만을 외치는 컨셉으로 진행되었고 광고 방영 이후 온 국민들의 눈길을 사로잡으며 순식간에 화제가 되어 오 필승 코리아나 대~한민국을 국민 응원가로 자리잡게 하는 데 성공하였다.

SK텔레콤이 처음부터 앰부시 마케팅을 생각한 것은 아니다. 당시 수십억 원의 공식 스폰서로 나서야 한다는 내부 의견이 있었으나 실익이 떨어진다는 이유로 공식 스폰서 자리를 KTF에 양보하게 되었고, 2001년부터 내부적으로 한일 월드컵 기간 내에 활용할 수 있는 마케팅 홍보 방안을 찾던 중, 당시 인기를 끌었던 '스무살의 011, TTL'과 연관한 젊은층의 축구열기를 이어보자는 한 사람의 아이디어로 시작된 마케팅 홍보 전략이었다.

개인의 브랜드화, 인플루언서 마케팅

인터넷과 모바일을 활용하여 사진과 동영상 등의 컨텐츠 등이 하루에도 수백만 건씩 생성되는 시기에 새롭게 등장한 신조어가 바로 인플루언서다. 인플루언서는 타인에게 영향력을 끼치는 사람(Influence + er)이라는 뜻으로 주로 SNS상에서 영향력이 큰 사람들을 일컫는다. 이러한 신조어가 등장하게 된 것은 인터넷의 발달에 의한 소셜 미디어 영향력의 확대가 주된 원인이다. 현재는 소셜 미디어를 통해 일반인들이 생산한 콘텐츠가 기업의 TV광고와 유사하거나, 혹은 그 이상의 영향력을 가지게 되었기에 자연스럽게 대중의 사랑과 관심을 받는 일반인들도 인플루언서가 될 가능성이 높아졌다.

인플루언서들이 SNS를 통해 공유하는 특정 제품 또는 특정 브랜드에 대한 의견이나 평가는 컨텐츠를 소비하는 이용자들의 인식과 구매 결정에 영향을 미친다. 이들은 연예인처럼 외모나 퍼포먼스로 폭발적인 인기는 얻지 못하지만, 자체적으로 생산해내는 컨텐츠를 통해 큰 파급력을 가진다는 특징이 있다. 여러 가지 이유가 있지만, 일반 소비자들과 동일하거나, 평범하기에 일반인들의 실생활, 소비, 구매 등의 행동 특성이 그대로 반영되어 공감대를 형성하기 쉽다는 측면도 존재한다. 이들 인플루언서를 활용한 마케팅을 인플루언서 마케팅이라고 하는데, 인플루언서 모니터링 및 관리는 대형유통 시장에서 인플루언서의 매출에 영향을 차지하는 비율이 높아지면서 인플루언서를 활용한 마케팅의 산업화가 빠르게 이루어지고 있다.[1]

가장 활발하게 사용되는 인플루언서의 마케팅 채널은 유튜브, 인스타그램, 페이스북, 위챗 등인데, 여러 가지의 채널을 동시에 운영하는 인플루언서들도 존재한다. 이들은 기업 또는 자신이 선호하는 제품과 서비스의 속성과 특징을 부각하여 사용법을 비롯한 장점, 단점 등을 소개하고 해당 채널을 시청하거나 친구 등의 관계를 맺은 사람들에게 새로운 경험을 소개한다. 한편, 각각의 채널들은 서로 영향을 주고받기도 하는데 예를 들어 페이스북에서 광고하는 A제품에 대한 리뷰를 소재로 한 영상을 인스타그램이나 유튜브에 업로드하는 방식을 채택하거나, 제품과 서비스의 사용 현장을 유튜브로 생중계하기도 한다.

특히 새롭게 부각되는 이들 채널의 특징 중에 하나는 유튜브의 경우 영상제작을 통해 특정 제품을 사용하거나 특정 체험을 경험하는 과정을 영상으로 제작하여 업로드하거나 실시간으로 접속한 네트워크상의 팔로워들과의 의견을 교환하는 형태로 이뤄지고 있다. 인플루언서들이 주로 다루는 제품은 패션과 뷰티 종류가 가장 활발하며, 영상을 제작하는 유튜버들은 본인들이 직접 고안한 메이크업에 해당 마케팅 제품을 사용하는 방식을 통해 소비자들의 구매 욕구를 자극하기도 한다.

인스타그램 또는 페이스북을 활용한 마케팅을 살펴보면, 인스타그램은 사진 또는 이미지를 중심으로 시각적으로 재미있거나 아름다운 장면을 연출하는 이미지를 업로드하면서 해시태그를 활용하는 방식으로 마케팅이 이뤄지고 있다. 인스타그램에서 많은 팔로워를 보유한 인플루언서들은 자신이 다녀온 장소, 사용한 제품, 착용한 옷 등을 사진의 형태로 게시한다. 이를 본 이용자들은 사진에 태그된 해시태그를 통해 장소, 제품, 옷 등의 정보를 얻을 수 있다. 페이스북을 활용하는 경우, 인스타그램과 유사하게 많은 팔로워를 보유한 인플루언서가 특정 제품을 사용하는 영상이나 사진 등을 게시하여 제품을 홍보한다. 유튜버가 주로 영상을 활용한 마케팅을 하고, 인스타그램이 사진을 활용한 마케팅을 한다면, 페이스북은 영상과 사진을 적절히 사용하기 때문에 이 두 채널의 특징이 섞여서 나타난다고 볼 수 있다.

알려진 바에 의하면, 국내에서는 2013년에 '(주)오드엠'에서 런칭한 '애드픽(ADPICK)'이 최초의 인플루언서 마케팅 플랫폼이다.[1] 마케팅 성과가 발생한 경우에 대해서만 광고비가 책정되므로 광고주는 효율성으로 높일 수 있고, 인플루언서로 참여하는 개인들은 광고의 영향력만큼 수익을 가져가는 구조이다. 인플루언서 마케팅의 가장 큰 특징 중의 한 가지는 고객을 또 다른 마케터로 이용할 수 있다는 점이다. 예를 들어 인스타그램의 경우, 인플루언서가 방문한 장소의 해시태그를 보고 그 장소를 이용한 고객이 다시 자신의 인스타그램에 동일한 해시태그를 달아 해당 장소에 방문했다는 인증 글을 남긴다. SNS의 경우 TV광고와 달리 생산자와 이용자의 구분이 명확하지 않다는 특징을 지니고 있기 때문에 이러한 특징은 마케팅의 대상이 되었던 소비자가, 자신도 모르게 제품의 마케터로 활동하게끔 유도한다.

인플루언서 마케팅은 TV광고와 비교해보면, 앞선 언급한 바와 같이 고객들의 공감을 이끌어내기 쉽다는 강점을 지닌다. 인플루언서들이 생산하는 컨텐츠들은 소비자들의 일상과 크게 다르지 않기 때문에 제품을 광고하는 데 자연스럽고 인위적 부분의 배제가 유리하다. TV광고 속에 등장하는 연예인들은 거리감이 있는 대상으로 인지하지만 인플루언서의 경우 같은 '일반인'이라는 의식을 가지고 있다.[2]

끝으로 인플루언서 마케팅은 광고의 타겟을 명확히 할 수 있다는 특징이 있다. 인플루언서들의 경우, 운영하는 채널의 아이덴티티가 비교적 분명하다. 뷰티 채널을 운영하는 유튜버나 게임 채널을 운영하는 유튜버들처럼 자신이 선호하거나 오랜 기간 동안 취미 또는 습관으로 익숙해 있는 부분을 소개하기 때문에 인위적인 전문성이 아닌 경험적·체험적 전문성을 바탕으로 수행할 수 있다. 유튜브의 경우, 5천여 명 정도의 구독자를 대상으로 6개월 정도 방송할 경우, 구독자가 정규채널로 인지하고, 10만여 명의 구독자를 대상으로 할 경우, 월 300만 원 이상의 수익이 담보되며, 100만여 명의 구독자를 대상으로 할 경우에는 기업의 스폰서 광고 등으로 고수익의 컨텐츠 사업자로 등록된다. 이는 기업은 광고하고자 하는 제품이 어떠한 연령층, 성별을 타겟으로 하느냐에 따라 인플루언서 마케팅을 적절히 활용할 수 있다.

참고 1. 오드엠, 2017 성과형 인플루언서 마케팅 보고서 발표, 디지털 인사이트 미디어
2. [한국마케팅연구원, 마케팅 2017 제51권 제5호(통권 제580호), "광고인듯 광고 아닌 광고같은 너, 인플루언서 마케팅" 참조], 2018.1.3.

이제는 상품이 아닌, 체험을 파는 시대!

부모들이 자녀들과 많은 경험과 체험을 같이 공유하고자 하는데 그 이유 중 하나는 나중에 자녀들이 오랫동안 부모들과의 경험과 체험을 기억하기 때문일 것이다. 마찬가지로 기업들은 자사 제품과 서비스, 그리고 브랜드에 대해 소비자들이 오랫동안 기억하도록 유도하기 위해 반복적인 홍보와 광고, CRM 캠페인 등 다양한 마케팅 프로그램을 활용한다. 이는 소비자가 직접 경험을 통해 인지하는 것이 가장 오랫동안 기억 속에 유지되기 때문일 것이다. 국내에서는 2000년부터 소비자의 체험과 경험을 유도하는 마케팅의 실제적 활용에 관심을 두고, 본격적으로 특별한 서비스나 이벤트 제공, 경험의 횟수와 강도를 높여 제품과 브랜드 이미지를 향상시킴으로써 고객 충성도를 높이고자 하였다. 이에 기업들은 소비자가 향유할 수 있는 시간, 공간, 감각적인 영역 등을 활용, 기업의 긍정적인 이미지를 심어주기 위한 활동을 체험마케팅을 통해 전개하고 있다.

우선 체험마케팅은 다각적인 방법을 사용해서 소비자들의 감정뿐만 아니라 이성에 호소하고, 총체적인 체험을 제공한다. 체험마케팅의 대표적인 방법은 제품에 체험을 각인시키는 것, 체험에 필요한 부수제품 제공, 제품의 감각화, 제품의 희귀성 확대, 제품 관련 커뮤니티 운영, 제품 이벤트 연출 등이다.

독일의 경제학자 프리츠 슈미트(Fritz Schumidt)는 감각·감성·인지·행동·관계를 체험마케팅을 구성하는 다섯 가지 요인이라고 주장하고, 감각은 사람의 오감을 자극하여 미적인 감각적 체험을 강조하는 것, 감성은 소비자들의 느낌, 기분, 감정에 소구하는 것, 인지란 인간의 지성·지적 욕구·창의성에 소구하는 것, 행동은 다양한 선택에서 능동적 행동을 취하도록 하는 것, 관계는 사회 관계를 중시하는 것으로 브랜드 커뮤니티 형성 등을 의미한다고 하였다.

컬럼비아 대학교의 번트 슈미트(Bernd H. Schmitt)교수는 체험 마케팅 전략은 다섯 가지 유형인 감각적 체험(SENSE), 감성적 체험(FEEL), 인지적 체험(THINK), 신체적 체험(ACT), 사회관계적 체험(RELATE)로 구분해볼 수 있고, 마케팅 관리자는 상품을 판매하기 위해 이들 유형 중의 일부 또는 전부를 조합해서 전략을 수립해야 한다고 하였다.

그렇다면 소비자들은 왜 체험을 중요하게 여길까? 이는 현재 시장에는 수많은 제품과 서비스가 매일 매일 쏟아져 나오며, 이들 제품과 서비스에 대하여 소비자는 항상 선택과 구매를 강요받게 된다. 그러므로 이러한 선택과 구매의 심리적·실효적 선택의 압박으로 벗어나기 위해 수많은 선택 대안 가운데 자신의 체험을 통해 가장 최적의 효과 및 효율을 찾게 되는데, 이러한 선택 대안의 압박을 '선택적 과부하'라고 한다. 이러한 선택적 과부하 상태를 줄이고, 체험 마케팅을 통한 즐거움, 행복감, 만족감으로 기분 좋은 구매행동을 가질 수 있는 장점이 존재한다.

반면, 체험마케팅은 언제 효과적일까? 긍정적 소비자 구전효과 확대, 제품인지도 확대, 제품이미지 향상 등에 체험마케팅의 효과가 높다는 것이 인정되고 있다. 현재의 브랜드 강화, 경쟁브랜드 사이에서의 차별화, 기업이미지 확립 등 광범위한 분야에 감동적이고 인상적인 경험을 고객에게 심어주는 체험마케팅이 진가를 발휘할 수 있다. 신제품 출시나 새로운 브랜드를 출시하고자 할 때, 성장단계의 제품, 소비자인지도가 낮은 제품, 쇠퇴하고 있는 브랜드를 개선시키고자 할 때 체험마케팅을 활용하면 유용할 것이다. 특히 막대한 비용이 수반되는 광고나 홍보와 달리 체험마케팅은 적은 비용으로도 큰 성과를 낼 수 있으므로 인적·물적 자원이 부족한 중소기업에게 효과적인 방법이 될 것이다.

몇 가지 주변에서 흔히 찾아볼 수 있는 체험마케팅으로는 대형마트의 식품코너에서 전개되는 시식행사를 예로 들 수 있다. 단단하게 감싸여진 제품을 보고 쉽게 구매로 이어지기는 어렵다. 소비자 자신이 직접 먹어보고, 느껴보고, 다른 대안들과 비교해보고 비로소 구매선택에 관한 확신을 가지는데, 이때 소비자들의 선택을 위해 체험마케팅 활동의 일환으로 시식 행사가 활용된다. 중국의 대형마트에서는 국내 P사의 냉면제품을 판매하고 있었는데, 더운 여름에도 좀처럼 차가운 냉면을 즐기지 않는 중국인들의 식습관에 색다른 체험을 안겨주기 위하여 육수를 산등성이 모양으로 냉동하고, 가운데 구멍을 내어 방금 삶은 냉면 사리를 넣어 시원한 맛을 유지하여 시식을 제공하는 경우가 있었다. 국내 대형마트에서는 볼 수 없는 시식체험행사다.

또한 코카콜라(주)에서는 색다른 콜라 자판기를 설치하는 이벤트를 진행, 이 자판기에서 콜라 캔을 구매하려는 소비자에게 더 많은 개수의 캔이 나오게 하거나, 아무것도 담겨있지 않은 자판기에 랜덤으로 음료수가 나오게 함으로써 실험적인 체험마케팅을 시도하기도 하였다. 하지만 소비자들에게 제품이나 서비스에 단지 쾌락적인 경험을 추가시킨다고 하여 체험마케팅의 효과가 나타나는 것은 아니다. 독창적이면서도 인상적인 의미를 제공하는 것이 무엇보다 중요할 것이다. 단순한 시식코너, 샘플 제공을 넘어서 소비자들에게 핵심 상품의 기능을 능가하는 질 좋은 샘플이나 추가적 제품제공, 기억에 남을 개인별 맞춤경험 제공 등을 통해 소비자가 감동하고 새로운 부가가치를 창출해야 할 필요가 있다. 기업이 가진 고유의 아이덴티티를 활성화시킬 수 있는 체험을 통해 상품자체의 부가가치가 높아져야 궁극적으로 기업의 가치가 상승한다고 볼 수 있다. 소비자들에게 체험을 제공하는 것은 상품과 자사 기업에 대한 자신감의 표현이며 소비자 충성도, 기업 이미지를 높이는 지름길이 될 것이다.

Quiz

소속 ....

성명 ....

1 마케팅 개념은 대량생산중심, 제품컨셉중심, 판매중심, 소비자중심, 사회지향중심으로 점차 변화해가고 있다. 각각 해당되는 마케팅 개념의 주요 특징을 논하라.

❷ 많은 사람들이 마케팅과 판매의 개념을 동일한 맥락에서 판단하는 경우가 많다. 이는 마케팅이 시장에서 판매증진을 위한 정보수집, 정보제공 및 판매지원활동의 의미로 활용되는 경우가 많기 때문이다. 하지만 마케팅과 판매는 다른 개념으로서 마케팅과 판매의 차이점을 논하라.

❸ 마케팅관리자는 실제 기업에서 시장과 경쟁사, 소비자를 위한 마케팅 활동의 책임과 역할이 무엇인지 명확히 알아야 할 필요가 있다. 마케팅관리자로서의 직무 범위와 어떠한 과업을 수행해야 하는지의 역할에 대하여 논하라.

④ 앰부쉬 마케팅(Ambush Marketing)의 개념과 특징을 열거하고, 언제 앰부쉬 마케팅을 활용할 수 있는지, 어떠한 방식으로 접근하는 것이 기대성과를 거둘 수 있을지에 대해서 논하라.

5 인터넷의 발달과 온라인 전자상거래의 급격한 성장으로 인해 '개인의 브랜드화' 또는 '인플루언서'의 시장의 역할과 이미지가 새롭게 변화해가고 있다. 개인의 브랜드화 또는 인플루언서의 조건과 왜 소비자들은 이들에게 열광하는지에 대해 논하라.

Chapter 2
e-Commerce와 SNS 마케팅

제1절 e-Commerce 마케팅 개념

1. e-Commerce란?

일반적인 마케팅 원론 또는 개론과 달리 전자상거래와 SNS 마케팅을 먼저 다루는 가장 큰 이유는 기존 마케팅 원론 또는 개론이 오프라인 마케팅을 중심으로 기술되었다면, 현재의 소비자 가치를 전달, 교환, 거래하는 마케팅 중심이 온라인과 인터넷 기반의 가상공간과 시장으로 이동하였으며, 가까운 미래에는 거의 모든 마케팅 관리가 인터넷과 모바일을 통해 이루어질 것이기 때문이다. 이에 온라인, 인터넷, 모바일 마케팅의 개념을 먼저 이해하는 것이 바람직하다고 판단하였다.

전자상거래(電子商去來, electronic commerce, e-commerce, eCommerce)는 컴퓨터와 모바일을 이용해 인터넷 네트워크와 같은 가상공간(Cyberspace)에서 제품 혹은 서비스를 교환, 거래, 공유하는 행위의 일체를 말한다. 인터넷 공간을 특정하는 World Wide Web(www)을 사용, 인터넷이나 네트워크, 디지털 기술들을 활용하여 전자적으로 제품이나 서비스를 판매·구매하는 것을 의미하며, 이에 전자상거래는 광고, 홍보, 소비자 지원, 배송, 지불 등과 같은 모든 마케팅 활동들을 포함하고 있다. 특히 인터넷상에서 사진, 동영상과 이미지 그래픽으로 구성된 가상시장을 통하여 세계 각국의 생산자와 소비자가 직접 만나거나 혹은 중간상인 플랫폼 서비스 제공자를 통해 교환·거래를 할 수 있으며, 신용카드나 전자화폐를 통한 대금결제가 가능하다.

시장조사업체 E-marketer.com에 따르면 전 세계 전자상거래 규모가 2015년 1조 5480억 달러(약 1259조 3290억 원)에 머물렀으나 오는 2020년 4조 580억 달러(약 3301조 7511억 원) 규모로 성장할 전망이며, 통계청 자료를 인용하면 국내 전자상거래 시장규모는 2018년 111.5조 원으로 2017년 대비 21.2% 성장했으며, 2019년과 2020년에는 전년대비 신장률이 각각 19.8%(133.6조 원), 19.6%(159.8조 원)에 달할 것으로 예측되는 등 빠른 성장세가 지속될 것으로 보인다.

[그림 1. 세계 전자상거래 시장규모]

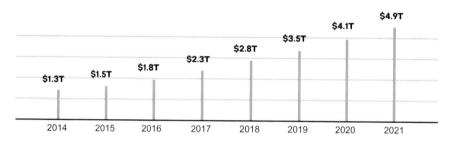

Retail ecommerce sales worldwide
2014 to 2021 by trillions of USD

Data via eMarketer(Statista)

특히 마케팅 관리자는 과거와는 달리 주로 오프라인 매장 또는 점포에 찾아오는 소비자를 대상으로 한 마케팅이 아닌, 하나의 유통 채널 이상으로서 인터넷 전자상거래 산업과 시장에서 활동하는 소비자 및 모바일 전자상거래에 관한 마케팅 지식과 경험을 습득해야 한다. 이는 소비자들이 인터넷과 모바일을 이미 친숙하게 활용하고, 상품에 관한 정보와 직접 구매가 빈번해지고 있는데, 오프라인 매장과 점포에 관한 마케팅만을 고민한다면 시대와 산업, 시장의 변화 트렌드에 뒤쳐질 수밖에 없다. 또한 인터넷과 모바일을 중심으로 한 산업과 시장에서 수많은 비즈니스 모델이 생겨나고 소비자의 직접적인 구매와 소비 가치에 활용되므로 항상 소비자의 변화의 예의주시해야 하며, 이에 대한 충분한 마케팅 관리역량을 쌓아가야만 한다.

전자상거래 정보업체인 E-Commerce Guide 따르면, 전자상거래 시장에서는 다양한 비즈니스 모델이 유형화되고 있는데, 가령 두 개의 비즈니스 간 거래와 관련된 B2B(Business to Business), 크라우드소싱(Cloud Sourcing)과 같이 소비자가 비즈니스에 금전적·화폐적 가치를 부여하는 C2B(Consumer to Business), 소비자 간 거래인 C2C(Consumer to Consumer), 정부와 기업 간 상품과 서비스, 수수료 등의 지불 방식인 G2B(Government to Business), 정부기관이 인터넷을 통해 기업체에서 상품이나 서비스를 구매하는 B2G(Business to Government), 교통비 지불이나 자동차 등록 갱신 등 소비자가 정부와 거래하는 G2C(Government to Consumer) 모델 등 수많은 유형의 사업모델로 확장되고 있다.

우리가 흔히 알고 있는 세계적인 전자상거래 기업인 아마존의 경우에는 1994년 청년 창업가로서의 제프 베조스가 온라인 서점 아마존을 만들어 사업을 시작하면서 25년 만에 미국 전자상거래 시장 점유율 49% 이상을 차지하고, 전 세계 30여 개국의 전자상거래 점유율이 56% 이상을 차지하는 거대 공룡 기업이 되었다. 단순하게 비교하면, 1969년 11월에 창립한 우리나라 대표기업인 삼성전자의 기업가치는 410조이며, 시가총액은 230조가 되기까지 50년이 걸렸으나, 아마존의 경우 2019년 5월 기준 기업가치가 930억 달러(1,093조 원)에 이른다고 하니 삼성전자의 2.5배의 기업으로 성장하기까지 25년밖에 걸리지 않은 것을 보면 전자상거래와 온라인 시장의 전망을 충분히 예측해볼 수 있을 것이다. 따라서 마케팅 관리자는 전자상거래 및 온라인 시장과 관련 산업의 특징을 이해하고, 해당 분야의 마케팅 관리 측면에서 반드시 알아야 하는 것들이 무엇인지 살펴보는 것은 매우 중요하다고 할 것이다.

2. 전자상거래 마케팅의 특징

인터넷, 컴퓨터, 모바일 등의 특정 단어로 요약되는 전자상거래 마케팅의 특징을 살펴보면 다음과 같다.

1) 시간과 공간의 제약에서 벗어나 시장과 소비자의 경계가 없다. 인터넷 접속, 컴퓨터 또는 모바일 등 통신 장비만 갖춰졌다면 시간과 공간의 제약 없이 이동성(Mobility)이 확보되므로 전 세계를 상대로 판매가 가능하다는 것이다.
2) 기존 마케팅활동과 비교하여, 실시간(Real Time)으로 소비자와 직간접적인 접촉을 통해 제품 또는 서비스 판매가 가능하다. 기존 마케팅 활동의 경우, 소비자의 구매 이후 별

도의 구매 반응과 태도를 측정·평가해야 했지만 전자상거래의 경우, 소비자 구매반응과 태도가 즉각적으로 확인할 수 있다.

3) 마케팅의 비용적 측면에서 전자상거래는 가장 저렴한 비용으로 마케팅활동을 전개할 수 있다.

4) 마케팅 관리자가 소비자와 상품의 품질, 배송, 평가 등 직접적인 소통이 가능한 양방향 커뮤니케이션이 가능하다. 따라서 새로운 제품 또는 서비스 정보를 소비자에게 직접 전달하고, 소비자가 원하는 상품을 맞춤형으로 공급해줄 수 있다.

사실 이러한 마케팅 활동들은 전통적인 마케팅 방식과 운영에서 있어 관리자들이 소비자들의 욕구파악 이외 상당한 비용은 물론 생산성, 효율성 측면에서 마케팅의 도전으로 여겨지는 사항들이었다. 하지만 인터넷과 IT산업의 발달과 진화를 통해 마케팅 관리자들은 이동성, 신속성, 즉시성, 관계성 등의 한계를 극복하여 더욱 효율적이고 생산적인 활동을 할 수 있게 되었고, 더욱 소비자들과 밀접하게 커뮤니케이션 할 수 있게 됨으로써 마케팅이 지향하는 목표에 더욱 쉽게 다가갈 수 있는 기회와 가능성을 높이게 되었다고 볼 수 있다.

제2절 SNS 마케팅이란?

SNS(Social Network Service) 마케팅은 사용자 간 관계를 형성할 수 있는 인터넷, 모바일 기반의 플랫폼인 소셜 네트워크 서비스를 활용, 사용자와 소비자들이 직간접적으로 소통하는 마케팅 방법이다. 여기서 '플랫폼'의 개념을 이해할 필요가 있는데, '플랫폼'은 기차와 철도에서의 행선지에 들어가는 '중간 기차역'이다. 즉 출발지는 상품의 생산자인 기업이 되고, 최종 행선지(목적지)가 소비자가 된다면, 플랫폼은 출발지에서 행선지까지 가는 경로에 있어 일종의 정착역의 개념이며, 정착역에서 새로운 소비가치를 부여하는 시장 및 마케팅 활동을 총칭한다. 따라서 SNS는 컴퓨터와 모바일을 경로에 소비가치를 더해주는 플랫폼 서비스이며, 소비자들은 주로 이동성(Mobility)을 갖춘 컴퓨터 또는 모바일 기기를 통해 실시간으로 상품 정보를 취득하며 구매의사결정을 한다.

대부분의 SNS는 모바일로 사용이 가능하므로 인터넷 기업인 구글(Google)의 안드로이드 (Android) 마켓 또는 제조사인 애플의 아이튠즈(iTunes) 마켓에서 SNS 사용이 가능한 소프트 웨어(Software)인 애플리케이션(Application)을 무료로 활용하고 있다. 따라서 마케팅 관리자 는 SNS 플랫폼의 활용을 통해 소비자에게 자사의 제품 또는 서비스를 광고, 홍보, 판매하기 위한 SNS 마케팅의 개념을 이해할 필요가 있다.

우선 SNS 마케팅은 개방적이고, 관계성을 중시하는 특징을 갖고 있다. 즉 누구나 접속해 서 활용 가능하며 특별한 제한과 제약이 없다. 또한 관계성을 중요시하여 상호 간의 관심사 와 정보를 공유하면서 관계를 맺어가는 활동에 주목한다. 관계는 지속적이어야 하며 서로 가 공통의 관심사를 통한 커뮤니케이션이 수행된다. 여기서 기업은 기존 상품 또는 신상품 을 기획하는 마케팅 활동을 전개할 때 자신들의 목표 소비자 또는 소비자 집단에게 상품의 품질, 지원서비스, 가격 등 소비가치에 밀접하게 영향을 미칠 수 있는 속성이나 요인들을 질문하고, 소비자는 자신들이 최종 소비에 필요한 가치를 언급하며, 다양한 판촉활동에 대 한 아이디어, 판매유통 채널, 잠재된 소비자의 니즈 등을 설명해줌으로써 소비가치를 높이 는 활동을 할 수 있다.

SNS마케팅은 소비자가 자발적으로 정보 공유 활동을 실시간으로 전개하며, 동시에 소 비자 자신과 유사한 특성을 지닌 잠재소비자들에게 광고·홍보 활동을 하기 때문에 상대적 으로 기업의 마케팅 활동 비용을 절감시킨다. 하지만 소비자들에 의한 정보공유와 전파력 이 강해 잘못된 정보 또는 오해, 왜곡된 정보에 대해서 오히려 기업에게 큰 위험을 줄 수 있 다는 단점이 포함되어 있다. 이처럼 잘못된 정보 공유의 위험은 사실 여부가 확인되기 전에 급속히 전파될 수 있고, 정보 자체의 불확실한 측면이 내포되어 있으며, 정보를 접하는 개 인의 감정과 경험과 혼재될 수 있으므로 기업이 SNS 마케팅 활동을 전개할 때는 이러한 위 험성에 유념할 필요가 있다.

전통적인 마케팅 활동 또는 전자상거래의 경우, 소비자가 구매상품에 대한 반복구매 또 는 반품·환불 등 비교적 단순한 형태의 마케팅 평가와 결과물이 도출될 수 있지만, SNS 마 케팅은 정보 공유, 광고, 홍보, 구매 등의 일반적 마케팅 활동 이외에 SNS를 활용하는 개인 간의 정보공유 '관계성'으로 연결되어 있기 때문에 마케팅 활동 노력과 관계없이 큰 위험 을 초래할 수도 있다. 즉 가짜 정보가 진짜 정보보다 더욱 빠르게 확산되며, 이를 학술적으로 증명하기도 하였다. Vosoughi 외 2인이 2018년 5월 Science지에 발표한 내용을 보면 2006년부터 2017년까지 '트위터'를 분석한 결과, 약 126,000개의 루머가 평균 3백만 명에게 전파되었고, 가짜 정보 1%가 작게는 1천 명에서 많게는 10만 명에 전파되며, 반면 가짜 정보에 대한 사실확인은 1천 명 미만으로 전파된 것으로 나타났다. 따라서 SNS 마케팅은 마케팅 비용측면, 소비자 정보전달 측면에서 효과적인 수단이 되었으나 이에 따른 잘못된 정보의 전파 위험 노출에 미리 대비할 필요가 있다.

제3절 전자상거래 및 SNS 마케팅 방법

앞서 전자상거래와 SNS 마케팅의 개념과 특징을 알아보았다. 그렇다면 전자상거래와 SNS 마케팅을 효과적으로 수행하기 위해서는 어떠한 방법으로 기획하고 실행해야 할까?

우선 효과적인 방법의 기획과 실행에 앞서 몇 가지 전제 조건을 확인하는 것이 필요하다. 이것은 기업에서 가용할 수 있는 마케팅 자원이 있는 경우와 없는 경우로 구분해서 살펴볼 필요가 있다. 전자상거래 및 SNS 마케팅의 가용자원의 기준 중에 가장 중요한 것이 자사의 상품 또는 서비스의 보유 역량이다. 홈페이지, 쇼핑몰 사이트, 전문 관리자 등은 부수적인 것들이다. 소비자에게 제공할 수 있는 상품이 많지 않은 경우, 전자상거래, SNS 소통은 쉽지 않은 과정이다. 이는 전자상거래를 위한 충분한 상품이 존재하지 않는다면, 소비자와 실시간으로 소통은 매우 어려워지고 상품을 통해 소통할 필요가 있다.

일부에서는 상품이 충분하지 않아도 소비자의 감성, 소비문화, 트렌드 등이 충분한 소재로 활용될 수 있다고 주장하나, 이것은 전자상거래 마케팅의 본원적 목적보다는 브랜드 또는 기업의 이미지 등을 긍정적으로 유도하기 위한 측면이 강하므로, 기업의 홈페이지를 통해 충분히 소통할 수 있을 것이다. 따라서 마케팅 관리자가 전자상거래 마케팅을 위해 기업의 내부역량 측면에서 소비자와 소통하기 위한 상품의 종류와 수, 그리고 킬러 아이템들이 충분한가를 확인하는 것이 중요하다. 상품의 종류와 수, 그리고 킬러 아이템들이 충분하다면 목표 및 잠재 소비자가 오랫동안 머물러 있거나 다른 사람들에게 긍정적인 상품 정보를 전파할 가능성이 높아, 소비자와 'Sales Talk(상품을 통한 소통)'을 시작할 수 있다.

전자상거래를 시작하기 위한 상품이 충분하다고 판단되었다면, 전자상거래 시장과 현황을 분석하여 해당 상품을 어디 곳에 노출시킬 것인가를 결정해야 한다. 일반적으로 기업들은 자체적인 쇼핑몰을 만들고, 이를 인터넷 포털사이트에 기업 쇼핑몰 사이트를 광고·노출하는 방식을 사용한다. 하지만 이 경우는 기업의 광고·홍보 자금이 충분하거나, 이미 잘 알려진 브랜드 상품 또는 잘 알려진 기업으로써 고정 소비자(단골 고객)이 많을 때 가능할 수 있다. 그러나 가용자원이 부족할 경우 혹은 가용자원 대비 광고·홍보 극대화를 통한 전자상거래를 시작하는 경우에는, 단독 혹은 독립적인 상거래 사이트를 운영하는 것이 반드시 긍정적인 선택이 아닐 수 있다. 즉 헤아릴 수 없는 상품이 존재하고, 수많은 전자상거래 사이트에서 기업의 차별화된 상품을 소비자가 인지하고 선택하기 어렵기 때문이다. 그러므로 동일, 유사 상품들이 모여있는 오픈마켓, SNS 마켓으로 먼저 진입하여 상품 및 브랜드 인지도를 높이는 방법을 먼저 고려할 필요가 있다.

국내의 전자상거래 시장의 경우, 소비자의 70% 이상이 쿠팡, 11번가, 네이버, G마켓 등 오픈마켓, SNS 마켓에서 상품을 구매하고 있다. 즉 많은 소비자들이 모여있는 곳인 전자상거래 오픈마켓에서의 상품 경쟁력과 인지도를 확보한 뒤, 일정한 목표 매출이 발생한 후에 충성 소비자들을 중심으로 자사의 기업 쇼핑몰로 이동시키는 방법을 채택하는 것이 효과적일 수 있다. 이는 전자상거래 소비자들이 수많은 상품들에 노출되고, 상품의 품질·가격·평판·AS 등을 비교·분석하여 구매목적에 맞는 최적의 상품을 구매하기 때문에 이들 오픈마켓을 중심으로 마케팅 활동을 시작한 후, 독립적인 전자상거래 판매채널에서 마케팅 활동을 이어가는 것이 바람직할 수 있다.

하지만 기업의 가용자원, 상품 종류와 수, 브랜드 가치 등을 더욱 높은 기업의 가치와 목표로 고려할 경우에는 독립적인 전가상거래 사이트를 구축하여 소비자들이 해당 상품을 검색하는 포털사이트를 중심으로 광고·홍보를 전개해야 한다. 우선 기존 소비자들에게 자사의 전자상거래 쇼핑몰의 존재여부를 알리고, 기존 보유 및 거래 유통채널과의 상품 종류·상품 속성 및 가격 등 일부 마케팅 조건에 변화를 주어 쇼핑몰을 활성화시킨다. 일반적으로 상품 검색 포털사이트에서는 일정 금액의 광고료를 지불할 경우, 검색 주요단어에 브랜드, 상품 등을 가장 먼저 노출시키므로 이에 대한 기획과 광고, 홍보기간을 설정하여 추진한다.

특히 최근에는 블로그·카페 등을 활용하여 지속적인 소비자 집단과의 커뮤니케이션을 활성화하고 있으므로, 쇼핑몰 이외의 블로그·카페 등의 활용하는 방법도 마케팅 활동으로 권장할 만하다. 신상품의 경우에는 소비자 체험단을 활용하거나 소비자 체험단을 운영하는 블로그·카페 등을 통하여 신상품을 위탁하고 긍정적인 체험반응을 게시하는 활동이 보편화되어 있으므로 새로운 상품을 소개하고 적극적인 소비자 체험을 통한 유도할 수 있을 것이다.

'스타일난다', 화장품으로 보세의류의 한계 뚫었다

최근 프랑스의 유명 패션, 화장품 브랜드인 로레알에게 인수된 '스타일난다'는 2004년 김소희 씨가 동대문 보세(노브랜드) 의류 유통을 위해 시작한 사업이다. 의류관련 전공을 마친 김 씨는 가족이 이미 동대문에서 보세 의류를 유통해왔고, 이를 인터넷 전자상거래가 활성화되자 가족이 유통하던 보세 의류를 전자상거래 채널로 유통을 기획한 것으로 알려져 있다. 자신이 입었던 옷과 가

스타일난다 홍대 플래그십 스토어(출처: 스타일난다 홈페이지)

족이 유통하던 속옷 등을 보세 의류만을 취급하는 쇼핑몰에 판매하고, 이에 대한 반응을 확인한 후 본격적인 패션 전자상거래 유통에 뛰어들었다. 2004년 당시에는 우리가 흔히 알고 있는 쿠팡, G마켓, 11번가와 같은 오픈 마켓이 활성화되지 않았고, 티몬, 위메프와 같은 SNS 마켓 역시 활성화되지 않은 시기였다.

스타일난다라는 '스타일이 멋지다'는 뜻을 담고 있는데, 스타일난다의 성공비결에는 eCommerce가 도입기를 거쳐 본격적인 시장 성장기에 접어들 시기에 적절하게 소개되었다는 점이다. 또한 스타일난다가 다른 인터넷 쇼핑몰과 차별화할 수 있었던 것은 창업자 자신이 쇼핑몰의 고객층과 거의 정확하게 일치한 세대였기에 누구보다도 패션에 관한 취향, 스타일, 불편한 점 등을 잘 알고 있었다. 특히 동대문 패션상가의 구조를 살펴보면, 다양한 옷들을 소량으로 제작하여 소비자의 반응을 검증한 후, 대량으로 제작하는 구조이며, 신진 디자이너들이 삼삼오오 스타트업을 구성하여 지방을 비롯한 해외 구매상 등에게 유행을 선도할 수 있는 패션제품을 항상 테스트 받을 수 있는 일종의 '테스트베드'의 성격이 매우 강한 곳이라는 점이다. 패션에 관한 다양한 의견과 유행, 트렌드에 민감한 해외 및 지방 구매상 등을 늘 접촉하기에 소비자가 원하는 패션상품에 관한 정보가 빠르고 정확하게 이루어지는 곳이라는 점 역시 김대표의 성공요인으로 볼 수 있다.

2016년에만 스타일 난다의 매출액은 1287억 원, 영업이익은 278억 원에 이르며, 2017년 매출

은 1500억 원대로 추정되고 있다. 관련 자료와 정보에 따르면 스타일난다는 국내 사업 위주로 진행하던 2011년까지 별다른 영업이익을 내지 못했다. 매출은 300억 원대를 돌파했지만, 마진이 극도로 적은 보세 의류를 유통하다 보니 일어난 문제였다. 스타일난다 뿐만 아니라 국내 인터넷 쇼핑몰 전반이 겪던 문제였으며, 스타일난다 못지 않은 규모를 갖춘 여성의류 쇼핑몰도 수익성 문제를 버티지 못하고 폐점한 경우가 많았다. 또한 보세의류가 낮은 수익성이라고 하지만 패션상품의 고질적인 문제인 트렌드에 뒤쳐진 상품의 재고처리, 반품과 환불이 가장 어려웠을 것이다. 김 대표는 이러한 고질적인 문제 해결을 위해 중국 거대 전자쇼핑몰인 알리바바에 입점하였고, 중국 구매상들의 다양한 러브콜을 받은 것으로 알고 있다. 즉 국내 시장이 아닌 해외 쇼핑몰 입점으로 판매처를 확대하였으며, 보세 의류를 내신할 새로운 아이템을 찾있다. 바로 자체 개발한 화장품이다.

2009년 색조화장품 브랜드 '쓰리컨셉아이즈(3CE)'를 선보이고, 국내 최대 화장품 제조기업인 한국 콜마에서 스타일난다의 독자적인 브랜드를 설립, 패션 상품과의 콜라보를 완성하여 5일 만에 초기 주문량을 다 판매함으로써 외형뿐 아니라 내형적인 확장을 추진하였다. 일반적으로 패션상품은 50%의 수익율이 발생하며, 화장품의 경우 70% 이상의 수익율이 발생하는 경우가 많다. 즉

3CE 제품(출처: 스타일난다 홈페이지)

판매처를 늘이고 판매량을 늘리면, 수익이 자연적으로 발생하는 산업과 시장이다. 특히 기업 스스로 제조시설을 갖춘 것이 아닌, 상표주문부착방식인 OEM을 통해 화장품 판매의 플랫폼 사업자로 거듭남에 따라 패션의 계절성과 치열한 경쟁에 의한 매출과 수익등락을 슬기롭게 극복해낼 수 있었다. 이에 현재 3CE의 화장품 제품은 약 500개 정도로 어지간한 중견 화장품 브랜드 못지 않은 라인업을 보유하고 있다.

2011년 이후 한류 열풍으로 타고 중국 시장에서 'K 패션(한국 여배우들이 드라마 등에서 입고 나오는 스타일을 모방한 한류 패션)'이 유행하면서 스타일난다의 비상이 시작되었다. 2009년 중국 고객이 이용할 수 있는 중문판 쇼핑몰 스타일난다를 설립하고, 이후 위챗페이, 알리페이, 텐페이, 페이팔 같은 중국인을 위한 결제수단을 도입하는 등 한류에 올라탈 준비를 마친 상태였다. 이 무렵 다른 온라인 의류 쇼핑몰은 이와 같은 결제 수단 도입을 하지 않거나 늦어졌다. 온라인 글로벌 트렌드 변화에 민감한 덕분에 스타일난다가 앞서나갈 수 있었다.

한류를 타고 스타일난다의 매출과 영업이익은 급격히 늘어났다. 2014년에는 매출 1151억 원, 영업이익 276억 원을, 2015년에는 매출 1089억 원, 영업이익 235억 원을 기록했다. 회사를 설립한지 10년 만에 1000억 매출을 달성하였다.

현재 스타일난다 전체 매출의 절반은 화장품 판매에서 나오고 있다. 영업이익 역시 대부분이 마진율이 높은 화장품에서 나온다. 3CE는 MCM, 라인프렌즈, 아모레퍼시픽 등을 제치고 유커(중국인 관광객)가 좋아하는 화장품 브랜드 1위로 뽑히기도 하였으며, 스타일난다는 패션 및 화장품 전자상거래 플랫폼 기업인 동시에 유통기업이며, 높은 글로벌 인지도 덕분에 프랑스 로레알 그룹도 인수 전에 뛰어들었고, 김 대표는 20%의 지분을 남기고 매각함에 따라 명동에 플래그십 점포 소유주는 물론 선도적인 전자상거래 플랫폼 기업으로 거듭나게 되었다.

로레알 그룹은 현재 로레알, 랑콤, 입생로랑, 슈 우에무라 등 주로 중고가 화장품 라인업을 보유한 회사다. 중저가 라인업은 키엘을 제외하면 별다른 힘을 쓰지 못하는 상태다. 중국인들에게 인기 있는 3CE를 확보함으로써 중국 시장 저변 확대와 중저가 라인업 강화라는 두 가지 목표를 동시에 달성하려는 것으로 풀이된다. 김 대표는 2012년부터 온라인을 넘어 스타일난다의 오프라인 진출

프랑스 파리에 위치한 로레알그룹 본사 건물 전경

도 꾀하고 있다. 2012년 가로수길에 첫 단독 가게(플래그십 스토어)를 열었고, 이를 명동과 홍대 등으로 확대했다. 국내 10여 곳의 백화점과 면세점에서도 매장을 운영하고 있다. 2017년에는 일본 도쿄 시부야 하라주쿠 거리에 단독 가게를 열었다. 세계적인 화장품 유통 채널 세포라와 손잡고 홍콩, 태국, 인도네시아 등 동남아시아 7개국에 60여 개의 매장을 내기도 했다. 로레알은 현재 우선협상대상자로 스타일난다 지분 인수가 확정된 것은 아니다. 그러나 성사될 가능성은 상당히 높다. 매각을 원하는 김 대표의 입장과 중국 시장 입지 확보 및 중저가 브랜드를 원하는 로레알 그룹의 입장이 일치하기 때문이다.

출처 IT동아 | 강일용 기자 | 2018.04.12.

사례 #2
세계의 상거래 지도를 바꾸다. 절대 지존 '아마존'

국내에서 전자상거래 기업 정도로 알려져 있는 아마존은 현재 세계가 주목하는 혁신 기업 1위로 선정될 만큼 그 가치를 인정받고 있는 기업이다. 우리에게 익숙한 구글의 검색엔진, 유튜브, 페이스북 등과 더불어 명실공히 전 세계 4차 산업혁명을 선도하는 기업이라고 할 수 있다.

1994년 7월에 제프 베조스가 설립하였고, 1995년 7월에 아마존닷컴은 온라인 서점으로 시작하였지만, 1997년부터 VHS, DVD, 음악 CD, MP3, 컴퓨터 소프트웨어, 비디오 게임, 전자 제품, 옷, 가구, 음식, 장난감 등으로 제품 라인을 다양화하였다. 1994년 제프 베조스는 월스트리트 공장 D. E. Shaw & Co.의 부사장을 그만두고 시애틀로 옮겼으며, 아마존닷컴이 될 사업 계획에 착수하기 시작했다. 설립자 제프 베조스는 당시 닷컴 버블이 불던 1994년 7월 5일 카다브라(Cadabra)라는 이름으로 회사를 설립한 뒤, 1년 뒤에 사명을 아마존으로 바꾸었다. 1994년 9월에 URL Relentless.com를 합병하여 간단히 온라인 스토어 Relentless로 이름을 정하기로 했으나, 1995년 아마존닷컴이라는 이름으로 온라인 사업을 시작하게 되었다. 재미있는 일화는 베조스가 사전을 훑어보다가 '아마존'이라는 이름을 선택, 결정하였는데 이는 현재 세계에서 가장 큰 강인 아마존 강이 이국적이면서도 색다른 곳이어서 그의 회사를 이처럼 만들려고 했기 때문이라고 한다.

아마존도 지금과 같이 시가총액 1조 달러에 도달하기까지 우호적으로 표현하면 고객 중심주의 철학, 비 우호적 측면으로는 지독함이 배어있다고 말할 수

있다. 회사의 성과를 평가하는 지표 500여 개 가운데 고객 관련 지표가 400개가 넘으며, 회사 설립 후, 10년 동안 지속적으로 적자를 기록했었다. 아마 웬만한 기업이라면 쉽게 포기하거나 폐업을 하겠지만 끊임없이 비전과 경영방식을 고집하면서 투자자를 설득하였고, 물류 창고에서 일하는 노동자의 출근과 퇴근, 근무시간을 위성항법장치를 활용한 웨어러블 손목시계로 철저히 관리감독한다.

이러한 철저한 경영방식을 고수하는 아마존은 전자상거래, 플랫폼 성장동력을 어떻게 평가·판단해볼 수 있을까?

첫째, 아마존의 사업 확장성이다. A부터 Z까지의 모든 물건을 취급하겠다는 아마존은 현재 21세기 만물백화점으로 불리며 존재감을 여실히 증명하고 있다. 특히 한국인에게는 옥션, 11번가, G마켓 같은 온라인 쇼핑몰사이트로써 이미지가 강한 아마존이지만 실제로 아마존은 알파벳 기업 구글만큼이나 다양한 분야로 진출하고 있다. 아마존은 온라인 서점을 시작으로 원 클릭이라는 혁신적 결재 시스템 도입과 함께 점차 아마존 스토어로 사업을 확장했고 e-book 킨들과 같은 디바이스를 직접 제조하고 판매하는 업체로 성장했다. 최근에는 Wholefood라는 유기농 식품유통채널을 인수했으며, 현재는 아마존 데이터 센터, 클라우드 플랫폼, 인공지능과 미디어 분야까지 발을 넓혀 전자상거래라는 본업의 경계를 허물며 세계시장에 존재감을 보이고 있다. 이렇듯 아마존은 그들 만의 해석으로 세계 트렌드를 이끌며 사업의 다양성을 보이고 있다. 즉, 혁신적 사업의 다각화 전략이 주된 성공요인으로 볼 수 있다.

둘째, 아마존의 절대적인 컨텐츠 힘이다. 아마존은 인공지능 서비스 '알렉사' 출시를 시작으로 바구니에 담으면 결제가 되는 미래형 식료품점 '아마존go'를 선보였다. 최근에는 동영상 스트리밍과 같은 컨텐츠 서비스, 미디어, 엔터테인먼트 분야까지 투자를 아끼

지 않으며 핵심 분야를 흡수하고 있다. 4차산업혁명 시대의 라이프스타일을 주도하고자 하는 것이 바로 아마존이 추구하고자 하는 궁극적 목적이 아닐까 싶다. 다양한 산업분야 및 시장에서 생성되는 무궁무진한 컨텐츠와 그 컨텐츠를 실제 또는 가상의 시스템으로 연결시키는 네트워킹 파워는 실로 거의 모든 세상의 소비자를 연결시켜 아마존의 허브(Hub)안에 담아두고자 하는 의도로 파악된다.

이처럼 지속적으로 영역을 확장하고 있는 아마존은 소비자들에게 다양한 플랫폼과 콘텐츠를 사용할 수 있기 때문에 반가운 일이라고 할 수 있지만 기존의 기업들에게는 두려움으로 인식된다. 특히 최근 아마존이 유통을 중심으로 국내 진출 시, 그 파괴력은 실로 대단할 것으로 판단된다. 아마존의 확장력은 컨텐츠를 만들고 서서히 문화가 되어가는 현시점에서 미디어와 음악, 비디오 스트리밍 콘텐츠 사업은 강력한 존재로 급부상하고 있다. 한국의 미디어 시장, 음원 사이트, IPTV 회사들은 흡수가 빠르고 끊임없이 새로운 콘텐츠를 원하는 젊은 소비자층의 마음을 잡는 것이 가장 중요하다. 국내 콘텐츠에 비해 노래와 영상부분에서 차지하는 해외 콘텐츠 비율은 소비자 입장에서 늘 아쉬운 부분이며, 아마존의 국내 독식을 막으려면 국내 기업은 해외 미디어 시장과의 계약과 협력을 통해 컨텐츠의 질을 높이고 혁신적인 플랫폼을 선보여야 할 필요가 있다.

Quiz

소속 ....

성명 ....

1 인터넷과 IT산업의 급격한 발달과 혁신으로 인해 전자상거래를 통해 상품을 구매하는 소비자가 폭발적으로 늘어나고 있다. 이러한 전자상거래는 점포 또는 매장을 중심으로 상품을 유통, 교환, 거래하던 기존 마케팅 활동에 큰 변화를 가져오게 되었는데, 전자상거래 또는 온라인 마케팅이 기존 마케팅 활동과 구별되는 특징을 논하라.

❷ 인터넷과 IT산업의 발달과 진화를 통해 마케팅 관리자들은 어떠한 한계를 극복하여 더욱 효율적이고 생산적인 활동을 할 수 있게 되었는가? 그리고 어떻게 소비자들과 더욱 밀접하게 커뮤니케이션할 수 있는지를 논하라.

❸ 온라인 마케팅 활동에서 중요한 개념 중의 하나인 '플랫폼 비즈니스'에 대한 개념을 논하고, 관련하여 어떠한 사업모델이 가능한지 사례를 들어 설명하라.

4 소셜네트워크서비스(Social Network Service)는 생산자와 소비자가 제품과 서비스를 매개로 항상 커뮤니케이션할 수 있다는 장점을 지니고 있으나, 잘못된 정보의 확산으로 인한 피해도 클 수밖에 없다. 생산 및 판매자인 기업이 소비자와 직접 커뮤니케이션하는 SNS를 활용할 때 주의하거나 고려해야 하는 점을 토론해보자.

⑤ 전통적인 유통기업들이 그들의 오프라인 매장과 접점(PoC, Point of Contact)을 갖추었음에도 불구하고, 온라인 전자상거래 시장에서의 주도권을 잡기 위한 경쟁을 치열하게 전개하고 있다. 전통적인 유통기업들은 오프라인 유통매장과 함께 온라인 전자상거래에서도 시장 주도권을 잡기 위한 다양한 마케팅 활동을 전개하고 있는데, 이들 유통기업의 마케팅 관리자가 온라인 전자상거래를 활성화시킨다면 기존 오프라인 유통매장과의 서로 상충되는 현상인 '채널 카니발라이제이션(Channel Cannibalization)'이 발생할 가능성이 있다. 이를 해결하기 위하여 어떠한 계획이 필요한가?

Chapter 3
마케팅 환경분석

제1절 마케팅 환경의 이해

1. 마케팅 환경의 개념

일반적으로 마케팅 환경이란 기업의 마케팅 목표달성에 영향을 미치는 기업 내부 및 외부의 모든 영향 요인들을 의미한다. 해당 산업 및 시장환경의 지속적인 변화에 따라 기업 내·외부의 위협 또는 기회를 파악함으로써 기존 사업의 수정 및 보완이 요구되거나 혹은 새로운 신규 사업기회가 창출될 수 있다. 따라서 마케팅 환경이란 기업의 마케팅관리에 있어 소비자의 성공적인 교환과 거래관리를 개발하고 유지시키기 위해 마케팅 관리 능력에 영향을 주는 요인들을 의미한다.

마케팅 환경을 분석하고 철저히 파악해야 하는 주된 이유는 시장 기회를 모색하고, 위협에 따른 불확실성을 철저히 차단하여 대안을 준비함으로써 전략 마련을 통한 효과적인 마케팅 활동을 수행하기 위함이다. 즉 마케팅 환경분석을 얼마나 철저하게 준비하고 실행하느냐에 따라 마케팅 전략의 품질이 달라질 수 있으며, 그에 따른 마케팅 활동의 성과를 평가받는다고 해도 과언이 아니다. 실무적으로는 마케팅 환경분석에 따른 중요한 전략적 시사점이 도출되므로 마케팅 관리자로써 성장, 발전하기 위해서는 특히 환경분석에 많은 시간과 노력을 기울일 필요가 있다.

우선 마케팅 환경은 거시적 환경과 미시적 환경으로 크게 구분해 볼 수 있다. 거시적 환경은 보다 기업의 마케팅 활동에 영향을 미칠 수 있는 광범위한 영향요인으로서 인구통계학적, 정치외교적, 법률적, 기술적, 문화적 요인 등을 포함하며, 미시적 환경은 기업의 마케팅 활동에 직간접적으로 영향을 미치는 소비 트렌드의 변화, 원재료의 수급, 기존 및 신규 유통채널의 등장, 새로운 시스템의 도입과 확산 등을 의미한다.

예를 들어 거시적 환경측면으로서 최근 미국과 중국의 무역분쟁이 발생하여 중국에 진출한 삼성, SK 같은 반도체 제조 기업들은 중국 정부로부터 적지 않은 거래 압력을 받는 상황에 처하고 있다. 이는 일시적인 분쟁이 아닌 중장기적 시장환경에 부정적인 위협요인으로 작용할 가능성이 높다. 특히 미국과 중국 등 해당 지역시장에 상품을 수출하고 마케팅 활동을 전개하는 기업들의 입장에서는 직접적인 관련성이 없는 분쟁에 휘말려 시장 점유율에 있어 상당한 영향을 받을 수 있다. 왜냐하면 전 세계 40% 이상의 반도체 원자재인 중국의 희토류의 생산과 수급제한이 이들 기업의 생산, 판매에 장애요인으로 작용할 수 있는 반면, 중국의 요구 순응에 따를 경우, 미국 지역에 판매하는 삼성과 LG의 가전제품 판매에 영향을 받을 수 있기 때문이다. 이와 같이 소비자의 구매, 소비와 관련된 본원적인 마케팅 활동과는 달리 불확실한 글로벌 정치, 경제 환경 변화에 따른 영향 사례는 너무나도 많다. 따라서 마케팅 관리자는 소비자의 구매, 소비 가치 중심의 본원적인 마케팅 활동과 함께 거시적·미시적인 환경변화 등을 철저히 고찰하고 분석해야 한다.

마케팅 관리자가 거시적·미시적 환경변화를 모두 분석하기에는 상당한 지식과 경험이 요구된다. 따라서 해당 산업분야 및 시장에 관련된 거시적·미시적 환경변화에 대한 분석으로 범위를 좁힐 필요가 있다. 공통적으로 적용 가능한 환경 변화요인들, 가령 1인 가구의 증가, 1인 소득의 증감, IT의 발달과 진화, 노인 인구의 증가, 한류의 확산, 전자상거래의 확산 등 해당 산업과 시장에만 국한되지 않는 일반적인 변화는 공통적인 환경변화요인들로써 분석하고, 관리자가 속해있는 산업과 시장에서 전략적인 방향성을 제시하여 줄 수 있는 거시·미시 환경요인들의 범위를 좁혀서 분석하는 것이 바람직하다.

우선 거시적 환경 영향 요인들에 대해서 간략하게 표로 설명하면 다음과 같다.

[표 1. 거시적 환경요인]

인구 통계학적 환경	연령구조와 가구의 변화, 출산율 변화, 인종·종족 다양성 증가 등
경제·소득 환경	가구·인당 소득분포, 지출패턴의 변화, 최저임금, 근로탄력제 등
자연 환경	원료·자원 부족, 에너지비용, 환경오염, 질병 등
기술 환경	5G등 통신 네트워크 진화, R&D, 전자상거래, 개인정보보호 등
공정경쟁 환경	독과점 경쟁, 자율, 소비자 보호, 기업의 사회적 책임 등
정치·사회정책 환경	노동정책(최저임금, 탄력 근로 등), 복지, 기업 규제, 안전 등

반면, 미시적 환경 영향 요인들을 살펴보면 아래 표와 같다.

[표 2. 미시적 환경요인]

원재료 수급	자원부족에 따른 대체 원자재, 원산지, ODM, OEM 등
소비 행태	모바일 활용, 홈쇼핑, 개인 미디어 발달 등
시스템 인프라	빅데이터, 인공지능, 1일 배달·배송 문화 확산 등
근로·노동환경	공유 오피스, 재택 근무 등
유통 환경	오픈마켓, 인플루언서, 소유에서 공유 문화 확산
서비스 환경	해외 플랫폼 연계, 구독서비스

지금까지 마케팅 환경에 영향을 미칠 수 있는 거시적·미시적 환경요인들에 대해서 개략적으로 살펴보았다. 열거된 환경요인들보다 더 많은 환경요인들이 기업의 마케팅 활동에 영향을 미칠 것이다. 특히 구분된 환경요인들은 극히 일부에 불과할 것이며, 이는 마케팅관리자의 해당 산업과 시장 영역으로 좁혀가는 데 참고할 수 있을 것이다. 마케팅 관리자는 환경요인들을 점차 좁혀가면서 시간적으로는 단기간 및 중장기적 영향, 해당 기업에 직접적 및 간접적 영향, 환경 요인에 따른 파급 또는 영향의 강도가 높고, 낮은지 등으로 다시 분류하고 구성해보면 마케팅 전략 수립과 활동을 위한 환경 분석을 좀 더 구체화할 수 있다.

제2절 내부환경 및 외부환경 분석

기업의 마케팅 전략 및 활동에 관한 시사점을 도출하기 위하여 거시적·미시적 환경을 분석하였다면, 기업의 내부와 외부환경에 관한 분석을 좀 더 구체화해야 할 필요가 있다. 이를 위해 마케팅 관리자는 내부환경과 외부환경에 대한 분석을 수행해야 한다. 내부환경 분석은 기업의 경영이념 및 사업영역을 바탕으로 시장에서의 핵심역량, 프로세스, 재무능력, 그리고 이해관계자에 대한 평가 및 분석을 통해 강점 및 약점요인을 도출하는 것이며, 외부환경 분석은 경영전략 및 평가체계 수립을 위해 외부환경 변화를 파악·분석하여 이에 대한 기회 및 위협요인을 도출하는 것이다. 이들 분석을 수행하기 위하여 마케팅 관리자가 기본적으로 알아야 할 분석 방법은 다음과 같다.

1. SWOT 분석

기업의 내·외부환경 분석은 우선 기업을 둘러싼 외부환경에서의 기회(Opportunity)와 위협(Threat) 요인을 파악할 필요가 있다. 기회요인이 많을수록 잠재적 성공 가능성이 높아지고, 위협요인이 많을수록 잠재적 심각성을 파악, 대안을 마련할 수가 있기 때문이다.

한편, 기업의 내부환경에서는 경쟁사에 비해 상대적인 경쟁우위를 가지고 있는 강점(Strength)과 경쟁열위를 지닌 약점(Weakness)을 파악해야 한다. 이처럼 기업의 내·외부환경 요인을 파악하는 분석을 강점, 약점, 기회, 위협이란 단어의 머리글자를 취하여 SWOT 분석이라 한다.

SWOT 분석은 외부환경 분석에서의 기회·위협요인과 내부역량 분석에서의 강점·약점 요인들의 상호 관계를 파악, 기업이 처한 상황을 중심으로 향후 전략 과제는 물론 미흡한 부분을 보완하기 위한 방향성을 도출할 수 있다. SWOT 분석은 마케팅 활동에 국한되지 않고, 특정 산업과 시장, 기업, 기관 등과 관계없이 내·외부환경 분석에 활용될 수 있는 기본적인 분석방법으로서 마케팅 관리자는 기업의 마케팅 목표를 기준으로 다음과 같은 SWOT 분석의 전략적 특성을 활용할 필요가 있다.

① SO전략(강점-기회전략)

시장의 기회를 활용하기 위해 강점을 사용하는 전략을 선택한다.

② ST전략(강점-위협전략)

시장의 위협을 회피하기 위해 강점을 사용하는 전략을 선택한다.

③ WO전략(약점-기회전략)

약점을 극복함으로써 시장의 기회를 활용하는 전략을 선택한다.

④ WT전략(약점-위협전략)

시장의 위협을 회피하고 약점을 최소화하는 전략을 선택한다.

[그림 1. SWOT 분석 예시]

SWOT 분석의 가장 큰 장점은 내부 및 외부의 환경적 영향요인들을 동시에 판단할 수 있어 장기적인 측면의 전략적 대응 마련에도 유리하다. 특히 분석자체가 간단 명료하게 정리되기 때문에 비교적 용이하게 당면한 문제점을 파악할 수 있다. 또한 SWOT 분석을 정확하게 이해하기 위해서는 제반 사항에 관한 지식이 필요

하기 때문에 기초적인 지식이 없는 상태에서는 분석 자체를 이해되거나 수행되지 못할 수 있으며, 이해하더라도 부분적인 측면을 확대하여 잘못된 해석의 오류를 범할 수도 있다. 따라서 관리자는 SWOT 분석뿐 아니라 문헌고찰 및 소비자 동향 관련 자료 등을 함께 검토하여 부족한 부분에 대한 보완을 고민해야 한다. 또한 분석상에서 단점과 위협이 분명하게 나타난다면 이에 대한 문제 해결 부분을 명확하게 짚고 넘어가야 한다. 만약 극복하기 어려운

단점과 위협이 존재하여 해결하기 어렵다면 과제의 해결을 시작조차 할 수 없기 때문이다.

2. PEST 분석

PEST(Political, Economic, Social and Technological analysis)는 일반적인 거시환경 분석에 활용하는 분석 방법으로 일부에서는 법적(Legal) 정책과 특성을 추가, SLEPT로 부르기도 하며 환경(Environmental) 분야를 포함하여 STEEP라고 사용하기도 한다. 주로 시장 조사나 전략 분석을 할 경우 거시환경 요소로부터 기업이 의사결정을 내려야 할 때 활용하는 기법이다. 일반적으로는 경영전략에서 시장을 둘러싼 외부 환경, 사업 포지셔닝, 사업 방향 등을 파악하기에 위해 활용하는데, 기업에서는 마케팅 환경분석에서 거시환경분석으로 활용하기도 한다.

- 정치적(Political) 요소는 정부가 경제에 간섭하는 정도를 의미하나, 통상적으로 노동, 세무, 관세, 무역 제재, 정치적 변동 등을 포함한다. 특히 선거, 정부 차원의 육성 정책 등에 따른 재화나 용역의 종류를 포함하기도 한다.
- 경제적(Economic) 요소는 경제성장률, 금리, 환율, 인플레이션 등을 포함하며, 이는 기업의 투자 등 의사결정에 상당한 영향을 미친다고 볼 수 있다. 특히 환율, 금리는 기업의 생산품에 소요되는 원자재 등의 가격과 수출 판매에 반영되어야 하므로 기업의 마케팅 활동에 가장 직접적인 영향을 미친다.
- 사회적(Social) 요소는 인구성장률, 출산율, 다문화, 연령대 분포, 노동 태도, 안전 관련 사회 인프라 시스템 등이 포함된다. 특히 고령인구의 증가, 출산율의 감소, 탄력 근로제와 같은 복지 중심의 사회적 요인 변화에 따라서 기업체의 제품, 서비스제공과 경영 방식이 변화로 인건비 상승과 감소, 노동인구의 부족으로 인한 생산저하 등의 변화가 초래될 수 있다.
- 기술적(Technological) 요소는 생산과 기술의 투자로 인한 R&D 활동, 자동화, 타 산업의 기술발전에 따른 기술혁신과 진화 등이 포함된다. 이는 시장의 진입장벽, 아웃소싱, 기술 투자, 품질의 개선 등 단기적·중장기적 기업의 마케팅 활동 등에 영향을 준다.

[그림 2. PEST 분석 예시]

[그림 2. PEST 분석 예시]

Political Factors
· Government type and stability
· Tax policy
· Changes in the political environment
· Regulation and de-regulation trends
· Levels of corruption

Economic Factors
· Stage of business cycle
· Impact of globalization
· Labor costs
· Likely changes in the economic environment

Social Factors
· Population growth rate
· Population health, education and social mobility
· Lifestyle choices and attitudes toward socio cultural changes

Technological Factors
· Research and development activity
· Impact of emerging technologies
· Impact of technology transfer

- 법적(Legal) 요소는 개인정보보호, 차별법, 공정경쟁, 독점금지법, 공유경제 허용 등 기업의 해당 산업진출과 유지, 신규 시장 개척 및 진입에 영향을 주는 요인들로써 특히 해외 국가로의 진출에 관한 의사결정에 큰 영향을 준다.
- 환경적(Environmental) 요소는 친환경, 기후, 미세먼지, 오염, 에너지 수급 등을 포함하며 제품의 생산, 서비스의 제공에 따른 기존 제품, 서비스의 단종과 변화, 제품의 시장 축소나 소멸 등에도 영향을 미친다.

제3절 경쟁사 분석

1. 경쟁사 분석

마케팅 관리자가 실무적으로 가장 중요하게 생각하고 철저하게 분석해야 하는 환경분석은 경쟁사에 관한 분석이 될 것이다. 산업과 시장의 구성요인을 살펴보면, 자사 이외 다른 경쟁사와 소비자로 구성되어 있다. 따라서 산업과 시장을 전략적인 동향과 세부적인 움직임을 사전에 미리 알고 있을 때, 자사의 우월적인 전략이 만들어질 수 있다. 이에 경쟁사 분석에서 가장 중요한 부분이 3C 분석이다.

3C 분석(Company, Customer, Competitor)으로 구성되며 거시적인 환경분석을 보완하기 위해서 나온 것으로 시장 내 소비자의 경쟁사에 대한 반응, 경쟁사의 재무, 마케팅 등 경영 전반적인 부분과 경쟁사가 추구하는 전략적 사업의 방향을 살펴보고 이에 따른 대응방안을 도출해야 한다.

[그림 3. 3C 분석 예시]

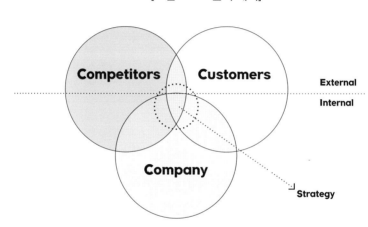

기본적으로 경쟁사 분석을 하기 위해 가장 많이 사용하는 방법으로는 경쟁사 프로파일을 만들어보는 작업을 수행한다. 경쟁사 프로파일은 주로 다음과 같이 구성된다.

- 경쟁사 배경: 주요 경영 흐름, 역사, 주주 등의 지배구조
- 경쟁사 전략: 경쟁사 비전, 미션, 중장기 및 단기 사업방향과 전략
- 재무정보: 시장 내 상품별 매출, 영업, 세무 관련 지표
- 조직정보: 구성 조직(인사, 마케팅, 영업·판매, 유통)
- 제품 및 마케팅 정보: 시장 내 판매 제품 종류, 가격, 포지셔닝, 판매촉진 프로그램 등
- R&D정보: 연구개발 인력과 조직, 연구개발 수준 및 동향, 제휴 기술 업체 등

이러한 내용을 중심으로 시장 내 활동하는 경쟁사의 동향을 작성하고, 시장 내 경쟁사에 대한 소비자의 반응을 참고하면 1차적인 경쟁사 분석을 위한 기초 자료가 만들어진다. 경쟁사 분석을 위한 3C분석을 좀 더 세밀하게 수행하는 동시에 경쟁사의 장단점을 분석하기 위한 작업으로 벤치마킹을 수행할 필요가 있다. 대부분의 글로벌 기업들이 3C 분석보다는 벤치마킹을 중심으로 경쟁사를 연구, 분석하며, 국내에서는 삼성이 가장 면밀한 벤치마킹 분석을 수행하곤 한다.

2. 벤치마킹(Benchmarking)

기업이나 조직이 뛰어난 경쟁사나 다른 업계의 목표 달성지표를 기준점으로 삼는 경영 기법을 '벤치마킹'이라고 하는데, 벤치마킹은 토지를 측량할 때 참고하기 위해 박아두는 '측량점'을 의미하나, 미국 회사 제록스가 다른 기업들의 뛰어난 점을 적극적으로 배우고 응용하는 경영혁신에 성공하면서 일반 기업에서도 널리 활용하게 되었다. 시장에서 목표로 하는 경쟁사의 장단점을 분석하기 위해 마케팅 관리자도 벤치마킹 기법을 통한 시장 분석에 나서고 있다. 일부 벤치마킹의 유형을 살펴보면 다음과 같다.

① 성과 중심 벤치마킹

기업의 제품 혹은 서비스를 타사와 비교하는 것으로써 가격, 기술 사양, 품질, 제품의 내구성이나 안정성, 서비스 속도 같은 요소를 분석해 비교한다. 대상 제품 혹은 서비스를 구매하고 분해해서, 해당 제품이 어떻게 만들어졌는지를 설계도 없이 추적하는 방법이다.

② 프로세스 중심 벤치마킹

자사와 비슷한 업무를 수행하거나 사업을 운영하는 타 산업군 또는 동일 산업군의 기업에 대하여 관련 절차나 과정을 습득하는 것으로써 이를테면 제조 기업이 식품 기업의 ERP 시스템을 도입하거나, 소비재 기업의 대리점 및 유통 부문의 관리 기법을 습득하는 방법이다.

③ 기능 중심 벤치마킹

동일 산업군의 유사 조직에서 수행하는 업무 절차를 비교하여 최적의 업무 처리 방법을 습득하는 것으로써 가령, 국내 기업이 해외 동일계열의 자회사의 업무 처리 프로세스를 습득하는 경우이다. 동일한 산업과 시장이지만 해외의 사회적·기술적·문화적 차이가 존재하므로, 다른 국가에 진출하고자 할 때 주로 활용된다. 이 경우에서는 주로 대상 기업의 기능, 역할, 업무 프로세스, 성과 목표 등 거의 모든 것을 벤치마킹할 수 있다.

벤치마킹의 수행단계는 일반적으로 Plan-Do-See-Act를 기본 구성으로 하며, 7가지 단계를 통해 이루어진다[그림 4]. 하지만 벤치마킹은 기업의 상황과 사정에 맞게 적절하게 운영될 수 있으며 기획단계에서 적절한 대상을 결정하지 못하는 경우, 벤치마킹의 수행은 더 이상의 의미를 가지기 어렵다.

[그림 4. 벤치마킹 추진방법 7단계]

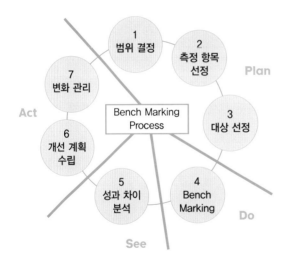

- Bench Marking의 수행단계는 품질관리 순환주기(즉, Plan-Do-See-Act 사이클)를 기본으로 구성됨.
- 일반적인 Bench Marking은 7개 활동으로 구성되어 있으며, 각 활동별 진행은 원칙적으로 종속적인 단방향성이 아님(각 활동별 결과에 따라 다음 활동이 아닌 이전 활동으로 돌아갈 수도 있음).
- Plan 단계에서 적절한 대상을 결정하지 못할 경우, Bench Marking의 수행은 더 이상의 의미를 가질 수 없음.

사례 #1

"돌다리도 두들겨라" 사업은 작게 실행은 과감하게, 풀무원

'바른 먹거리'라는 브랜드 철학으로 지난 38년간 국민 식생활의 증진과 개선을 선도해온 풀무원. 풀무원(Pulmuone)의 '풀무(Pulmu)'란 대장간에서 쇠를 뜨겁게 달구기 위해 바람을 불어넣는 기구를 말하는데, 여기에 '풀무원은 하나', '풀무원은 최고'라는 의미를 가진 '원(One)'이 결합되어 '풀무원'이라는 브랜드가 태어났다. 좋은 연장을 만들기 위해서는 신선한 공기를 불어넣어 쇠를 뜨겁게 달구어야 하듯이 지금보다 더 '큰 풀무원'과 더 '새로운 풀무원'을 위해서 스스로에게 풀무질을 하는 풀무원 정신과 사람이라는 의미를 지닌다.

1981년 5월 '풀무원 무공해 농산물 직판장'이라는 서울 강남구 압구정동의 한 조그만 야채 가게에서 출발한 풀무원은 '내 가족이 안심하고 먹을 수 있는 식품을 전한다'라는 정신으로 식품을 양의 시대에서 질의 시대로 전환시키는 등 식품에 '질의 개념'을 도입하여 우리 나라 식품 산업에 새로운 방향을 제시해온 대표적인 식품 기업 중에 하나다.

초기의 어려움을 딛고 1984년 5월 '풀무원식품(주)'으로 법인화하여 1995년 상장회사로 되기까지 10여 년 동안 두부, 콩나물로 대변되는 생지향 식품과 장류, 면류, 유지류, 건강보조식품, 생수사업 등 의욕적인 사업을 전개해왔고, 최근에는 화장품사업과 생활용품 사업, 유통 사업에까지 진출해왔다. 풀무원은 경기도 양주에 있는 생활공동체 풀무원 농장의 정신인 정심(正心), 정농(正

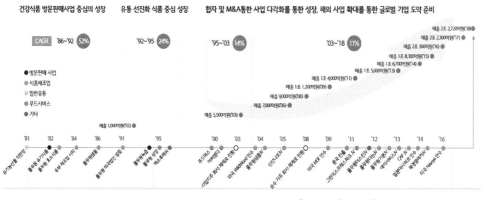

출처: 풀무원 그룹 홈페이지 2018년 통합 보고서

農), 정식(正食)에 바탕을 두고, '자연과 인간이 잘 어우러진 바른 식문화를 이룩하여, 모든 사람이 건강한 삶을 누릴 수 있도록 하는 종합 식품 회사를 이룩한다.'라는 초기의 경영이념을 통하여 그 동안 독특한 기업 문화를 형성해 온 회사다.

풀무원의 주요 사업 영역은 크게 식품제조, 푸드서비스, 일반 유통, 방문판매, 해외 사업의 크게 5가지 사업 영역으로 구분할 수 있다.

(1) 식품제조 사업

풀무원 브랜드를 직접 사용하는 핵심 사업들로써, 기업 브랜드를 중심으로 고객 접점, 역량, 제휴 등을 통하여 차별화된 기업 이미지 구축을 목표로 하고 있다.
 - 생식품 사업 : (주)풀무원, 풀무원 다논
 - 먹는 샘물사업 : 풀무원샘물(주)

(2) 푸드서비스 사업

풀무원 브랜드와의 상승효과를 추구하는 서비스 사업으로, 소비자 인식의 전환과 라이프사이클 변화에 따라 푸드 서비스와 유기농 유통서비스를 실시하고 있다.
 - 풀무원 푸드앤컬처(단체급식 및 외식 서비스)
 - Natural Whole Food(유기농 유통 서비스)

(3) 일반 유통 사업

전문적이고 수준 높은 서비스의 제공하는 기능사업으로, IT, 디자인, 물류, 판촉 등의 유통 사업. 특히 전문화, 고도화된 전문기능사업이 핵심 사업을 더욱 효율적으로 운영하게 함으로써 더욱 강력한 기업 이미지를 구축하도록 한다.
 - 엑소 후레쉬
 - 푸드 머스

(4) 해외 사업

1995년 미국현지 법인인 풀무원 USA가 LA에 두부공장 준공함으로써 풀무원의 글로벌 진출이 시작되었으며, 2002년 4월 뉴욕에도 두부 공장의 준공 및 생산으로 급속한 매출 신장과 흑자전환을 위해 노력하고 있다.
 - 풀무원 USA
 - 포미다유한공사(풀무원 중국)

(5) 방문판매 사업
 - 건강생활사업: 풀무원건강생활(주)

풀무원이 오늘날 이와 같이 성장하게 된 배경에는 풀무원 소유주의 경영철학이 큰 역할을 차지한다. 그의 경영철학은 쉽게 외부에 알려지지 않고 있는데, 그의 경영철학은 '무조건 작게 시작하라'는 것이다. 즉 불확실성과 위험성을 최대한 줄이고, 너무 서둘면 기회를 쉽게 포착하기도, 오는 기회도 쉽게 알기 어렵기에 가능한 작은 규모로 시작하라는 경영원칙을 지키고 있으며, 이 부분은 경영자가 직접 밝힌 신념이기도 하다. 하지만 이러한 풀무원도 해외사업에서는 지속된 어려움을 느끼고 있다.

풀무원 그룹은 풀무원 식품 아래 해외 식품 자회사로서 중국, 미국, 일본 법인을 거느리고 있다. 풀무원의 글로벌 사업은 1991년부터 미국 진출을 계기로 시작됐지만, 매출이 본격화된 것은 2010년 이후 중국과 일본 법인을 차례로 설립하면서. 지금까지는 역사가 가장 오래된 미국 법인이 해외 식품사업에서 단일 국가로는 가장 높은 매출을 거뒀지만, 최근에는 실적이 가파르게 성장한 일본 법인이 성장가도를 달리고 있다.

최근 수년간 미·일·중 세 시장에서 풀무원 식품사업의 초점은 두부 제품군으로 집중되어왔다. 풀무원은 각 시장의 특성에 맞는 두부 제품을 개발하고 유통 전략을 펼치는 데 집중해왔다. 두부 문화가 발달한 일본 시장에서는 틈새시장을 겨냥해 다양한 종류의 신제품을 출시하고 유통 채널을 확장하고 있다. 중국에서는 최근 북경 공장에 두부와 두유 라인을 확충하고 두부 제품군 마케팅과 편의점·O2O 유통을 적극적으로 개척해나가고 있다. 미국 시장에서는 2016년 현지 1위 브랜드 나소야를 인수 합병을 계기로 아시안 두부 수요와 육류 대용으로 두부를 찾는 채식주의자 및 유기농 선호 수요를 공략해 나가고 있다.

풀무원은 2010년 말 상해포미다식품유한공사와 북경포미다 녹색식품 유한공사를 설립하면서 중국에 진출했다. 설립 9년째인 지난해 기준 상해포미다는 41억 원, 북경포미다는 169억 원의 매출을 거뒀다. 양사는 꾸준한 속도로 성장을 거듭해왔지만, 아직 손익분기점은 넘지 못하고 당기순손실을 누적하고 있다. 풀무원은 중국 진출 초기 떡류 사업으로 출발했지만 점차 냉장면류, 김치, 냉동 만두로 제품군을 넓혔다. 2014년에는 생면, 건면 등 면류를 생산하여 2018년부터는 북경 공장에서 본격적으로 두부 생산을 시작하고 현지 주요 유통채널에 '푸메이뚜어(풀무원의 현지 발음) 두부'를 확산하는 데 집중하고 있다. 중국 법인의 새로운 동력이 된 두부와 면류 사업은 한한령으로 한국 식품에 대한 소비 심리가 얼어붙었던 가운데서도 중국 법인 매출의 든든한 견인차 역할을 하고 있다. 올해 회사는 북경 공장에 두부 라인뿐만 아니라 두유 라인도 가동을 시작, 두부 제품군 확장에 적극 팔을 걷어붙이고 있다. 새로운 소매 유통 채널인 편의점과 O2O 채널 개척을 위해서도 공을 들이고 있다.

고객의 체험 환경을 바꾸는 변화 동인 AR·VR

지금까지 마케팅의 환경은 산업과 시장, 고객 및 경쟁사 환경을 중심으로 논의되어 왔지만, 마케팅 환경에서 가장 중요한 부문 중의 하나는 바로 기술적 환경에 따른 물리적 환경 변화이다. 최근 4차 산업 혁명이라는 글로벌 화두로 인해 각 국 정부를 비롯한 기업들이 서둘러 기술 환경을 선도하고자 노력하고 있는데, 그 중 증강 및 가상 현실에 관한 AR·VR 기

출처 : Gorodenkoff / shutterstock.com

술은 미래의 시장과 산업환경을 개선하고 고객의 체험과 경험을 현실화하는 데 가장 현실적인 대안으로 떠오르고 있다. 원래 AR·VR 기술은 게임 같은 엔터테인먼트 분야에서 주로 이용되었지만 부동산이나 인테리어, 의료 등에서 그 혁신성이 주목 받고 있으며 실제로도 서비스 환경을 크게 바꾸고 있다. 특히 고객에게 제품을 출시하기 전에 제조업 분야에서 3D 프린터를 활용한 시제품 작업 및 실제 상황 구현이라는 측면에서 활용되고 있다.

AR·VR은 각각 Augmented Reality(증강 현실)·Virtual Reality(가상 현실)의 머리글자를 딴 것이다. AR은 현실 세계를 확장하는 기술로 2016년 세계적으로 유행한 '포켓몬 고'를 떠올리면 이해하기가 쉬울 것이다. 이 게임은 사용자가 스마트폰 카메라를 통해 현실 세계를 보면서 몬스터를 찾는 게임이다. 하나의 현실 세계가 몬스터가 있는 세계로 '확장'된 것이다.

VR의 경우는 컴퓨터가 만들어낸 가상 세계를 체험 시키는 기술로서 웹브라우저에서 체험할 수 있는 VR로는 구글 스트리트뷰가 있다. 하지만 VR을 실현하는 디바이스는 고가인데다 이용할 수 있는 소프트웨어도 극히 제한적이어서 주변에서 보기 쉽지 않지만 AR처럼 2010년대 후반부터 일반 유저에게도 조금씩 보급되고 있다.

AR·VR의 역사는 오래되었는데 그 아이디어 자체는 20세기 초반부터 실험되었다고 알려져 왔다. 연구와 개발을 거쳐 2016년쯤부터 AR·VR은 일반인에게도 확대되었고 게임 체인저가 될 수

있는 기술로서 새삼 주목을 끌게 되었다. 스마트폰과 같은 인터넷 연결 디바이스가 어느 이상의 성능을 구현 가능한 AR 앱이 제공 가능해졌고 스마트폰과 헤드 셋을 조합시킨 비교적 저렴한 VR 디바이스가 등장한 것이 촉진제 역할을 하였다. 특히 마이크로소프트나 구글 같은 대기업도 접근 방식은 각각 다르지만 디바이스를 출시하고 애플리케이션 개발용 소프트웨어 라이브러리를 공개하면서 AR·VR의 확장에 한몫하고 있다. 이렇게 AR·VR은 그 이용 환경이 정비되고 있는 가운데 전 세계에서 주목을 모으게 된 것이다.

출처: IKEA Place 홈페이지

전 세계에서 가구나 생활 잡화를 판매하는 이케아의 AR 앱 'IKEA Place'를 사용하면 실제로 가구를 배치한 모습을 볼 수 있다. AR은 가구뿐 아니라 양복, 구두, 안경 같은 제품의 시험 착용, 헤어스타일 형태나 색깔을 시뮬레이션할 수 있는 앱에서도 이용되고 있다. 그밖에 의료·복지 분야에서도 이용되고 있는데, 산만한 아이가 침착하게 의료 행위를 받을 수 있도록, 또는 질병 때문에 불가능했던 체험을 할 수 있도록 하기 위해 VR을 이용하기도 한다. 또한 고령화가 진행되어 고령자에게 VR로 여행을 체험할 수 있도록 하는 프로젝트도 존재한다.

최근 마이크로소프트는 HoloLens라고 하는 고글 형태의 디바이스로 현실 세계에 정보를 오버레이하여 조작할 수 있는 제품을 선보이고 있다. 2019년 5월 최신판 HoloLens 2는 기업용으로 발표되었는데, 개발용은 300만 원, 상업용은 550만원에 제공되고 있다. 마이크로소프트는 HoloLens를 '비즈니스를 위한 MR 디바이스'라고 설명한다.

출처: VRSCOUT 홈페이지

위의 그림은 제조업 현장에서 HoloLens가 활용되는 모습은 자동차의 이용 사례인데, 자동차의 내연기관에 들어가는 정밀기계의 작동에 관한 내용을 조사하는 경우, 2명의 사람이 하루 종일 소요되는 작업이지만, HoloLens로 작업을 가상화하면 짧은 시간 내에 완료될 수 있다. 이처럼 제조공정 효율화에 가상현실이 활용될 수 있고 해당 결과는 현장과 매니지먼트 영역과 함께 발생 이슈를 공유할 수 있다.

이처럼 AR·VR 기술은 이동통신 망에서 대용량 데이터 전달 체계인 5G 서비스가 본격화됨에 따라 AR·VR 및 MR 콘텐츠를 통해 스포츠와 공연 등 다른 분야로 빠르게 성장할 것으로 예상된다. 가정에서 쉽게 기존의 TV로 운동선수들의 움직임을 역동적으로 볼 수 있고, 좋아하는 연예스타를 홀로그램으로 띄워 거실에서 공연을 함께 즐기고, 공연장에 직접 가 있는 것처럼 현실적인 체험도 함께 할 수 있을 것이다. 하지만 우리나라는 아직 VR 보급 단계에 머물러 있으며, 게임, 영화 등 엔터테인먼트 산업과의 융합이 이제 시작되는 수준에 머물러 있다. 차세대 플랫폼으로 불리는 AR·VR·MR 시대에서 시장 선점 및 기술 환경을 선도하기 위해서는 먼저 AR·VR 기기의 경우 장시간 착용해도 불편함이 없는 가벼운 HMD나 안경 형태의 휴대 기기로 발전할 필요가 있다. 기기를 착용하고도 움직임에 불편함이 없도록 배터리 기술 개발 역시 선진화되어야 한다. 또한 많은 사람이 AR·VR·MR을 경험할 수 있도록 SNS 등 관련 서비스의 고도화가 필요하며, 일상생활 전반에서 활용이 가능한 고품질의 콘텐츠 개발과 생성을 통해 차세대 플랫폼 선점 경쟁에서 우위를 차지할 수 있어야 할 것이다.

생활 서비스 환경을 혁명적으로 바꾼 열풍의 주역, Grab

필자가 2019년 1월과 7월에 인도네시아 정부 방문과 베트남 학회에 참석하면서 깜짝 놀란 서비스 환경의 변화를 목격하였다. 그것은 바로 공유차량, 공유이동 서비스인 Grab 서비스. 최근 동남아시아를 여행한 사람이라면 한번쯤은 경험했을 이 서비스의 잠재력과 편리성은 진정 놀랄 만한 것이었다.

그랩(Grab) 서비스는 차량 공유 및 배송 서비스를 제공하는 애플리케이션이다. 요약하면 '동남아시아의 우버'라고 할 수 있다. 하버드 비즈니스 스쿨에 재학 중이던 말레이시아 출신 앤서니 탄 (Anthony Tan)이 자신을 보기 위해 말레이시아를 찾아온 친구가 택시에 대해 불만을 털어놓은 것이 계기가 되었다고 한다. 결국 2012년에 'MyTeksi'라는 콜택시 앱을 만들었는데, 한국의 카카오택시(2015년 출시)보다 3년 정도 빨리 시작한 것이다. 그러나 초반에는 기사들의 거부감이 많아 직접 기사들을 찾아다녔다고 한다.

2013년 필리핀에는 'GrabTax'라는 이름을 달고 말레이시아 밖으로 진출했다. 이후 태국, 싱가포르, 베트남, 인도네시아, 캄보디아 등지에도 진출하면서 한동안 말레이시아에서는 'MyTeksi', 나머지 서비스 국가에서는 'GrabTaxi'로, 두 개의 브랜드가 공존하는 형태였다. 평범한 콜택시 앱이 우버와 비슷하게 된 건 2014년 그랩카(GrabCar)라는 서비스를 개시하면서부터다. 이후 오토바이를 타고 갈 수 있는 그랩바이크(GrabBike), 소형 화물 배달 서비스인 그랩익스프레스 (GrabExpress)를 개시하였다.

이처럼 각자 따로 분리되어 있던 MyTeksi, GrabTaxi가 2016년 'Grab'이란 새 브랜드로 통합되면서 지금은 그냥 '그랩'으로 불린다. 또한 말레이시아에서 시작한 앱이지만 현재는 본사가 싱가포르에 있어 싱가포르산 앱으로 간주되고 있다. 소프트뱅크 등으로부터 투자를 받는 등 향후 성장 가능성으로 주목받는 업체 수준 이상이다.

현재 싱가포르, 말레이시아, 인도네시아, 태국, 베트남, 캄보디아, 필리핀, 미얀마(베타) 총 8개 국가에서 서비스를 제공하고 있다. 다만 나라가 작은 도시국가 싱가포르를 제외하면 전국 서비스는 아니고 이용할 수 있는 도시가 지정되어 있는 관계로 주의가 필요하지만, 여행자들이 많이 찾는 도시들은 거의 다 가능하다고 보면 된다. 콜택시 앱으로 시작한 만큼 본사가 있는 싱가포르나 고향인 말레이시아에서는 많은 택시 기사들이 그랩을 이용하고 있어 일반 콜택시를 찾을 때도 애용된다.

휴대폰 번호와 이메일 주소만 있으면 간단히 가입 가능하고, 우버와 달리 현금결제가 기본이라 신용카드나 체크카드 등록이 필수가 아니다. 이용 방법은 출발지와 도착지를 선택하면 요금이 나오고, 예약(BOOK) 버튼을 누르면 그 즉시 콜을 받을 운전자를 찾는다. 사전에 표시된 거리 요금대로 가기 때문에 운전자가 지름길로 가지 않아도 바가지 걱정이 없다. 기사도 빨리 도착하는 게 유리한 시스템이므로 먼 길로 돌아가지도 않고, 요금에 관한 불만이 나올 일이 적다. 특히 운전자에 대한 사진, 면허를 비롯한 10여 가지의 운전자의 운전 서비스를 고객이 평가하고, 이에 따라 고객은 포인트를 받는다. 운전자의 서비스 평가로 인해 운전자 역시 다양한 혜택이 주어진다.

카드를 등록했다면 카드로 자동으로 빠져나가고 영수증을 이메일로 보내준다. 싱가포르의 경우에는 ERP라고 하는 도로 통행료 징수 체계가 있어, 요금에 이 통행료가 더 붙기도 한다. 최근에는 카풀 서비스인 GrabShare, GrabHitch나, 택시나 일반인 차량을 랜덤으로 골라서 그랩카 요금보다 10% 정도 저렴하게 타는 JustGrab이라는 서비스도 있다. 필자는 JustGrab 서비스를 종종 이용했는데, 가성비 차원에서는 거의 최고 수준이다. 10km 이동하는데, 한화로 2,000원 정도 수준이었다. 해당국가의 생활 물가가 반영되었겠지만, 국내 택시 서비스와는 비교가 될 수준이 아니었다. 전 세계적으로 차량 공유 서비스의 열풍을 불어왔던 우버는 2018년 3월 26일자로 그랩과 동남아 시장에서 합병하기로 하였고, 이에 따라 우버가 동남아 시장에서 철수하기로 했다.

2018년 8월 현재 동남아시아에서 가장 큰 운송 네트워크 제공하는 플랫폼 기업으로 성장한 Grab은 싱가포르·인도네시아·필리핀·말레이시아·태국·베트남·미얀마·캄보디아 등 동남아시아 8개국 225개 도시에서 승용차·오토바이·택시 등의 서비스를 제공하고 있다고 한다. 그랩 앱 누적 다운로드 수가 1억 건을 돌파했고 등록된 운전사 수는 700만 1000명에 달한다고 한다. 후발 주자인 그

이미지 출처: Businessworld

랩이 골리앗 경쟁사인 우버를 동남아 시장에서 제압하면서 그랩은 '동남아의 우버'란 별칭을 뗄 수 있게 됐다. 탄 CEO는 "이번 인수는 새로운 시대의 시작이 될 것"이라고 말했다.

카카오 택시, 타다 등의 차량 공유서비스로 우리나라에서는 기존 택시업계와의 불협화음이 이어지고 있다. 동남아 시장 역시 이러한 불협화음이 없지 않았으나, 공용 서비스 환경의 개선, 기존 서비스의 혁명이라는 차원에서 공존하고 상생하는 모습을 보이고 있다. 우리나라에 이러한 공유 경제에 기반을 둔 서비스 환경의 혁신이 일어나기 위해서는 어떠한 노력을 기울여야 할까?

사례 #4

웰빙 트렌드와 영양을 한꺼번에! 오로나민 C

　미시는 비타민 열풍이 웰빙 트렌드를 타고 계속 불고 있다. 2001년 '마시는 비타민 C'라는 새로운 컨셉으로 국내의 음료시장에 새로운 돌풍을 일으켰는데, 이러한 열풍이 현재까지 계속 이어지고 있는 것이다. 동아 제약의 박카스가 부동의 1위를 지키고 있던 건강 음료시장에 광동 제약의 비타 500이 새롭게 도전장을 낸 것이 2001년이었다. 두 상품 자체를 비교하기는 좀 어려운 부분이 있다. 동아 제약의 박카스는 약국에서 판매하는 반면, 광동 제약의 비타 500은 일반 슈퍼나 가게에서 구입할 수 있다. 동아 제약의 박카스는 단일 품목 상품인데 반해, 광동 제약의 비타 500은 다양한 단량으로 상품의 선택권을 고객에게 추가로 부여하였다. 그렇다고 박카스가 단량의 변화를 준 적은 없었다. 패키지로 포장의 변화를 주었을 뿐이다.

　마시는 비타민의 비타 500은 상품의 성분도 서로 달랐다. 동아 제약의 박카스는 카페인 성분이 들어 있으나 비타 500은 카페인 성분이 없다는 것을 처음부터 강조하였다. 무방부제, 무카페인. 이렇게 광고를 하다 보니 고객은 '지금까지 마서왔던 피로회복제가 빙부제가 들어있있나, 카페인이 들어있었나' 라는 의문점을 스스로 던지게 되었다.

　박카스와 비타 500이 만들어놓은 마시는 비타민 시장에 동아오츠카가 오로나민 C를 가지고 도전장을 내밀었다. 과거부터 건강은 모든 사람의 화두다. 건강을 지키기 위해서는 모든 것을 먹어치울 수 있다는 생각까지 든 적이 오래다. 특히 소식과 적당한

사진 출처: 오로나민 C 홈페이지

운동, 야채와 과일을 병행한 식사로 대변되는 '웰빙' 바람이 몰아친 사회, 문화적 풍토도 건강음료 시장에도 불어온 것은 오래된 일이다. 건강 관련된 상품과 서비스는 헤아릴 수 없이 많지만 그리 특별한 마케팅 컨셉도 아니다. 매실이 좋다고 해서 매실 열풍이 불었고, 쌀이 좋다고 해서 쌀음료가 나왔다. 이태리인이 장수하는 비결은 토마토를 늘 가까이한다고 해서 토마토 농장 음료가

나와서 공전의 빅 히트를 쳤다.

30~40대 건강을 생각하는 직장인을 대상으로 설문을 해보면 반드시 챙겨 먹는 약품이 있다. 그 것은 비타민과 관련된 것이다. 적당한 운동과 야채만 먹어서 되는 일이 아닌 건강 보조 약품인 비 타민을 섭취해야 한다는 것이다. 매일 챙겨 먹기도 힘들뿐더러 회식자리가 많다면 더욱이 필요한 약품이 되어버렸다. 고객의 일상적인 일에 대한 편리성과 사회, 문화적으로 불고 있는 '웰빙' 열 풍이 불고 온 상품이 '비타 500'이라는 상품이었다. 잠깐 비타 500의 환경 분석 전략을 살펴보면 다음과 같다.

'마시는 비타민'의 새로운 컨셉

마시는 비타민의 컨셉은 시장과 고객이 수용하기에는 다소 위험성이 내포되어 있었다. 가장 물 맛과 근접하게 유지하면서 피로회복제 같지 않는 차별화를 준다는 것은 쉬운 일이 아니다. 그것 이 기술적인 노하우일 것이다. 마시는 비타민은 차별적인 특징이라고 보기는 어렵다. 그러나 고 객에게는 비타민은 알맹이라고 생각한 고정 관념을 깨뜨렸다는 측면이 차별화인 것이다. 기존의 액체 비타민은 주로 약으로 취급받았다는 것도 고정관념의 일부분이었다.

유통채널의 다각화

약국에서 팔면 약이다. 누구나가 생각할 수 있는 발상이다. 슈퍼나 일반 가게까지 판매점을 확 대하면 약이 아니라 음료가 되어버린다. 따라서, 높은 취급율과 점유율을 얻을 수 있다. 또한 약 과는 다르다라는 차별적 이미지 속성을 고객으로부터 심어줄 수가 있는 것이다. 의약분업이 정착 화되어 과거의 사회적으로 문제되었던 이슈도 약과 음료를 구분하는 데 큰 어려움이 없다.

무방부제, 무카페인, 그리고 종합영양소의 강력한 고객 메시지

방부제 함량이 출시 처음에 약간 들어 있었다. 여러 사회 단체의 질타를 받았다. 그러나 최근에 는 기술 개발을 통하여 무방부제를 실현하였다. 무방부제, 무카페인은 건강 음료로서의 기본 속 성에 가장 충실한 컨셉이다. 오히려 다른 경쟁사 상품들에 대한 고객의 반응을 간접적으로 일으 킬 수 있다는 점에서 컨셉 측면에서 훌륭하다고 볼 수 있다. 경쟁사의 상품은 방부제와 카페인이 들어있고 건강에는 해로울 수 있다는 이미지를 간접적으로 만들어간 것이다.

단량의 다양화

고객에게 선택권을 부여하였다. 음료 시장에서 용기의 변화와 크기, 양의 변화는 있어 왔다. 물 론 미국이나 선진국에서는 다양한 맛의 변화도 추구한 지 오래다. 누구나 알 수 있는 비타민이라는 것에 성분의 변화, 그에 따른 단량의 다양성과 선택권을 고객에게 부여한 것은 차별적 요소로 발전시키기에 충분하였다.

후발주자의 시장 출시

새로운 상품의 앞선 시장 출시는 위험성을 많이 내포한다. 대신에 성공했을 때의 독점적인 시장 지위를 얻는 것은 당연한 노력의 결과일 것이다. 비타 500은 기존의 화이브 미니, 박카스, 과일 주스 시장으로 세분화되어 있던 음료 시장에 새로운 포지셔닝을 먼저 차지하였다. 박카스와 비타 500을 고객들이 비교하는 것은 성분과 효능 때문일 것이다. 전혀 다른 음료일 수 있는데 굳이 고객들은 그렇게 비교를 한다. 누가 의도적으로 만든 것이 고객의 인식에 포지셔닝 되어 있는 현상인 것이다. 여기에 오로나민 C는 기존 비타 500이 강조한 비타민 함유량을 강조하는 대신에 종합 영양음료라는 점을 내세웠다. 더 높은 비타민 함유량을 부각한 후발 주자들이 1등 제품에 줄줄이 나가떨어지는 모습들이 곧 전개될 것을 알고 있었던 것일까? 타깃층도 새롭게 구성하였다. 기존 비타민 음료 시장은 주로 20대 여성 소비층 중심으로 움직였으며, 더 젊은 이미지를 부각하고자 10대를 중심으로 두었다. 10대들은 신제품에 대한 반응도 빨랐고, 입소문도 거세다. 또한 20~30대 회사원들도 겨냥하였다. 불경기와 사회적 이슈로 피로감이 더한 심리적·정서적 부분을 공략하여, 한 병으로 끝내는 종합 영양 음료의 포지셔닝을 고집하였다.

시장의 차별적 요소는 명확한 환경 분석에서 시작된다. 일반 고객의 눈높이에 맞추는 상품 컨셉에 편리성을 더하고, 고객의 선택권을 부여하는 등의 마케팅 요소는 경쟁사가 경험하지 않았거나 할 수 없는 부분에서 차별화를 만들어 낸 것이다.

Quiz

소속 _____

성명 _____

① 마케팅 환경분석이란 기업의 마케팅관리에 있어 소비자의 성공적인 교환과 거래관리를 개발하고 유지시키기 위해 마케팅 관리 능력에 영향을 주는 요인 탐색을 의미한다. 환경 분석의 주된 이유는 시장 기회를 모색하고, 위협에 따른 불확실성을 철저히 차단하여 대안을 준비함으로써 전략 마련을 통한 효과적인 마케팅 활동을 수행하기 위함인데, 이러한 환경분석은 거시적·미시적 환경분석으로 구분해볼 수 있다. 거시적·미시적 환경분석의 개념을 정의하고, 각각의 구체적인 내용을 설명하라.

2 마케팅 환경분석에서 보편적으로 활용하는 분석방법이 SWOT 분석인데, SWOT 분석 각각의 특징과 내용을 서술하라.

3 최근 급격한 대내외적인 변화에 따라 산업과 시장의 불확실성이 점차 증가하고 있다. 이처럼 산업과 시장의 불확실성을 사전에 예측하여 향후 전략과 실행에 중요한 고려요인을 분석·판단하기 위한 방법으로 PEST 분석이 활용되고 있다. PEST 분석의 개념과 각각의 주요 내용을 서술하라.

④ 기업이나 조직이 뛰어난 경쟁사나 다른 업계를 목표 달성의 기준점으로 삼는 경영 기법을 '벤치마킹'이라고 한다. 벤치마킹의 유형을 열거하고, 각 유형별 특징과 내용을 논하라.

⑤ 벤치마킹은 일방적으로 시장 선도자의 제품, 기술, 서비스 등을 모방하는 것과는 다르다. 최근에는 기업의 상표, 이미지, 특허 및 디자인에 이르기까지 세부적인 사업 내용을 모방하는 행위에 대한 법률적 책임을 묻는 분쟁과 소송이 이어지고 있다. 따라서 마케팅 관리자는 자사의 내부역량과 소비자의 요구 사항을 파악하고 시장 선도자의 내용을 면밀히 분석하는 벤치마킹에 있어 각별한 주의가 요구된다. 이러한 벤치마킹을 효과적으로 수행하기 위한 단계를 열거하고 세부 내용을 논하라.

Chapter 4
소비자 행동의 이해

제1절 소비자 구매 행동의 이해

1. 소비자 구매 행동의 유형

소비자들이 구입하고자 하는 제품과 서비스가 지닌 특징과 이에 대한 소비자들이 해당 제품 및 서비스를 바라보는 관점에 의해 다른 구매 행동을 보인다. 예를 들어 자동차, 가전 제품, 고가의 가구 제품을 구입하는 경우와 편의점에서 판매하는 라면, 과자, 사탕 등을 구입하는 경우에 소비자들은 매우 다른 구매 행동을 보인다. 또한 동일한 제품이라고 할 경우에도 각 소비자들이 처해 있는 상황 및 개인별 특성에 따라서도 이에 대한 차이가 발생하게 된다. 즉, 이와 같이 다른 구매 행동이 발생하게 되는 가장 큰 이유는 소비자가 해당 제품 및 서비스에 대해 지닌 관여도(Involvement)에 따라 차이가 나기 마련이며, 이를 다음과 같이 2가지 유형으로 구분할 수 있으며 주요 특징은 다음과 같다.

[표 1. 소비자 구매 행동의 유형]

유형	고관여 구매 행동	저관여 구매행동
특징	1) 복잡한 구매 행동 2) 부조화 감소 구매 행동	1) 습관적 구매 행동 2) 다양성 추구 구매 행동

소비자가 개인적 관심이 많은 경우 혹은 인생에서 중요한 결정과 관련된 구매 상황, 고가의 제품을 구입하는 경우, 또는 제품에 대해 잘 모르기 때문에 발생할 수 있는 지각된 위험(Perceived Risk)이 높은 경우에는 구매 행동 단계에 있어서 상대적으로 신중한 의사 결정을

한다. 예를 들어, 고가의 자동차를 구입하는 경우에는 디자인, 가격, 브랜드, 연비, 승차감, 속도, 안전성, 엔진, 소음 등과 관련된 제반 요소에 대하여 주변 지인, 자동차 딜러, 광고, 인터넷 댓글 등에 대해서 충분히 검토한 것으로도 불충분하여, 고려 구매 대상군에 포함되는 다양한 자동차 매장을 방문해서 시승을 하는 여러 가지 개인적 노력을 기울인 다음에 최종적으로 구입 여부를 결정한다. 이와 같은 구매 행동을 고관여 제품과 관련된 구매 행동의 특징인 복잡한 구매 행동이라고 한다.

그런데 만약 이와 같이 소비자가 상대적으로 높은 관여도를 지니고 자동차와 같은 고가품을 구입했는데, 자신이 기대한 만큼의 성능이 나오지 않는 즉, 기대 대비 불일치의 수준이 높다고 가정해보자. 이럴 경우의 소비자의 해당 제품 및 서비스에 대한 불만족 수준은 증대될 것이며, 자신의 의사 결정이 옳았는지에 대한 확신의 부족으로 인지 부조화(Cognitive dissonance) 혹은 심리적인 불편(Psychological discomfort)을 경험하게 된다.

한편, 대부분의 소비자는 자신의 구매 행동에 대해 완벽한 수준의 만족을 하기가 힘들기 때문에, 자신이 상대적으로 더 깊이 관여한 제품에 대해서는 위와 같은 인지 부조화가 발생할 확률이 높아지기 마련이다. 그런데 인간이 지닌 본능적 기제의 의해, 부조화 상황에서 거의 모든 소비자들은 이를 균형으로 옮겨 가기 위한 노력을 하기 마련이다. 그래서 불만족한 소비자들은 여러 가지 행동을 통해 심리적 균형의 상태로 이동하고자 한다. 예를 들어 환불, 교환을 요구하는 경우도 있고, 혹은 자신이 구매한 제품의 주요 장점을 어필하는 광고 내용에 더욱 관심을 가지거나, 주변 지인들과 자신의 구매 정당성에 대해서 이야기하는 일종의 합리화 과정(Rationalization process)을 거친다. 그러므로 고관여 제품 및 서비스를 담당하는 마케팅 관리자는 소비자의 복잡한 구매 과정과 인지 부조화와 관련된 소비자의 특성을 이해하고, 이에 맞는 마케팅 전략을 수립하는 것이 필요하다.

이와 반대로 소비자들이 음료, 과자, 사탕, 간단한 필기용품 등과 같은 제품을 구매하는 경우에 있어서는 앞의 경우처럼 사전에 자발적으로 정보를 취득하고 실제 경험을 하는 등의 많은 시간을 투자하여 구입하는 행동을 보이지 않는다. 이런 경우에는 아무 생각 없이 가격이 저렴하거나 혹은 눈에 잘 보이는 것 등을 기준으로 빠른 의사 결정을 하기 마련이다. 이와 같이 가격이 저렴하고, 소비자가 관심이 덜하고, 제품의 구매가 긴급하지 않은 경우 또는 평소 중요하게 여기지 않은 제품 혹은 서비스를 구입하는 경우에는 일상적으로 구매하던 것을 아무 생각 없이 계속 구매하는 습관적 구매 행동을 보인다. 이런 경우에는 평소에 자신이 잘 알고 있는 브랜드에 대한 친숙성 혹은 가격 할인, 판촉 등에 좌우되는 경우가 많다. 이러한 습관적 구매 행동은 일반적으로 브랜드 충성도에 의해 발생되는 소비자 행동과는 구별되어야 한다. 이와 같은 습관적 구매 행동과 함께 저관여 구매 행동의 특징으로는 다양성 추구 행동이 있다. 이는 각 제품의 브랜드 간 차이가 명확한 경우에는 한 가지 브랜드만 고집하는 것이 아니라, 부담 없이 다양한 브랜드를 시도하는 구매 행동을 의미한다.

일반적으로 저관여 구매 행동과 고관여 구매 행동을 구분하는 기준은 고가의 제품/서비스 (Vs) 저가의 제품/서비스를 구입하는 경우로 구분될 수 있다. 하지만 주의할 점은 고가의 특징을 지닌 제품의 구입에 있어서, 특정 소비자들이 이에 대한 관심이 없는 경우에는 저관여 구매 행동적 특징을 보일 수 있다.

2. 소비자 구매 의사 결정 과정

소비자 구매 의사 결정 과정은 문제 인식 → 정보 탐색 → 대안 평가 → 구매 결정 → 구매 후 행동의 5단계 과정을 거친다. 하지만 앞서 설명한 바처럼 소비자의 관여도 수준에 의하면 이와 같은 5단계를 모두 거치지 않을 수는 있다. 즉 경우에 따라서 5단계 중 특정 단계를 생략하거나, 단계 간에 순서를 변경하기도 한다. 하지만 소비자가 제품 구입 시, 고관여 상황에 처해 있거나 신제품을 구입하는 경우에는 5단계를 모두 거치는 경향이 있는 바, 각 단계별 특징에 대한 이해는 필요하다.

[그림 1. 소비자 구매 의사 결정의 5단계]

각 단계별 주요 특징은 다음과 같다.

1) 문제의 인식

이는 구매 의사 결정 과정의 출발점으로 바로 무엇인가 구매할 필요를 느끼는 것, 즉 소비자가 특정 욕구에 대해 지각하고 이를 구매를 통해 해결하고자 하는 것을 의미한다. 이는 배가 고프다, 목이 마르다, 춥다, 덥다 등과 같은 소비자 스스로가 인지하는 내부적 자극에 의해 발생하는 경우와 타인과 비교해서 내게 부족하다고 느끼는 것을 채우고자 하는 외부적 자극에 의해서도 발생하게 된다. 예를 들어, 친구 집에 집들이를 간 경우를 상기해보자. 우리 집에는 없는데 남들 집에는 다 있어서 평소 필요성을 느끼지 못한 것에 대해서 갑자기 필요하다는 인식을 가질 수 있는 것이다. 그러므로 마케팅 담당자들은 소비자들에 자사 제품 혹은 서비스에 대해 필요하다는 인식을 심어 주어, 이를 구매로 연결하게끔 유도하는 것이 매우 중요하다.

2) 정보의 탐색

일단 소비자가 문제를 인식하고 이를 구매를 통해 해결하기 위해서는 정보를 탐색하는 단계를 거친다. 만약 소비자가 해당 제품에 대해 많은 경험 및 관심으로 인해 본인의 기억 속에 저장된 정보를 떠올리게 될 것인데, 이를 내적 탐색(혹은 내부 탐색 Internal Search)이라고 한다. 그런데 만약 이러한 내적 탐색으로 정보가 충분하다고 느끼지 않을 경우에는 인터넷, 광고, SNS상의 정보, 지인에게 물어보기와 같은 추가적인 탐색을 하게 되는데 이를 외적 탐색이라고 한다. 이러한 정보의 원천은 개인적 정보 원천(친구, 가족, 친지, 지인 등), 상업적 원천(광고, 판매사원, 포장, 진열대, POP 등), 공공적 원천(신문기사, 방송의 뉴스, 잡지, 공공 단체의 정보), 경험적 원천(제품의 실제 사용, 시험 구매 등)으로 구분할 수 있다. 그러므로 마케팅 관리자는 자사 브랜드의 타겟 소비자가 주로 어떤 정보 원천을 활용하는지 혹은 이러한 정보 원천에 대한 신뢰도 수준을 파악하여, 소비자와의 커뮤니케이션 전략 수립 시 이를 적극적으로 반영해야 한다.

최근은 과거 시장 선도자(Opinion leader)의 역할을 인플루언서(Influencer) 즉, 인스타그램, 유튜브, 트위터 등의 SNS에서 수백만 명의 팔로워 구독자를 지닌 사용자 혹은 포털사이트에서 영향력이 큰 블로그를 운영하는 '파워 블로거' 등의 역할이 증대하고 있는 바, 이를 적극적으로 활용하는 방안을 고려해야 한다. 즉, 이러한 인플루언서를 활용해 자사 제품이나 서비스에 대한 노출을 진행하는 인플루언서 마케팅을 활용하여 자사 제품에 대한 정보 탐색 노출 기회를 증대시켜야 한다.

한편, 소비자들이 내부 탐색만으로 상기할 수 있는 브랜드를 환기 상표군(Evoked set)이라고 하며, 외부 검색을 통해서 알게 된 브랜드들을 합쳐 놓은 것을 고려 상표군(Consideration set)이라고 한다. 그리고 소비자의 구매 시점에서 그들의 기억 속에 가장 먼저 떠오르는 것을 최초 상표(Top-of Mind awareness)라고 한다. 일반적으로 TOM은 시장 점유율과 비례하며, 시장에서의 강력한 힘을 지니고 있는 브랜드로 평가될 수 있다. 예를 들어 자동차 브랜드를 생각할 때 소비자의 머리 속에 떠오르는 브랜드가 소나타, 그랜저, K9, 아우디, 벤츠, BMW, 렉서스였다면 이들은 환기 상표군으로 칭할 수 있다. 그러나 실제로 이와 같이 순간적으로 떠오르는 브랜드 외에 소비자가 자동차를 구매하기 위해 마음을 먹은 후 지인에게 의견을 묻고, 인터넷 등의 검색을 통해서 제네시스, 렉서스, BMW, 도요타, 폭스바겐을 구입 시의 대안으로 정했다고 하면 후자는 고려 상표군으로 칭할 수 있다. 그러므로 기업들은 자사 브랜드가 적어도 소비자들의 고려 상표군에 포함될 수 있도록 해야 한다. 궁극적으로 고려 상품군에 포함되지 못한다면 소비자의 구매 행동에 미치는 영향력이 약하다는 의미가 되기 때문에 소비자들의 내·외부 탐색 과정에서 자사의 브랜드가 소비자 인식상에 포착될 수 있도록 노력해야 한다.

3) 대안 평가

소비자들이 고려 상표군에 포함된 대안들에 대해서 평가하고 자신의 욕구 및 가치에 맞는 특정 대안을 선택하는 단계를 의미한다. 이때 소비자들이 어떠한 평가 기준과 평가 방식을 활용하는지를 파악하여 자사의 브랜드가 소비자들에 좋은 평가를 받을 수 있는 마케팅 계획을 수립하는 것이 필요하다.

평가 기준은 소비자들이 여러 대안을 비교·평가하는 데 이용하는 제품의 속성과 성과 수준을 말한다. 예를 들어 자동차 구입 시 엔진 성능, 디자인, 가격, 브랜드 이미지, 승차감과 같은 구체적인 제품 속성을 기준으로 의사 결정을 내린다. 한편 이와는 달리 제품이 주는 가치와 같이 추상적인 수준일 경우도 있다. 예를 들어 환경 보호, 기부, 착한 소비 등과 같이 추상적인 수준을 기준으로 평가하기도 한다. 이러한 평가 기준을 동일한 제품이라도 자신이 사용할 것인가 혹은 선물용인가에 따라서도 달라지게 된다.

평가 방식은 보상적 전략과 비보상적 전략으로 구분된다. 보상적 전략 방식은 한 평가 기준에서의 취약한 포인트가 다른 평가 기준에서의 강점으로 보상되어 전체적으로 평가되는 방식이다. 예를 들어, 자동차 구매 시에 '비싼 가격'으로 인해 낮은 평가를 받았지만 '디자인' 측면에서 탁월한 평가를 받음으로 인해 결국 전체적으로 높은 평가를 받는 경우를 의미한다. 이와 달리 비보상적 전략은 특정 평가 기준에서 낮은 점수를 받은 것이 다른 속성에서 좋은 점수를 받았다고 해도 이를 무마시킬 수 없는 경우에 해당된다. 즉, 특정 소비자에게 가격이 비싼 자동차는 아무리 다른 속성이 우수하더라도 궁극적으로 구매의사에 결정적 영향을 줄 정도의 평가를 받지 못하고 탈락되어 버리는 경우이다.

한편, 소비자들은 가능한 많은 정보를 수집한 다음에 이를 토대로 논리적 추론을 거치는 의사 결정을 고집하지는 않는다. 즉, 휴리스틱(Heuristic)이라는 경험 혹은 직관의 법칙에 의존해서 빠르고 단순한 의사결정을 하기도 한다. 이는 소비자들이 자신의 인지 용량의 한계에 의해 인지 노력을 최소화하려고 하는 인지적 구두쇠(Cognitive miser)라는 기제를 지니고 있기 때문이다.

그러므로 마케팅 관리자는 소비자들이 주로 어떤 방식을 지니고 대안을 평가하는지를 파악하고, 소비자들의 중요하게 생각하는 속성에 대해 적정 수준을 만족시킬 수 있는 방안을 고려해야 한다.

4) 구매

대안의 평가 단계에서 각 브랜드들에 대한 평가를 한 후에 소비자들은 구매 의사를 결정하게 된다. 이때 자신이 고려한 브랜드를 그대로 구입하는 경우도 있고, 이의 반대의 상황이 발생하기도 한다. 즉, 제품에 대한 선호와 구매의도가 실질적인 구매 행동으로 동일하게 연결되지 않는 경우가 있는 바, 이에는 몇 가지 요인들이 작용한다. 예를 들어, 구매 시점(Point Of Purchase: POP)에서 판매원의 행동, 점포 내 진열 상황, 광고물 배치, 제품 지불 조건 등이 소비자의 최종 구매 선택에 영향을 줄 수 있다. 또한 제품의 구매사용과 관련, 발생할 수 있는 예상치 못한 결과에 대해 소비자가 인지하는 불안감, 두려움 등의 지각된 위험(Perceived risks)에 의해서도 발생할 수 있는 바, 마케팅 관리자들은 이에 영향을 주는 요인을 사전에 파악하여 제거하거나 감소시키는 활동을 해야 한다. 최근은 스마트폰, 네트워크 등의 정보통신 기술을 활용한 소비자 행동의 추적 혹은 감지가 가능하기 때문에 소비자의 특정 상품에 대한 구매욕구가 발생 가능한 시점을 파악하여, 그 상황에 맞는 상품 혹은 서비스에 대한 구매 욕구를 효과적으로 자극할 수 있다. 예를 들어, 직장인이 퇴근 시 휴대폰을 통해 주변의 유명한 맛집 이용쿠폰을 제공하거나, 백화점에서 쇼핑 중인 소비자가 특정 브랜드 매장을 지날 때 관련 정보나 할인쿠폰을 발송하는 것이다. 이와 같은 소비자의 구매와 관련된 상황을 파악하여 맞춤화된 마케팅을 진행하는 컨텍스트 마케팅(Context Marketing)이 주목받고 있다.

5) 구매 후 행동

소비자들은 자신이 구매한 제품에 대한 만족 및 불만족을 경험하게 되는 바, 이는 향후 재구매를 결정짓는 중요한 요소이다. 기대 불일치 모델(Expectancy Disconfirmation Model)에 의하면, 소비자가 구매 전에 자각한 기대 수준과 소비자가 구매 후에 실제로 경험한 제품 성과의 불일치 수준에 따라서 만족과 불만족이 결정된다. 만약, 제품의 성능이 이를 구매하기 전에 소비자가 지닌 기대 수준에 미치지 못한다면 불만족할 것이고, 이의 성능이 기대에 유사한 수준으로 부응하거나, 기대했던 것보다 더 뛰어나다면 긍정적 불일치를 경험하여 만족하게 될 것이다. 그러므로 마케팅 관리자는 소비자의 만족도 수준을 높이기 위해 실제로 경험하는 제품 성과에 대한 철저한 품질 관리를 진행하거나, 소비자가 선호하는 기능은 상대적으로 더욱 보강하여 이들의 지각된 제품 수준을 관리해야 할 것이다.

또한 소비자들의 기대 수준이 낮을수록 만족의 가능성이 향상되는 바, 제품 성과에 대한 기대를 적정 수준에서 관리하는 것이 필요하다. 이때 소비자의 기대 수준을 너무 낮출 경우, 아예 구매가 발생하지 않을 수 있는 바, 마케팅 관리자들은 제품 및 서비스에 대한 성능을 과장하지 않고 솔직하게 커뮤니케이션하는 것도 하나의 방안이 될 것이다.

대부분의 제품은 장점과 결점을 동시에 지니고 있기 때문에 완벽하게 만족하는 경우는 흔하지 않으며, 특히 고가의 고관여 제품을 구매한 소비자의 경우 스스로의 구매의사 결정이 옳았는지 여부에 대한 개인적 확신의 부족으로 인한 인지부조화(Cognitive dissonance)를 경험하게 된다. 소비자들은 구매한 제품의 성능에 기대한 만큼 만족하지 않았을 때, 주변인들 혹은 인터넷 상에 부정적 구전을 확산시키거나, 환불 및 교환의 행위를 하고, 궁극적으로는 해당 제품에 대하여 더 이상의 재구매를 하지 않게 된다. 그러므로 마케팅 관리자는 이에 대한 문제점을 조기에 파악하고 이에 대한 대책 수립과 관련된 전략을 수립해야 한다.

제2절 소비자 구매 의사 결정에 영향을 미치는 요인들

소비자들의 구매 의사 결정에 영향을 미치는 다양한 요인들을 개인적 요인, 심리적 요인, 사회적 요인, 문화적 요인의 4가지로 구분하여 각각에 속하는 세부 요인에 대해 살펴보려고 한다.

1. 개인적 요인

생애 주기(Life cycle stage), 특히 한 가족의 생애 주기는 소비자들의 제품 및 서비스의 구매 행동에 많은 영향을 미치게 된다. 결혼 여부, 결혼 기간 정도, 자녀의 유무, 이혼으로 인한 싱글 기간 등을 고려해서 예를 늘어, 자녀가 유아기때 소비자들의 관심사, 자녀가 성상하여 출가한 후 두 부부가 남는 경우 등에 따라서 소비자들의 관심사와 구매 행동은 확연히 달라지게 마련이다. 인구 통계학적 속성, 예를 들어 나이, 성별, 직업, 소득 수준, 사는 지역도 구매 행동을 영향을 주는 바, 소득 수준과 같은 경제적 요소는 고가품 및 저가품 구입 행동에 확연히 다른 영향을 줄 수 있다.

라이프 스타일은 한 개인의 생활 패턴으로 소비자의 행동, 관심, 의견(Activity, Interest, & Opinion : AIO)를 표현하는 것을 의미한다. 그리고 마지막으로 자아개념(Self Image)이 있는데, 예를 들어 화장품 광고에서는 아름답고 우아한 모습을 지니거나 혹은 도시적인 커리어 우먼의 모델을 통해 이와 유사한 자아 개념을 지닌 소비자들로 하여금 일체감 혹은 선망의 이미지를 창출하여 소비자들을 자극하기도 한다. 이에는 한 개인의 현재 자아 개념과 이상적인 자아(자신이 어떤 모습의 사람으로 되고 싶은가와 연관됨)로 구분되기도 한다.

2. 사회적 요인

가족과 준거집단으로 크게 구분되는 바, 부모, 남편, 부인, 자녀, 가족내의 상대적 지위 등과 같은 가족 구성원의 성향 및 특징은 알게 모르게 한 개인의 소비 행동에 많은 영향력을 발휘하게 된다. 준거 집단(Reference group)은 소비자의 태도와 행동 형성에 직간접적으로 비교의 기준, 준거점으로 작용하게 된다. 특히 의견 선도자(Opinion leader)는 모든 사회계층에 퍼져 있기 마련이고 특정 분야에 대한 전문적 기술, 지식, 독특한 개성 및 성향을 지니고 있다. 그러므로 마케팅 관리자들은 자사 제품에 대한 의견 선도자의 특성을 파악하고 이들에게 직접적인 촉진 활동을 수행하여 타겟 소비자의 구매 행동에 영향을 줄 수 있어야 한다.

3. 문화적 요인

인간은 특정 문화권의 영향력 안에서 살아가면서, 그 문화권내에서 준수해야만 하는 기본적 가치, 욕구, 생활 양식, 인식들을 배우고 이에 적응하고자 하기 마련이다. 예를 들어 주 5일제의 등장은 여가 문화를 조성하고 이에 따라 레저, 캠핑, 스포츠 산업의 발달을 자극하였다. 또한 최근 건강식품은 중장년 노년층보다 자신의 건강에 대해 관심을 지니는 2030세대들이 부상하는 문화적 배경으로 인해 휴대 및 섭취가 간편한 제형으로 백화점이나 건강식품 전문 매장이 아닌 편의점 및 드럭 스토어에서 판매되고 있다.

또한 이러한 문화는 국적, 종교, 인종 등과 같은 하위 문화들로 구성된다. 예를 들어 할랄은 생활 전반에 걸쳐 이슬람 율법에서 사용이 허락된 것들을 의미하며 음식, 의약품, 화장품 등에서 사용되는 많은 것들을 규제한다.

4. 심리적 요인

심리적 요인은 동기(Motivation), 지각(Perception), 학습(learning), 태도(Attitudes)가 있다.

소비자는 생리적 욕구와 사랑, 존경, 소속감, 명예 등과 같은 심리적 욕구(Needs)를 포함하여 다양한 종류의 욕구를 지니고 있다. 이러한 욕구가 충분한 수준의 강도를 지니게 되는 순간 이는 동기가 된다. 왜냐하면 욕구는 일종의 결핍을 의미하고 이를 해결하기 위해 동기가 형성되기 마련이다. 그러므로 동기는 인간의 행동을 이끄는 원동력이며 과정이라고 표현할 수 있다. 이러한 동기가 충분히 부여되면 소비자는 행동을 하게 된다. 그런데 이때 소비자들은 선택적 주의, 선택적 왜곡, 선택적 기억과 같은 세 가지 유형의 지각(Perception) 과정 때문에 마케팅 관리자가 보내는 자극에 대해서 각각 다르게 인식하게 된다.

지각과 관련된 위의 3가지 요인은 매우 중요한 개념으로 첫째, 선택적 주의는 사람들은 매일 방대한 양의 정보와 자극에 노출되므로 이에 대해 모든 관심과 주의를 기울일 수 없다. 그러므로 이러한 정보에 대해 선택적으로 주의를 기울일 수밖에 없다. 예들 들어 소비자 본인이 관심이 없는 정보에 대해서는 전혀 관심을 두지 않거나, 다른 경쟁사가 보내는 정보 대비 자사의 것이 독특하지 않을 경우에는 이에 대해 주의를 기울이지 않음을 의미한다. 두 번째, 선택적 왜곡은 소비자들은 마케팅 관리자가 보내는 정보를 그대로 즉, 마케팅 관리자가 의도한 대로 해석하지 않는다. 기존에 자신이 지니고 있었던 신념에 의해 자의적으로 해석을 하는 경우가 빈번하게 발생하는 것을 의미한다. 세 번째는 선택적 기억으로 사람들은 자신이 얻은 정보에 대해 모두 기억할 수가 없다. 자신만의 주관적 견해 및 태도, 신념에 맞는 것만을 기억하는 경향이 있다.

학습(Learning)은 소비자들이 경험한 것에 근거하여 신념 혹은 행동에의 변화가 발생하는 것을 말한다. 만약 소비자가 특정 회사에서 나온 특정 브랜드에 만족을 했을 경우에는 그 회사에서 나오는 모든 브랜드에 대해 만족하고 이를 구입할 확률이 높아지게 된다. 이는 소비자가 해당 브랜드에 대해 일반화를 시킨 것이다. 반면, A 브랜드와 B 브랜드를 비교한 결과, 명확한 제품 품목 간의 차이를 인식하게 되면 차별화가 발생한다. 이러한 일반화 (Generalization)와 차별화(Discrimination)는 학습의 중요한 구성 요소이다.

마지막으로 태도는 소비자가 어떤 한 대상에 대해 지속적이며 일관성있는 평가와 감정을 지님을 의미하는데, 이는 그 대상에 대한 호불호의 결과를 만들어 낸다. 그러므로 특정 제품에 대해 좋아하는 혹은 싫어하는 태도가 일단 한 번 형성이 되면 이를 변화시키는 것은 쉽지 않다.

미국 자동차 서비스센터의 화려한 변신

고급 식당 · 영화관 · 헤어살롱 등 편의시설 갖추고 고객 유치 까닭은

자동차 서비스센터에 딸린 대기실 하면 우리는 대개 오래된 커피, 얼룩진 의자, 아무 생각 없이 방영되는 케이블 TV 뉴스, 그리고 한 주 지난 잡지 등이 널려 을씨년스러운 장면을 떠 올린다. 그러나 이제 일부 딜러에서는 그런 장면은 상상도 할 수 없다. 당신이 텍사스 포트워스의 혼다(Honda of Fort Worth)에 들른다면 점심으로 검게 구운 치킨 요리나 구운 연어 요리를 먹을 수 있고, 플로리다 메릿 아일랜드(Merritt Island)의 링컨-머큐리/랜드로버-재규어 매장에 가면 매장에 딸린 피트니스 센터에서 무료로 운동도 할 수 있다.

오늘날 일선의 딜러들이 서비스센터에 이런 편의시설을 갖추는 추세가 빠르게 확산되고 있다고 뉴욕타임스(NYT)가 최근 보도했다. 미국자동차딜러협회(National Automobile Dealers Association)의 패트릭 만지 수석 이코노미스트에 따르면, 2018년 말 기준 미국 자동차 딜러의 총이익의 절반은 서비스 센터(부품 및 차체 수리 포함)에서 나온다.

만지 이코노미스트는 "딜러의 사업에서 서비스나 부품은 매우 중요하다"며 "오늘날 자동차들이 대개 인터넷을 통해 판매되면서 소비자들에 가격에 더욱 많이 접근함에 따라 가격 경쟁이 그 어느 때보다 치열하다"고 강조했다. 이에 따라 신차 판매 마진이 꾸준히 감소세를 보이면서 딜러들은 서비스에 더욱 주력하고 있다. "딜러들은 서비스센터의 편의시설을 확충하면 고객 충성도가 높아진다는 것을 이제야 깨닫게 되었습니다."

아마도 렉서스는 이런 변화에 가장 먼저 눈을 뜬 선두 주자인지 모른다. 렉서스의 시설담당 수석디자이너 킴벌리 셰런은 "텍사스주 샌안토니오(San Antonio)에 있는 렉서스 서비스센터에서는 스낵과 커피를 즐길 수 있는 무료 바가 있고, 손톱 관리사와 마사지사도 있다"고 말한다. "캔사스주 위치타(Wichita)의 한 딜러에서는 서비스센터에 차량을 맡기고 공항으로 갈 때 공항까지 데려다 주고 일을 마치고 돌아오면 공항에서 픽업해주는 서비스를 제공합니다. 플로리다주 탬파(Tampa)에서는 바리스타가 직접 마키아토를 만들어주고 크로아상이나 샌드위치가 무료로 제공됩니다."

서비스 센터 대기실의 이러한 변신은 단지 렉서스 같은 명품 브랜드만 하는 것은 아니다. 여러 브랜드의 딜러들이 서비스센터에 이런 편의시설을 추가하고 있다. 버지니아주 체서피크만에 있는 한 도요타 딜러는 어린이들을 위한 놀이 공간, 영화관, 미용실, 구두닦이 공간을 갖추고 있다. 수요일에는 무료 손톱관리도 제공한다.

서비스는 거기서 멈추지 않는다. 자동차 제조사들도 짜릿한 '체험센터'를 제공하며 딜러들을 지원하고 있다. 지난해 가을 렉서스는 두바이와 도쿄에 이어 맨해튼에 인터섹트 바이 렉서스(Intersect by Lexus)라는 고급 식당을 열었다. 벽은 자동차 부품으로 장식되었고 일류 요리사들이 돌아가며 근무한다. 원형의 바 의자는 렉서스 카시트에 사용된 가죽이 사용됐고, 3층에는 자동차 전시 공간이 있다. 식당의 커크 에드먼슨 총지배인은 "자동차에 대한 경의를 표하는 것"이라고 말했다. "우리는 렉서스 브랜드가 남긴 환대, 디자인, 장인 정신 등을 표현하지만, 절대 그에 대해 소리 지르지는 않습니다."

렉서스가 이 같은 시도를 하는 이유는 딜러 매장에 오는 고객 트래픽 감소와, 소비자들이 딜러에 올 필요 없이 자동차를 시운전하거나 구매할 수 있게 해주는 카바나(Carvana)나 시프트(Shift) 같은 중고차 판매업체들과의 치열한 경쟁 때문이다.

2018년 콕스자동차서비스산업연구(The 2018 Cox Automotive Service Industry Study)는 "딜러들이 자동차 판매에서 차량당 이익이 감소하고 있

버지니아주 체서피크만에 있는 도요타 판매장의 고객대기실에는 무료 영화를 보거나 머리를 손질하거나 손톱 관리를 받을 수 있다.(출처: 뉴욕타임스(NYT) 캡처)

으며, 서비스센터로 감소하는 이익을 만회하려 하고 있다"고 보고했다. 그러면서 이 연구는 또 "서비스센터를 이용하는 고객들은 예상보다 더 오래 걸릴 때 좌절하고, 다른 약속이 있음에도 불구하고 줄을 서서 기다려야 하며, 대체 자동차도 제공되지 않는다"며 고객들의 서비스센터 이용에 대한 불만도 지적했다.

고객들이 가장 원하는 것은 딜러가 (집이나 직장으로) 수리할 차를 직접 픽업하고 수리 후 다시 갖다 주거나(Drop-off), 수리 중 대체 차를 제공해 주는 것이다. 이런 서비스는 바쁜 사람들의 시간 절약에 큰 도움이 된다. 그것이 바로 미국의 럭셔리 자동차 메이커 링컨 자동차가 2017년 이후 구매 고객들에게 제공한 서비스다.

링컨의 홍보담당 매니저 애니카 살체다 위코코는, 고객들이 자신이 맡긴 자동차의 수리 진척을

확인할 수 있는 앱이 포함된 이 호텔 같은 컨시어지 서비스는 브랜드를 알리려는 광고 효과는 제쳐 두고 오직 "고객의 시간을 돌려준다"는 취지였다고 말했다. 회사가 지난 2016년 이 서비스를 도입한 이후 이 서비스를 이용한 고객은 25만 명이 넘었다.

만일 이런 서비스를 도입하고 싶은 딜러가 있다면 이를 전문으로 하는 기업의 도움을 받을 수 있다. 플로리다의 레드캡 테크놀로지(RedCap Technologies)라는 회사는 차량호출회사 리프트(Lyft)와 협력해 딜러들에게 컨시어지 서비스를 제공한다. 이 회사는 딜러가 이 같은 픽업 및 드롭오프 서비스를 제공하면 고객이 평균 30% 이상 증가한다고 주장한다.

레드캡의 데이비드 지웍 전무는 회사가 링컨과 현대 제네시스 브랜드에 이 서비스를 제공하고 있다고 말했다. 그는 "조만간 적어도 두 개의 자동차 회사가 추가로 이 서비스를 도입할 것"이라면서 "앞으로 고급 자동차 브랜드들은 이런 서비스 이용이 대세가 될 것"이라고 예상했다.

미국의 시장조사 및 컨설팅 회사 가트너(Gartner)의 자동차 및 스마트 모빌리티 담당 수석 연구원 마이크 램지는 "아이러니컬하게도 딜러들이 기다리는 고객들을 위한 시설을 확충하고 카푸치노 기계나 비디오 게임기를 들여 놓는 등 막대한 비용을 지출하고 있지만, 그들의 궁극적 목적은 고객들이 그곳에서 머무는 시간을 획기적으로 줄이는 것"이라고 지적했다. 그는 업계는 고객들이 센터에 오기 전에 그들을 위해 뭔가 투자할 방법을 찾고 있다고 설명했다.

그러나 대부분의 딜러 서비스센터가 테슬라나 애플 매장처럼 고객들이 즐겨 찾는 목적지가 되지는 않겠지만, 끔찍한 대기실 경험을 업그레이드하는 것은 분명히 유익한 일이다. 서비스센터 대기실에서 점심을 먹고 영화를 보며 기다리는 것은 꽤 괜찮지 않은가.

출처 이코노믹리뷰(www.econovill.com) | 홍석윤 기자 | 2019.06.18.

피부도 살리고 지구도 살리는 '유·비·무·환' 뷰티 트렌드 훈풍

운영 및 제품 패키지까지 '친환경'…관련 프로모션도 다양

뷰티 업계는 지금 비거니즘에 빠져있다. 이에 따라 '유·비·무·환'(유기농, 비거니즘, 유해성분 무첨가, 친환경) 바람이 불고 있다.

원료와 성분, 포장재부터 신경 쓰는 것은 물론 사내 캠페인, 프로모션 등 운영 전반에 이 같은 기조를 채택하는 브랜드가 점점 늘고 있다. 특히 최근에는 유해성분 무첨가 등 원료 안전성뿐 아니라 친환경 철학 및 윤리적 소비 등 가치 소비를 중시하고 브랜드의 진정성을 따지는 밀레니얼 세대가 급부상하고 있는만큼 이 같은 트렌드는 앞으로 더 강해질 것으로 예상된다.

'유비무환 트렌드'는 이미 시장에 많은 영향을 미치고 있는 대세 트렌드다. 소비자 관심이 높아진 만큼 관련 브랜드와 제품도 더욱 늘고 있으며, 시장 내 관련 제품 매출 역시 점점 증가하고 있다.

러쉬, 닥터브로너스 등 해외 브랜드뿐 아니라 국내 브랜드 중에서도 동물성 원료 사용을 배제하고 자연 유래 원료를 사용하며 '친환경'을 메인 철학으로 삼은 브랜드를 어렵지 않게 찾아볼 수 있다. '아로마티카'는 개발과 마케팅 전반에 '비거니즘'과 '친환경'을 고려하는 대표적인 국내 1세대 브랜드 중 하나다. 생명 존중의 가치를 지키기 위해 동물 유래 원료를 일절 사용하지 않고 합성향료와 유해 성분 등을 배제하며, 식물성 유기농 원료를 활용해 제품을 만든다. 아로마티카 는 이러한 노력을 통해 EWG VERIFIED 마크와 비건소사이어티 인증을 획득한 '95% 유기농 알로에 베라 젤' 및 '로즈 앱솔루트 퍼스트 세럼', 에코서트 오가닉 인증을 받은 '유기농 로즈 힙 오일' 등 관련 인증을 받은 제품을 다수 보유하고 있다. 이 밖에도 다알리아꽃 추출물을 주요 원료로 삼고 있는 '디어달리아', 국내산 제철 재료를 원료로 사용하는 '시오리스', 갓 로스팅한 오가닉 커피빈 파우더 등을 제품에 활용하는 '베이직' 역시 친환경 비건 뷰티를 지향하는 브랜드들이다.

성분뿐 아니라 제품 포장이나 배송, 친환경 캠페인 참여에 신경쓰는 경우도 많다. 아로마티카 역시 비닐 대신 종이테이프 및 완충재로 택배 박스를 포장하고 수축 필름 포장을 중단하는 등 친환경 포장재 사용에 노력을 기울이고 있다. 뿐만 아니라 2013년 '환경 경영 생명 존중 선언문' 선포에 이어 환경운동연합의 '옥시벤존·옥티녹세이트 ZERO 캠페인'에도 적극 동참하고 있다. 아로마티카 마케팅 커뮤니케이션 이형운 팀장은 "아로마티카를 찾는 고객들은 환경 이슈에 관심이 많은 편"이라며 "홈페이지를 통해 제품 포장 및 개발과 관련된 친환경 아이디어를 제안하는 고객들도 많아 제품 개발과 브랜드 운영에 다양하게 참고한다"고 설명했다.

'식물나라'는 티트리 라인을 리뉴얼 런칭하며 제품 용기에 부착된 라벨을 쉽게 제거할 수 있어 상대적으로 분리수거가 용이한 패키지를 디자인해 선보였다. 코스맥스는 최근 내용물을 남김없이 쓸 수 있어 재활용이 쉬운 친환경 화장품 용기를 개발해 선보였다. 아모레퍼시픽 역시 '해피바스' 브랜드를 시작으로 친환경 용기 전환을 점차 확대하겠다는 입장을 밝힌 바 있다. 매장 내 자사 제품 공병 수거 캠페인을 진행 중인 '록시땅', 다 쓴 공병을 재활용할 수 있는 리필팩을 출시한 '하다라보' 등 공병 재활용 캠페인을 앞세운 브랜드들도 눈에 띈다.

생태계 보존의 가치를 앞세운 브랜드 캠페인도 늘어나는 추세다. '클라란스'는 인도네시아 오지에 나무를 기증하는 '씨드 오브 뷰티' 캠페인을 진행 중이며, '클라뷰'는 바다숲 조성 사업 동참의 일환으로 수익금 일부를 '바다살리기국민운동본부'에 기부하는 '파란숨(BLUE BREATH) 캠페인'을 진행한다. 이 밖에 '프리메라'는 올 4월 생태습지를 보호하고 그 중요성을 알리는 친환경 캠페인 '러브 디 어스'를 진행하고 '마이 습지홈 인 서울' 오프라인 행사를 열었다. '러쉬' 역시 올 1월 멸종위기에 놓인 인도네시아 수마트라 오랑우탄을 위한 '오랑우탄' 보디 숍 판매 캠페인을 진행한 바 있다.

출처 장업신문(www.jangup.com) | 최영하 기자 | 2019.05.24.

사례 #3

미국 28%가 '솔로', 그들의 먹는 법은

무자녀 부부 포함땐 절반 가까워, 식품회사들 1인 먹거리 개발 집중

어느 때보다도 많은 미국인들이 혼자 살고 있다. 이들은 케익 하나도 풀 사이즈를 사지 않으며, 달걀도 12개들이 한판을 사지 않고, 화장지도 24개 들이 팩을 사지 않는다. 또 반도 차지 않은 식기 세척기를 돌리고 싶어하지도 않는다.

텍사스주 오스틴에서 홍보 업무를 하고 있는 29세의 니콜 벡도 혼자 사는 사람들 중 하나다. "나는 빵을 사는 것을 포기했습니다. 매번 다 먹기도 전에 빵이 상하니까요."

이에 따라 소비재 회사들도 가족 중심의 제품 개발 및 마케팅 전략에서 1인 가구 시장을 주목하고 있다(사실 1인 가구용 제품이 회사로서는 더 수익성이 있다)고 월스트리트저널(WSJ)이 최근 보도했다. 가전업체들은 냉장고와 오븐을 사이즈를 줄이고 있으며, 식품 회사들은 한 사람이 먹을 만큼의 양을 제공하는 옵션을 늘리고 있다. 가정용품 제조업체들도 포장 단위를 쇄신하고 있다.

미국 최대 육가공업체 타이슨푸드(Tyson Food)의 젠 벤츠 수석 부사장은 "회사가 더 성장하기 위해서는 기존에 초점을 두었던 '4인 중산층 가정'이라는 패러다임을 넘어서야 한다. 그보다 더 적은 소규모 가정이나 1인 가구가 큰 소비층이 되었다"고 말했다. "4인 가족 패러다임을 넘어서는 것은 식품 회사로서는 엄청난 변화입니다."

타이슨이 인구통계학적 관점에서 새롭게 출시한 제품에는, 혼자 사는 사람들이 계란 한 판을 사지 않아도 되도록 계란을 컵 채로 전자레인지에 돌려서 먹을 수 있게 만든 지미 딘 심플 스크램블(Jimmy Dean Simple Scrambles) 같은 상품도 있다.

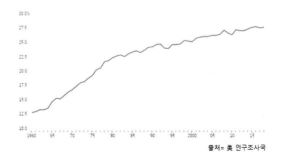

출처= 美 인구조사국

미국 인구조사국에 따르면 오늘날

미국에서 혼자 사는 사람은 3570만 명에 달한다. 이는 전체 가구의 28%에 해당한다. 1960년 13%, 1980년 23%에 비해 꾸준히 증가하고 있다. 인구학자들은 예상 수명은 길어지는데 결혼이 지연되거나 포기하는 경우가 늘어나는 것과 도시화와 소득 증대를 그 원인으로 꼽았다.

제조업체들은 시장 전반에서 젊고 여유 있는 도시 싱글들뿐 아니라 혼자 사는 고령의 소비자들도 늘어나며 1인용 상품의 수요가 증가하는 경향이 뚜렷하다고 말한다. 이런 기업들은 독신자들의 생활이 일반 가정과 어떻게 다른 지를 열심히 연구하고 있다. 그 결과 그들이 단지 더 작은 제품을 원하는 것만은 아니라는 것을 알아냈다.

연구원들은 도시 지역의 여유 있는 1인 가구들은 일반 가정보다 1인당 더 많은 돈을 쓰는 경향이 있다는 것을 발견했다. 그들은 어떤 특정 물건에 대해서는 일반 가구보다 두 배는 더 많은 돈을 쓴다는 것이다. 예를 들어, 1인용으로 포장한 상추는 한 포기 상추보다 두 배 이상 많이 팔린다. 이들은 가전제품은 작은 사이즈를 원하지만 옷장은 큰 것을 원한다. 또 화장지도 작은 롤 화장지를 쓰면서 나머지는 벽장 같은 곳에 보관해 두기보다는 아예 점보 롤 화장지를 선호한다. 이에 따라 기업의 마케터들은 이런 도시 소비자들의 소비자 행동을 염두에 두고 1인 가구에 접근한다.

미국 식품가공업체 제너럴 밀스(General Mills)의 제닌 바셋(Genine Bassett) 글로벌 소비자 담당 부사장은, 약 3년 전 회사의 제빵팀 연구원들이 혼자 사는 사람들은 요리하거나 굽는 데 더 많은 시간을 쓸 것이라고 추정했다고 말했다. "그러나 우리가 소비자와 직접 이야기해보니 그와 정반대의 목소리를 들었습니다. 그들은 너무 바쁘게 살고 있어서 요리할 시간도 거의 없었습니다."

오히려 케익을 만드는 믹스 카테고리(식재료) 판매가 감소하고, 델리 코너의 케익 조각(완성품) 판매가 빠르게 증가하고 있음을 알았다. 회사의 경영진들은 많은 소비자들이 더 편리하고, 한 번에 먹을 수 있고, 여러 가지 선택을 할 수 있는 다양한 종류의 디저트를 원한다는 것을 깨닫고, 머그잔에 믹스를 부어 전자레인지에 넣어 한 번에 먹을 수 있는 디저트 머크 트리츠(Mug Treats)를 출시했다.

제너럴 밀스(General Mills)는 머그잔에 믹스를 부어 전자레인지에 넣어 한 번에 먹을 수 있는 디저트 머크 트리츠(Mug Treats)를 출시했다.(출처= A Taste of General Mills)

"혼자 살면서 20×30cm 크기의 케이크를 만들고 싶어 하지는 않죠. 그들은 더 이상 빵 재료를 파는 코너에는 아예 들르지도 않습니다."

회사는 독신자들이 그러한 편의를 위해 약간의 돈을 더 지불할 용의가 있다고 판단하고, 4개 들이머그 트리츠에 2.99달러의 가격을 책정했다. 설탕 입히는 것을 포함해 개당 75센트 꼴이다. 원재료인 슈퍼 모이스처 옐로우(Super Moist Yellow) 케이크 믹스의 1인분 양의 가격은 15센트에 불과하다.

제네럴 밀스의 많은 제품들 중 상당 수가 1960년대에 출시했는데, 그 당시 대부분의 가정은 아이들이 많아 많은 양이 담긴 포장 제품이 필요했다. 오늘날, 미국 가구에서 아이를 키우는 가정은 약 3분의 1에 불과하다. 바셋 부사장은 앞으로 5년 내에 1, 2인 가구는 7% 증가하고 자녀가 있는 가정은 거의 1% 수준으로 줄어들 것이라고 말했다.

"그들은 언제나 우리를 원했지만 우리가 그들의 변화를 맞추지 못했습니다."

출처 이코노믹 리뷰(www.econovill.com) | 홍석윤 기자 | 2019.06.24.

'뭉쳐야 산다'··· 식품업계, 패션과 협업으로 불황 타파

빙그레, 하이트진로, 삼양식품 등 장수식품 디자인 활용해 젊은층에 어필

식품업계가 패션업체와 과감하고 활발한 콜라보레이션을 '비수기 극복 카드'로 선택했다. 특히 협업으로 각 업체의 대표적인 '장수식품'을 내세워 젊은층에게도 신선한 이미지를 주고 있는 것이 특징이다.

빙그레는 이랜드리테일의 슈즈 SPA브랜드 슈펜과 콜라보레이션 상품을 출시했다. 슈펜은 메로나와 쿠앤크, 캔디바, 생귤탱귤, 투게더 등 빙그레의 대표 아이스크림을 모티브로, 투명PVC백을 비롯해 카드 지갑과 에코백, 볼캡, 버킷햇, 양말 등 잡화 21종을 출시했다. 슈펜은 남녀노소 누구나 좋아하는 빙그레의 아이스크림에서 영감을 얻어 여름 시즌에 어울리는 시원하고 알록달록한 컬러감과 디자인을 잡화 트렌드에 반영하여 협업 상품을 개발하게 됐다. 이번 콜라보레이션은 단순한 상품 모티브의 디자인이 아니라 빙그레 아이스크림 브랜드별로 '빙슈몬(빙그레+슈펜+몬스터 합성어)'이라는 캐릭터를 개발해 디자인에 반영한 것이 특징이다.

콜라보레이션 제품은 소셜커머스 티몬의 실시간 쇼핑 방송인 'TVON LIVE(티비온 라이브)'를 통해 단독 선발매된 직후 하루 만에 1차 물량이 품절됐다. 또, 라이브 방송에서의 좋아요 반응이 5000건에 달하고 실시간 구매인증이 이어지는 등 폭발적인 반응을 이끌어냈다는 것이 사측의 설명이다.

빙그레 관계자는 "아이스크림이 여름철 필수 식료품의 가치를 지니는 것을 넘어 각종 디자인에 영감을 주고 아이스크림 테마의 전시회가 열리는 등 라이프스타일과 밀접한 뮤즈 역할을 하고 있다"고 덧붙였다. 빙그레는 지난해에도 스포츠 브랜드 휠라와 'FILA X 메로나 컬렉션'을 출시해 큰 인기를 얻은 바 있다. 하이트진로의 과일탄산주 이슬톡톡도 워터스포츠 브랜드 배럴과 시즌 마케팅에 나선다.

새롭게 출시되는 이슬톡톡-배럴 컬래버레이션 한정 에디션은 이슬톡톡의 캐릭터 복순이가 배럴의 대표 제품인 래시가드를 착용하고 서핑을 즐기는 모습을 표현했다. 복숭아, 파인애플 등 제품 특성을 맞춰 컬러를 선택하고 비치파라솔, 야자수 등을 감각적으로 디자인해 여름 해변가를

연상케 했다. 이번 한정판 제품은 이슬톡톡 복숭아 병과 캔, 파인애플 캔 제품으로 출시된다. 배럴은 복순이 캐릭터가 새겨진 한정판 드라이백도 제작할 계획이다. 또한 서핑 시즌에 맞춰 국내 유명 서핑 장소에서 컬래버레이션 부스를 운영, 소비자 체험 기회를 제공한다.

삼양식품은 LF의 남성복 브랜드 TNGT와 홍보 시너지를 내고 있다. TNGT는 삼양식품의 삼양라면, 나가사끼 짬뽕, 불닭볶음면 등 식품의 로고를 재미있는 그래픽으로 활용하고 색상 조합을 스타일리시한 디자인으로 재해석해 총 10가지 협업 상품을 출시했다. 제품은 삼양라면의 로고를 전면에 활용한 티셔츠부터 나가사끼 짬뽕과 불닭볶음면의 면을 와펜 패치로 활용한 포켓 티셔츠 등이다.

서울우유가 SPA브랜드 스파오와 협업한 제품

서울우유도 이랜드월드 SPA브랜드 스파오와 함께 의류, 신발, 에코백, 미니백 등을 제작했다. 이 제품들은 딸기우유, 바나나우유, 초코우유 등 파스텔 톤의 색감이 적용되고 전면에 자수로 각우유와 삼각우유 등이 디자인 포인트로 들어간 것이 특징이다.

패션업계 관계자는 "이종 업종 간 장벽을 깨고 새로운 가치와 신선한 재미를 선사하고자 식품업계와의 콜라보를 진행하게 됐다"며 "소비자들에게 친숙한 장수식품의 특징을 감각적인 스타일로 제품에 풀어냈다"고 말했다.

삼양식픔이 남성복 브랜드 TNGT와 협업한 제품

유통업계에 따르면 패션업체는 장수식품 브랜드와 협업해 인지도를 높이고, 식품업체는 패션 브랜드의 젊은 이미지를 통해 기업 이미지를 한층 젊게 인식시키며 홍보 시너지를 내고 있다.

LF의 남성복 브랜드 TNGT는 삼양식품과 협업한 제품을 선보였다. TNGT는 삼양식품의 삼양라면, 나가사끼 짬뽕, 불닭볶음면 등 식품의 로고를 재미있는 그래픽으로 활용하고 색상 조합을 스타일리시한 디자인으로 재해석해 총 10가지 협업 상품을 출시했다. 삼양라면의 로고를 전면에 활용한 티셔츠부터 나가사끼 짬뽕과 불닭볶음면의 면을 와펜 패치로 활용한 포켓 티셔츠 등이 있다.

패션업계 관계자는 "식품과 패션의 콜라보는 제품 출시 전부터 SNS상에서 큰 화제를 모으는 등 젊은층의 반응이 크다"며 "올 여름에도 감각적이면서도 개성을 중시하는 2030 소비자들의 트렌디한 감성과 취향을 적중한 제품들이 좋은 반응을 얻을 것"이라고 말했다.

출처 푸드투데이(www.foodtoday.or.kr) | 조성연 기자 | 2018.06.26.

Quiz

소속 ....

성명 ....

1 소비자 구매 행동 유형에서 고관여 구매 행동과 저관여 구매 행동의 특징 및 차이점은 무엇인가?

....

....

....

....

....

....

....

....

....

....

2 각 제품 유형에서 고관여 제품과 저관여 제품에 대한 마케팅 방법은 어떤 식으로 차별화되어 전개해야 할까? 각 유형별 마케팅 활동에 대해 토론해보자.

....

....

....

....

3 대부분의 소비자들은 스스로의 구매의사 결정이 옳았는지 여부에 대한 개인적 확신의 부족으로 인한 인지부조화(cognitive dissonance)를 경험하게 된다. 이는 특히 고관여 제품군의 소비에서 많이 발생하는 바, 당신이 마케팅 담당자라면 이를 위해 어떠한 활동을 전개할 것인가?

4 당신이 새롭게 런칭한 제품이 고려 대상군에 포함되는 것이 왜 중요한지를 간단히 설명하라.

5 소비자 구매 의사 결정과정에 있어서 '대안의 평가'와 '휴리스틱'은 어떤 차이점을 지니고 있는 가? 최근 소비자들은 어떤 방식의 구매 의사 결정을 더 선호한다고 생각하는지를 그 이유를 들어 설명하라.

6 소비자 구매 의사 결정에 영향을 미치는 다양한 요인들 중에서 최근 당신의 소비와 관련해 어떠한 요인들이 가장 강하게 작용한 것 같은지 본인의 구매 경험을 통해서 설명하라.

7 소비 행동에 있어서 밀레니얼 세대와 고령 소비자들간의 공통점으로는 어떤 것들이 있다고 보는가? 그렇다면 마케터는 어떤 제품을 만들어야 이 두 집단을 동시에 공략할 수 있다고 생각하는지 자유롭게 토론해보자.

Chapter 5
마케팅 조사 및 방법의 이해

제1절 마케팅 조사의 개념과 유형

1. 마케팅 조사의 정의와 역할

마케팅 조사는 마케팅 의사 결정에 필요한 정보를 제공하기 위해 수행하는 활동으로 미국 마케팅 학회(American Marketing Association)의 정의는 다음과 같다.

"마케팅 조사는 시장 정보를 기업에 제공하는 기능이다. 기업은 이러한 정보에 의하여 시장 기회와 문제를 발견하고 정의할 수 있으며, 마케팅 실행과 그 평가가 가능하며, 나아가 마케팅 성과를 감시할 수 있다. 마케팅 조사는 이와 관련된 정보를 결정하고, 필요한 자료(혹은 정보) 수집 방법을 계획하고, 이에 따라 자료를 수집 및 분석하며, 그 발견점과 시사점을 의사결정자에게 전달하는 것이다."

이에 의거, 마케팅 조사는 새로운 문제를 발견하거나 마케팅 담당자가 가정한 가설을 확인하기 위해서 수행되기도 하고, 주어진 문제에 대한 해결방안을 모색하기 위해 진행되기도 한다. 즉, 마케팅 문제를 발견하기 위한 조사는 현재 명확히 존재하는 것이 아닌 것처럼 보여져도 이미 잠재적으로 존재하고 있거나 앞으로 발생가능한 문제를 파악하기 위한 조사이다. 예를 들어, 마케팅 관리자는 시장 점유율 조사를 통해서 자사 제품의 시장 점유율과 관련된 위치를 파악하여, 하락 및 상승에 따른 이의 원인을 파악할 수 있다. 한편 마케팅 문제 해결을 위한 조사는 앞의 조사를 통해 규명된 사실 혹은 마케팅 관리자가 이미 인지한 현황에 대한 전략적 대응 방안을 모색하기 위한 목적으로 실시된다. 예를 들어 자사 브랜드 이미지 하락의 원인이 제품의 노후화 혹은 가격 경쟁력 상실, 경쟁 브랜드의 공격적 마케팅 활동 등에 의한 것으로 확인된 경우, 이에 신제품 출시, 브랜드 디자인 강화, 유통망 점검 등과 같은 전략을 수립하기 위한 기초 자료로 활용하기 위함이다.

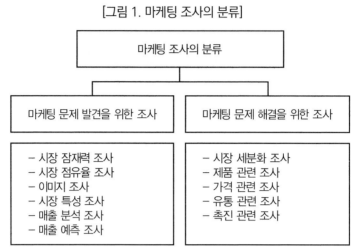

[그림 1. 마케팅 조사의 분류]

Source: Naresh K. Malhotra, Marketing Research, 6th ed., Pearson, 2010, p.40.

궁극적으로 마케팅 조사는 기업이 새로운 제품 혹은 서비스 출시와 관련된 시장세분화를 통하여 표적 시장을 결정하고 포지셔닝하며, 이에 따른 제품, 가격, 유통, 촉진과 같은 마케팅 믹스 요소를 관리하는 전략적 마케팅(Strategic Marketing)과 관련된 의사 결정에 적극적으로 활용된다.

2. 마케팅 조사의 분류

일반적으로 마케팅 조사는 다음의 3가지 기준에 따라 크게 분류·구분된다.

1. 목적: 탐색적 조사, 기술적 조사, 인과관계 조사
2. 자료의 특성 및 분석 방법: 정성적 조사, 정량적 조사
3. 자료의 측정 시기와 횟수: 횡단적 조사, 종단적 조사

목적에 의해 구분되는 탐색적 조사, 기술적 조사, 인과적 조사의 3가지 유형의 특징을 살펴보면 다음과 같다. 첫째, 탐색적 조사는 조사문제가 비교적 명확하지 않은 경우 예를 들어, 마케팅 관련 문제점을 파악하고 타겟을 공략하기 위한 각종 제품 및 서비스에 대한 아

이디어 도출 및 통찰력에 도움을 주는 자료를 얻기 위해 수행되는 조사이다. 둘째, 기술적 조사는 마케팅 관리자가 처한 문제 사항에 관련된 자료들을 수집하고 분석한 결과를 기술하는 것이 주요 목적이다. 셋째, 인과관계 조사는 마케팅 현상에서 발생하는 원인과 결과가 무엇인지에 대한 판단을 하기 위해 두 개 이상의 변수들 간의 인과 관계를 조사하는 것이다. 이는 일반 실무적인 용도보다는 논문 작성과 같은 학술적 용도에 상대적으로 빈번하게 사용된다.

또한 마케팅 조사는 수집하는 자료의 특성과 분석 방법에 따라서 정성적 조사와 정량적 조사로 구분된다. 정량적 조사는 주로 구조화된 설문지를 이용하여 서베이를 진행하거나 실험을 수행하여 수집된 자료에 대해 계량적인 통계 분석을 통해 결과를 도출하는 방법이다. 정성적 조사 방법은 인간이 표현하는 말, 즉 대화나 토론의 내용 혹은 관찰 등을 통한 비언어적 데이터를 활용하는 것이다. 이는 수치화된 통계적 분석에 의존하지 않지만 심도 있고 통찰력이 높은 분석이 가능하기 때문에 최근 들어 중요성이 점점 커지고 있는 실정이다.

한편, 정량적 조사는 다수의 응답자를 대상으로 하며, 통계 분석을 진행하기 때문에 객관적이며 대표성을 지니는 반면, 정성조사는 비교적 소수의 응답자들을 대상으로 깊이 있는 분석이 가능한 반면 일반화 가능성이 낮아, 이 두 가지 유형의 조사 방법론은 보완적 특성을 지닌다.

또 자료를 수집하는 시기와 횟수에 따라서 횡단적 조사와 종단적 조사로 구분되는 바, 횡단적 조사는 필요한 응답자들을 대상으로 정해진 한 시점에서 1회만 조사하여 자료를 수집하고 분석하는 것이다. 예를 들어, 올해 신제품을 출시하는 마케팅 계획하에 현재 타겟 소비자들이 제품의 어떤 속성을 중요시하는가, 기존 제품에 대해 어떤 만족과 불만족을 지니고 있는가, 경쟁사와 비교 시 자사 제품의 각 속성에 대해 어떤 평가를 내리는가와 같은 내용을 조사하고자 할 때 진행한다. 반면, 종단적 조사는 특정 조사 대상자에 대해 일정한 시간적 간격을 두고 2회 이상 조사하여 조사 대상의 변수들이 시간의 흐름에 따라서 어떤 식으로 변화하는지, 비교 분석 시 유용한 방법이다. 예를 들어, 브랜드에 대한 인지도의 변화, 광고 실시 후 브랜드 태도에 대한 변화, 가격 인상 후의 소비자 행동 및 인식 변화 등과 같이 소비자 심리와 행동에 대한 변화 추이를 확인하는 경우에 유용하다. 또, 고정된 응답자들로부터 일정 기간 동안 동일한 설문지를 통해 자료를 수집하는 패널조사는 시간의 흐름에 따른 시계열적 자료의 성격과 유사하다고 할 수 있다.

학술 논문의 성향이 강한 인과 관계 연구를 제외한 실무에서 활용도가 높은 탐색적 연구와 기술적 연구를 기준으로 수집하는 자료의 특성과 분석 방법을 교차해서 특징을 정리하면 다음의 표와 같다.

[표 1. 탐색적 연구와 기술적 연구의 비교]

구 분	탐색적 연구	기술적 연구
목적	가설의 발견 가설의 정성적 검증 통찰력과 아이디어 발견, 이해 제공	시장특성과 기능 발견 가설의 정량적 검증
조사 내용	유연성·융통성	사전 계획되고 구조화된 설계
조사 대상	표본이 작고 대표성이 없음	대표성 있는 표본 집단을 활용하기 때문에 객관화가 가능함.
분석	내용 분석, 정성적 분석	정량적인 통계적 분석
결과·성과	시험적·임시적인 결과를 지니는 편으로 일반적으로 후속조사가 이루어짐	확인적 결과 의사결정시 하나의 자료로 이용이 가능함
조사유형	전문가 의견조사 2차 자료분석과 같은 문헌조사 정성적 조사의 유형인 FGD, 관찰법, 심층 면접법 등	서베이 조사, 패널 조사, CLT(Central Location Test), HUT(Home Usage Test)등

한편 탐색적 조사에 활용되는 수집 방법에는 문헌조사, 전문가 조사, 사례 조사, 1:1 대면 인터뷰, 표적집단 면접법(Focus Group Discussion), 관찰법이 대표적으로 활용되고 있는 바, 기술적 조사 및 인과관계 조사와 같은 본 조사를 수행하기 전에 사전적 예비 조사의 성격을 지니기도 하지만, 그 자체로 본 조사의 역할을 수행하기도 한다.

1) 탐색적 연구의 주요 유형

① 문헌조사

기업이 보유하고 있는 내부 영업 매출 추이 분석 자료 외, 인터넷 기사, 학술지, 행정기간, 통계청, 협회 등의 각종 관련 기간에서의 정보, 외부 보고서 등과 같은 정보를 의미한다.

일반적으로 1차 자료(Primary data)는 당면한 조사 목적을 달성하기 위해서 마케팅 관리자가 직접 수집한 자료로 기존에는 존재하지 않는 정보를 의미하고, 2차 자료(Secondary data)는 당면한 조사 목적이 아닌 다른 목적을 위해 수집된 자료로 이미 존재하고 있던 것을 말한다. 문헌조사는 바로 2차 자료의 성격을 지닌다. 그러나 문헌자료와 같은 기업 내·외부에 분산되어 존재하는 자료들은 시간이 지나거나 혹은 마케팅 관리자의 고민 사항을 정확히 해결해 주는 정보가 아닐 경우가 대부분이므로 이에 대한 분석, 해석 및 활용에 유의해야 한다.

만약 마케팅 관리자가 당면한 상황과 유사한 국내외 사례를 찾아 이의 내용을 분석하여 잠재적인 문제의 원인과 이의 해결방안을 구축하고자 할 때, 활용도가 높은 사례 조사도 넓은 의미에서는 이에 속한다.

② 전문가 조사

조사 주제와 관련해서 해당 분야에 대한 다양한 경험 및 전문적 식견을 지닌 사람들 예를 들어, 기업의 경영층, 브랜드 매니저, 도매상 및 소매상과 같은 판매원 등을 대상으로 심층적 인터뷰를 진행하는 것이다. 이들을 통해서 본격적인 마케팅 조사를 진행하기 전에 사전 지식 및 전반적인 가이드에 대한 자문을 구할 수 있을 뿐 아니라, 시장 현황 및 이에 대한 해결방안을 얻을 수 있는 장점이 있다. 이들을 대상으로 마케팅 조사를 진행 시, 적어도 해당 분야에서 일정 수준의 경력을 지닌 경험을 많이 축적한 전문가를 대상으로 진행하는 것이 보다 좋은 정보를 도출할 수 있는 하나의 방법이다.

③ 심층면접법(In-depth Interview)과 표적 집단 면접법(Focus Group Discussion)

심층 면접법은 전문 면접원이 조사 대상자를 대상으로 주제와 관련된 질문 내용을 중심으로 깊고 풍부한 정보(예를 들어 신제품 및 광고, 프로모션 아이디어, 제품 개선 방향, 제품 만족 극대화 방안 등)에 대한 의견을 도출하는 방법론이다. 일반적으로 1:1로 이루어지기도 하지만, 조사 대상 및 상황에 따라서 1명의 면접원이 2인 혹은 3인의 응답자들을 대상으로 진행할 수도 있는데, 2인 이상의 응답자를 대상으로 진행 시, 개인의 심층적 의견에 대한 깊이 있는 프루빙(Probing)이 어려울 수 있으므로 주의해야 한다. 표적 집단 면접법은 숙련된 면접 기술을 지닌 1명의 사회자(Moderator)에의 진행 하에 6~8명이 응답자가 주어진 주제에 대해 약 2시간 동안 토론하는 방식으로 이루어진다. 이 경우, 6~8명의 응답자들이 조사 주제를 벗어나지 않는 범위 내에서 솔직하고 자유로운 대화를 진행할 수 있도록 이끄는 사회자의 역할이 매우 중요하다.

④ 관찰법

앞서 기술한 면접법은 인간의 기억에 바탕을 둔 언어 표현이나 느낌에 의존하는 바, 응답자들이 표현하는 언어세계에는 한계가 존재하고 또 그들의 무의식이나 잠재의식은 잘 드러나지 않는 편이라서 연구자가 이를 파악하기는 쉽지 않다. 또한 실제 소비자들이 생활하는 공간이 아닌, 실험공간(예를 들어, FGD는 One-way Mirror Room)에서 진행되기 때문에 복잡하고 산만한 현실에 대한 경험 혹은 전반적인 맥락이 배제되는 경우가 많다. 이를 보완하기 위해 문화인류학(Ethnography)과 접목된 관찰법이 최근 학계의 변화 및 새로운 패러다임의 요구에 부응하여 대두되고 있다. 이는 생생한 현장 상황을 반영할 수 있으며, 응답자가 언어만으로 표현하기 어려운 느낌, 감성, 심층적인 니즈, 습관 등의 여러 변인들 간의 관계를 파악하고 총체적인 통찰력을 마케팅 관리자에게 부여해 줄 수 있다. 예를 들어, 연구자가 직접 소비자의 집을 방문하여 자사 제품을 사용하는 모습을 관찰하거나, 매장에서 그들이 쇼핑하는 모습을 보면서 마케팅과 관련된 이슈들을 확인하는 것들이 관찰법에 포함된다.

2) 기술적 연구의 주요 유형

기술적 조사에는 서베이 조사와 패널 조사가 대표적으로 조사 대상자에게 설문지를 이용하여 자료를 수집하는 방법이다. 서베이 조사는 응답자와 접촉하는 방식에 따라서 대인 면접, 전화 면접, 우편 서베이, 온라인 혹은 모바일 서베이로 구분되는 바 최근은 온라인 및 모바일 서베이가 가장 많이 활용되고 있다. 패널 조사는 패널로 불리는 고정된 응답자들을 대상으로 일정 기간 동안 설문 자료를 수집하고 이를 분석하는 방법이다. 일반적인 서베이가 조사 시점에 따라서 응답자 표본 및 설문지 항목이 변화되는 것과 달리, 이는 시간의 흐름에 따른 시계열적 자료를 확보하는 데 유용하다. 기업들은 이를 위해 정기적으로 소비자 패널을 모집하고 이들에게 일정 수준의 인센티브 등을 제공하면서 지속적으로 관리해야 한다.

제2절 마케팅 조사 과정

[그림 1. 마케팅 조사의 수립 절차]

1단계	2단계	3단계	4단계
조사문제의 정의와 조사 목적 결정	마케팅 조사 방법 설계 및 측정 방법 확정	마케팅 조사 자료 수집	자료 분석 및 보고서 작성

 마케팅 조사의 첫 번째 단계는 현재 당면한 조사 문제와 이의 목적을 명확하게 정의하는 것에서 출발한다. 첫 단추를 잘 정립하는 것은 매우 중요한 바, 조사를 통해 얻고자 하는 결과물에 대한 지침이 명확하지 않을 경우 다음 단계에서 수립해야 할 조사 방법 설계에 혼동을 줄 수 있기 때문이다. 예를 들어, 조사 문제를 너무도 광범위하게 정의하면 조사 기간이 길어지므로 이에 따른 조사 비용이 증가함과 동시에 적절한 의사 결정 시기를 놓칠 수 있다. 반면 너무 협소하게 정의된 조사 문제는 의사 결정에 필요한 내용이 누락될 수 있어 효율적인 마케팅 의사 결정에 도움을 줄 수 없다. 조사 문제와 이에 따른 조사 목적을 설정하기 위해서는 내부적 의견 조율이 중요하며, 한번의 조사로 원하는 모든 자료를 얻을 수 없기 때문에 내부에서 확보할 수 있는 각종 매출, 재고 기록, 기존의 조사 자료 및 외부 2차 자료를 통해 얻을 수 있는 것은 미리 확인하는 사전 작업이 필요하다.

 두 번째 단계는 마케팅 조사 방법의 설계이다. 첫 번째 단계에서 설정한 조사 목적에 의거, 조사 대상과 자료 수집의 방법을 결정하면 된다. 탐색적 연구의 대부분을 차지하는 정성적 조사 방법은 비교적 소수의 응답자를 대상으로 진행되는 반면, 기술적 연구와 인과적 연구 즉, 정량적 조사의 특성이 강한 경우에는 다수를 대상으로 진행되는 바, 이 단계에서는 모집단으로부터의 표본 추출 방법이 중요하다. 표본 추출 시, 모집단 내에 포함된 조사 대상자들의 명단이 수록된 표본 프레임의 활용 여부에 따라서 비확률 표본 추출 방법과 확률 표본 추출 방법으로 구분되는 바, 어떤 표본 추출 방법을 사용할 것인지 염두에 두고 조사 설계를 해야 한다. 표본 추출 단계에서는 자사 제품의 타겟 소비자를 인구 통계적 기준 및 행동 변수적 기준에 의해 분류해보는 것이 효율적이다. 예를 들어, 새로운 모바일 어플리케이션과 관련된 마케팅 조사에서 표본 추출 설계는 20~30세의 대학생과 직장인 남·여,

전국 5대 도시 거주자 그리고 유사한 제품 사용 경험 유무 등을 기준으로 세분화하는 작업을 먼저 구상하는 것이 필요하다.

마케팅 실무에서 가장 널리 활용되는 표본 추출법은 비확률 표본 추출법에 속하는 할당추출법(Quota Sampling)으로 이는 표본 프레임 없이 성, 연령, 거주지역 등의 조건에 맞게 응답 대상자를 구성하는 방법이다. 예를 들어, 30세 이상의 일반인을 대상으로 표본 설계를 할 경우에 조사지역(예: 5대 도시 거주자 혹은 서울 및 경기도 거주자)을 설정 후, 해당 지역 내에서 성, 연령 등의 조건에 맞는 대상을 선정하여 조사를 진행한다. 이를 위해서는 해당 모집단이 성, 연령 등의 특성별로 어떻게 구성되어 있는지를 통계청의 자료를 활용하여 확보한 후, 이 정보를 기반으로 인구 비율 및 조사하고자 하는 목적에 맞는 소비자 특성별 분포 비율을 맞춰서 비례 할당한다. 하지만 이보다는 조사 목적에 맞게 성, 연령, 거주지, 응답자 특성(예: 특정 브랜드 인지 수준, 구입 경험 유무 등)에 맞춰서 동일한 표본 크기로 할당하는 방법이 실무적으로 더 활용된다.

이후 조사 목적이 탐색적 성격의 것인지 혹은 기술적 성격인지에 따라서 구체적인 조사 방법을 설계하는 바, 대부분의 경우 정성조사(탐색적 연구 유형)를 통해 얻은 자료에 대한 통찰력있는 해석을 바탕으로 정량조사(기술적 연구 유형)를 순차적으로 진행한다. 통상적으로 위의 두 가지 구분 기준이 함께 믹스되어 진행되는 경우가 실제적으로 빈번히 발생한다.

조사 목적이 확정되면 각 조사 방법에 맞는 측정도구를 결정해야 한다. 설문지는 마케팅 조사에서 가장 보편적으로 사용되는 측정 도구로 응답자들이 마케팅 관리자가 궁금한 사항에 대해 잘 응답할 수 있도록 일련의 질문 문항으로 구성된다(참고로 설문지를 작성하는 간단한 방법은 별도로 소개할 예정이다). 설문지는 마케팅 조사 설계와 함께 가장 핵심적인 역할을 담당하기 때문에, 본 조사가 진행되기 전에 사전조사(Pretest)를 통해서 발생할 수 있는 오류를 미리 점검하는 것이 중요하다.

세 번째 단계에서는 구조화된 설문지를 통해서 실사가 이루어지는 단계이다. 가장 많이 활용하는 정량조사 방법의 대표적인 온라인 조사는 온라인 패널을 보유한 회사를 통해 설문지를 웹으로 변환시키는 웹프로그래밍(Web Programming)을 거친 후, 응답자들이 응답하고 이의 자료가 SPSS 통계 패키지를 통해 처리된다. 과거 면접원이 응답자를 직접 찾아가서 1:1로 대면 접촉하여 설문지에 있는 문항을 기준으로 인터뷰하는 방식은 온라인 혹은 모바일 설문 방식에 의해 거의 대체되었다. 정성조사의 경우, 조사 타겟이 되는 응답자 프로화일과 관련된 내용이 기술된 선정질문지를 통해 전문 리쿠르팅 요원이 전화, SNS, 인터넷 등을 통해 선정한 후 이들을 대상으로 진행된다. 특히 표적 집단 면접(FGD)의 경우, 일방향 룸(One way mirror room)에서 사회자에 의해 진행된다. 이 경우 녹취사가 2시간 동안 진행되는 내용을 모두 받아 적고 이를 토대로 연구원의 분석이 이루어진다. 관찰법의 경우, 가정 방문법(Home Visiting)은 조사 담당자가 소비자의 집으로 직접 방문해서 해당 제품을 사용하는 모습을 실제로 확인하면서 인터뷰를 진행한다. 또한 Shop Along의 경우 실제 소매 매장을 방문하여 타겟 소비자가 매장에서 어떤 구매 행동을 보이는지 관찰한 후에 각각의 행동에 대해 조사 담당자가 왜 그런 행동을 했는가를 중심으로 프루빙을 진행한다. 관찰법의 경우, 모든 프로세스를 응답자의 동의 하에 녹화하여 이를 기초로 분석이 행해진다.

[참고 1] 정성조사의 단계별 과정 및 설문지 작성 방법

1) 정성조사의 단계별 process(FGD 진행 과정)

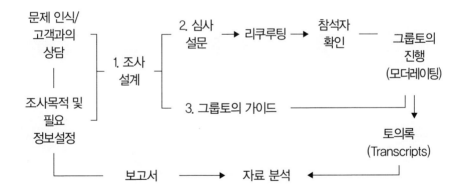

2) 조사 대상이 되는 소비자 즉, 타겟을 리쿠르팅하기 위한 선정질문지 작성요령

심사설문(선정질문지)이란 조건에 맞는 참석자를 선별하기 위한 간단한 설문지를 의미한다. 주로 실사 수퍼바이저들이 참석자들에게 사용하는 설문지로 조사 목적에 합당한 참석자 선별은 조사 결과 해석 활용도의 성패를 좌우한다.

① 일반적인 심사 설문 항목: 관련 업종, 그룹 참석 경험 여부

② 인구 통계학적 질문: 나이, 성별, 직업, 소득(가계/개인)

③ 카테고리, 브랜드 관련 항목: 브랜드 결정권·영향력, 주사용 브랜드, 카테고리·개별 브랜드 사용 경험 및 빈도, 태도(특정 브랜드 고수, 거절자 등)

④ 기타 개별 조사 내용에 따른 변동 항목: 조사 목적에 따른 고유 항목, 참석자 성향 관련 질문 등

3) FGD 가이드라인 구성 방법

① 조사 목적에 따라 문항 순서 및 내용, 시간 분배

② 진행자가 실제 사용할 tone & manner 방식으로 작성

③ 소비자가 사용하는 언어로 작성

④ 효과적인 질문 순서를 고려한 문항 구성

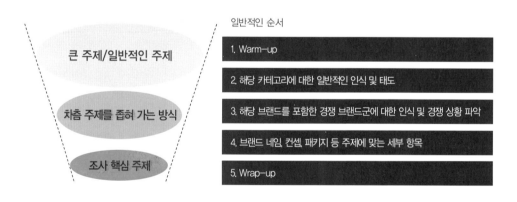

1) 정량조사에서 많이 사용되는 조사법

조사목적	구분	주요 내용
Attitude & Usage, 브랜드 Endex 파악	온라인 서베이	온라인 패널을 통해 Web-Programming을 거친 구조화된 설문지로 진행.
특히 신제품 개발 단계에서 활용도 높음	HUT (Home Usage Test)	신제품 개발 후, 시장에 런칭 전에 타겟 소비자가 실제 가정에서 해당 제품을 일정 기간 동안 소비·사용하도록 한 후에, 이에 대한 내용을 설문조사를 통해 진행. 예를 들어 새로운 주방 세제를 개발 후에 실제 가정에서 주부가 이를 사용한 후에 해당 제품의 질, 용기 디자인 등과 관련된 속성을 평가함. 최근은 온라인 서베이를 병행함.
	Gang Survey	다수의 조사 대상자들을 정해진 일시에 특정 장소에 집합시켜 진행함. 조사자는 현장에서 시제품, 광고 시안, 패키지 디자인 평가를 진행하여 의견을 수렴할 수 있는 장점 보유, 주로 가전 제품 등의 시안제품(Mock up 혹은 Prototype)을 평가할 때 유용함.
	CLT (Central Location Test)	조사 대상자들의 유동 현황이 좋은 특정 지역에서 지나가는 사람들을 전문 면접원이 인터셉트하여 조사를 진행하는 방법으로 Gang Survey와 조사 목적은 유사하지만, 상대적으로 낮은 비용으로 짧은 시간 내에 간단한 조사를 진행하는 데 유용함. 주로 식품 맛 테스트에 많이 활용됨.

2) 설문지 작성 방법 및 유의 사항

① 설문 작성의 기본원칙

A. 초점

- 단순하고 명확한 문제에 초점(Focus)을 맞추어야 함.
- 질문을 통해서 무엇을 얻고자 하는 것을 응답자에게 구체적으로 설명되어야 함(핵심만 질문).
- 한 가지 질문에 두 가지 내용을 질문해서는 안 됨.

B. 간결성

- 질문이 길면 길수록 응답자에게 많은 시간을 요구하므로 응답 성실성을 해치는 결과 초래(짧은 질문은 질문하는 자, 질문법과 응답자 모두에게 실수가 적게 발생됨).

[틀린 질문] 당신이 한 대 이상의 차를 소유하고 있다면, 가장 최근에 탄 차의 기종과 연도를 말씀해주십시오?

[맞는 질문] 당신이 현재 소유하고 있는 차의 연도와 기종을 말씀해주십시오. 만약 차량이 복수라면 가장 최근에 구입한 차량 기준으로 응답해 주세요.

C. 명확성

● 설문 문항은 모든 응답자가 동일하게 질문을 이해할 수 있도록 명확해야 함.

  응답자가 질문에 대해 자의적인 해석을 하지 않고 똑같이 이해해야 함.

● 틀린 질문은 응답자가 게보린를 사용하는 시기가 각 개인이 머리가 좀 아픈 첫 번째 징후가 있을 때 사용하는지, 아니면 두통을 느끼면서 참고 있다가 사용하는지가 명확하지 않은 질문, 사용시기가 불명확한 질문에서는 응답자가 별 고민 없이 "네"라는 식으로 쉽게 답변 가능하기 때문에 이를 방지해야 함.

[틀린 질문] 일반적으로 당신은 머리가 좀 아프거나 사실상의 두통을 느낄 때 타이레놀을 복용하십니까?

[맞는 질문] 당신은 머리가 아파지자마자 타이레놀을 복용하십니까?

② 설문문항의 단어와 문법

A. 질문은 표준어 사용을 원칙으로 하고 비속어나 전문 용어, 대중이 알지 못하는 단어는 불가.

B. 여론조사 설문지에 쓰이는 단어 수준은 중졸 이상도 질문에 응답할 수 있도록 작성.

C. 응답자가 정확하게 이해하도록 응답자가 주로 사용하는 친숙한 말로 표현.

● 일상생활에서 주로 사용하는 평범한 단어를 사용, 이는 응답자의 이해도를 높이는 논리적 언어 선택이 필요.

D. 응답자의 설문 응답 능력을 과대평가하지 말고 설문 내용 이해에 필요한 지시어를 충

분히 사용.

E. 다지선다형 질문에서 가능한 한 모든 응답 내용을 제시해 줄 수 있어야 함.

F. 다지선다형 질문은 보기 응답 항목들 간에 내용이 중복되어서는 안 됨.

G. 특정한 대답을 유도하는 질문을 해서는 안 됨.

- 예비조사(Pilot test)를 통해서 설문지의 순서적 로직 등 설문지를 꼼꼼하게 체크해야 함.

③ 설문지 구성

조사설문지의 구성은 전반부, 중반부, 후반부 질문 형태로 구분한다.

[전반부 질문]	응답자에게 질문할 가장 보편적인 내용을 포함. 모든 응답자들에게 적용되는 질문들과 설문지 머리말 부분에는 꽤 빠르고 쉽게 답할 수 있는 질문들을 작성하는 것이 중요함. 특히 응답자들에게 위협을 줄 수 있는 민감한 질문은 피해야 하고, 조사의 친밀감이나 거부감을 줄일 수 있는 가벼운 질문을 하는 것이 바람직함. 비교적 단순한 질문 내용으로 구성.
[중반부 질문]	가장 방대함. 메인 질문 영역에 해당. 동일 혹은 유사 질문 영역끼리 묶어서 질문 내용 구성할 것. 서론 부분에서 본론 부분으로 넘어갈 때 부드럽게 넘어가는 질문을 배열.
[후반부 질문]	가장 민감하거나 다루기 힘든 이슈나 주제, 응답자들의 성격이나 속성을 판단할 수 있는 질문들로 구성. 왜냐하면 조사 질문 스타일에 익숙해져서 의심병이 적어지고 보다 협조적으로 변화하기 때문임. 예를 들어, 통계학적 질문 (성별, 나이, 소득, 직업)

주목받는 조사 방법 중의 하나인 관찰 기법

관찰은 실제 생활자 공간에서 이루어지는 것으로 실험실이나 밀러룸, 인터뷰보다는 다른 인사이트를 줍니다. 소비자 스스로 느끼지도, 이야기하지도 못하는 그런 것이죠?

관찰 리서치는 누구에게나 효과적인 방법인가?

리서치를 하게 되면 얻어야 하는 아웃풋을 스타트업·중소기업 기획자 눈높이를 가지고 관찰의 방법을 살펴보고 사용이 쉬운 대안이 있는지 살펴보겠습니다. 교육 현장에서 관찰 리서치 순서는 ① 소비자 사용 프로세스를 모두 촬영하기. ② 그 중 의심이 가는 일부 동영상, Thoughtless Acts(무의식적 결핍보상 행동)도 포함해서, 기회 구간을 선정하기. ③ 과학 수사관처럼 기회 구간을 반복해 보면서 인사이트가 될 수 있는 사용자 불편이나 기회가 될 만한 단서나 힌트를 찾기. ④ 불편 구간을 분석하고 궁금한 부분은 직접 인터뷰를 통해서 내용을 확인하고 보완. ⑤ ②~④ 과정을 몇 번이고 반복(Iterative Process)하기. 그러면 안 보이던 것이 보이기 시작합니다. 이런 과정을 기획에 반영하는 것은 상대적으로 가능합니다. 하지만 들어가는 비용이나 시간이 만만치 않습니다. 교육 현장이 아니라면 중소기업이나 스타트업이 하기에 가성비는 높지는 않습니다. 어떤 구간에서 중요한 인사이트와 아이디어가 얻어질지 미리 특정하기 어렵기 때문입니다. 관찰은 비교적 부자의 리서치 도구라고 볼 수도 있습니다.

관찰, 방법의 어려움(관찰과 유사 기법들 그리고 그들의 수행과 결과 담보의 어려움)

사용자를 그림자처럼 따라 다니면서 촬영하고 관찰하는 쉐도우잉 기법(Shadowing Technique)은 관찰 이상으로 비용과 시간을 투자해야 합니다, 적합한 용도가 따로 있겠지만 관찰과 쉐도우잉 기법 모두 투입 만큼의 결과를 보장하기 어렵기는 마찬가지입니다. 그래서 일선 리서치 전문 기관에서조차 진행에 부담을 느끼고 있죠. 투입되는 자원에 비해서 결과를 담보하기 어렵기 때문이다. 대부분 이런 새로운 방법을 사용하면 결과에 대한 기대도 큰 법이니까요. 관찰은 현장을 고스란히 담아 내는 것도 일지만 내용을 분석하고 인사이트나 아이디어 도출 지점을 기술적으로 편집하고 결과를 내는 더 큰 어려움이고 장비와 스텝의 시간과 노력이 집중되어야 합니다. 그럼 현실적 대안은 없을까요? 꼭 그렇지는 않습니다.

1. 사진(이미지) 분석

포토 애스로그래피(Photo Ethnography)가 오히려 효과적 일수 있습니다. 사진 분석을 통해서 하는 것입니다 '하나의 이미지만 가지고도 우리의 얼굴과 모습이 서로 다른 것 만큼이나 여러 가지의 해석이 가능합니다.' 관찰의 관점에서 사진은 동영상 중 그 한 순간의 단면에 불과하지만 더 많은 의미를 담고 있다는 생각입니다. 관련하여 가장 인사이트를 주었던 자료 중 하나는 소트레스 액트(원제: Thoughtless Act by Jane Fulton Suri)입니다. 관찰의 입문 서적으로 사진 분석을 통한 인사이트 도출 방법을 다양한 사례를 통해서 소개합니다. 추가로 추천 가능한 전문가는 우아한 관찰주의자(원제: Visual Intelligence by Amy E. Herman)를 통해서 우리에게 알려진 에이미 허먼 입니다. 사물을 상세하게 관찰하고 사실만 기록하기를 권장합니다. 그렇게 하면 원하는 인사이트를 얻을 수 있다고 이야기합니다.

2. 소지품 분석(가방, 주머니, 자동차, 집, 주방, 욕실, 침실, 거실 등)

가방, 옷, 신발장, 옷장, 집 안, 사무실, 자동차 안에 물건을 통해서 사용자의 불편이나 사용자 아이디어를 통해서 인사이트를 얻고 아이디어를 만들어 낼 수 있다. 일반적으로 소지품을 펼쳐놓고 왜 가지고 다니는지 왜 낙서를 했는지, 이어폰과 레이져 포인터를 한 파우치에 같이 넣고 다니는지 소비품을 보면서 인터뷰를 하면 질문할 거리가 쏟아집니다.

3. 동영상 촬영하고 분석 진행하기(특정 장소, 특정 Task에 한정하여)

조사 기법 중 하나인 CLT(Center Location Test)를 응용 활용하는 것입니다. 타겟 고객이 많은 장소에서 특정 행위를 하는 사용자를 인터셉트(Intercept: 가로막고 조사하기)하여 특정 동작을 해보게 하고 궁금한 부분의 즉석 (동)영상 촬영과 인터뷰까지 동시 진행하는 것입니다. 이런 케이스를 몇개를 진행하여 분석하면 좋은 자료가 되고 인사이트와 아이디어를 얻을 수 있습니다. 생활 가전제품의 경우 대부분 관찰 대상이 가정으로 홈비짓(Home Visit Research)을 합니다.

가정에 방문해서 냉장고나 세탁기 사용하는 것을 직접 관찰하고 인터뷰하면서 동영상 촬영도 진행합니다. 세탁은 한 싸이클을 보고, 냉장고는 저녁 준비, 이런 식으로 관찰을 단위로 나누어서 진행합니다. 특정 사용 장면을 일정 시간 촬영하고, 궁금한 부분은 즉석에서 확인해가면서, 돌아와서는 여러 번이고 과학수사팀처럼 반복해서 봅니다. 어떤 문제점이나 특이점이 있는지 발견할 수 있을 때까지 반복해서 보고 분석을 통해서 문제점을 찾아내고 그것을 디자인 기획이나 상품 기획의 재료로 사용하는 것은 가능합니다. 이럴 경우는 소비자 사용 프로세스의 특정 구간을 잘라서 보는 것으로 그 구간에 핵심 문제점이 존재하는 행운이 따라야 합니다.

문제라고 보면 문제가 되는 것을 해결하는 것보다는 반드시 해결해야 할 것을 문제로 정의하는 것이 필요하기 때문입니다. 참고 자료로 '쇼핑의 과학'(Why We Buy: The Science of Shopping, 1999) 책으로 잘 알려진 파코 언더힐(Paco Underhill)은 쇼핑 공간에 여러 대의 카메라를 설치하고 방문 고객 행동 분석을 통해서 매장의 조명, 향기, 음악, 매대의 위치 진열 품목까지 세세한 부분까지 조언하는 전문가입니다. 쇼핑 공간 등 특정 공간을 깊이 있게 파고드는 스타일의 관찰에 좋은 사례입니다.

출처 '이미지씽킹 Ph D(imagethinking)' 블로그 | 채이식 디자인학 박사 | 우리는 관찰을 인사이트로 연결시킬 수 있는가? | http://blog.naver.com/PostView.nhn?blogId=ideapalm&logNo=221313948424 | 2018.07.06.
자료 Thoughtless acts, 스몰 데이터, 쇼핑의 과학, 관찰의 힘, 마케터를 위한 에스노그라피

음료도 스킨케어 제품도 당신의 몸에 꼭 맞게

고객데이터 축적 맞춤형 제품 속속 출시

당신이 흘리는 땀이 당신에 대해 무엇을 알려주는지 아는가?

게토레이는 그것이 많은 것을 말해준다고 생각한다. 이 스포츠 음료 브랜드는 개인의 땀에 대한 정교한 분석을 통해 개인화된 음료 제품들을 선보일 계획이다. 당신이 더 빨리 달리고 싶은지, 더 강하게 되고 싶은지, 아니면 그 외 다른 건강 목표를 달성하려고 하는지에 따라, 게토레이는 당신에게 맞는 수화(水和)작용을 해주는 맞춤형 음료를 제공할 것이다.

새로운 기술과 그 기술이 수집하는 데이터 덕분에, 스포츠 음료, 비타민에서부터 피부 크림, 샴푸에 이르기까지 많은 기업들이 일상 용품을 개인화하고 있다. 땀 성분에서부터 DNA에 이르기까지 모든 것에 대해 더 많은 데이터를 이용할 수 있게 되면서, 기업들은 개인의 필요에 맞는 제품, 이른바 제품의 맞춤화를 시도하고 있다. 그런 제품들은 심층 설문, 의사 상담, 안면 스캔, DNA 검사, 심지어 웨어러블 땀 수집기 등을 통해 설계된다.

기업들이 데이터 수집을 개선하고 그에 따라 빠르게 제품을 생산하는 구조를 갖춰 감에 따라 기업이 어떻게 자신을 만족시킬 수 있는지에 대한 소비자들의 기대치도 높아졌다. 로레알(L'Oréal SA)의 스킨수티컬즈(SkinCeuticals) 브랜드의 글로벌 총괄 매니저인 레슬리 해리스는 "오늘날 맞춤화된 제품은 소비자의 디지털 경험의 자연스러운 진화"라고 말한다.

"넷플릭스에 가면 당신이 무엇을 보고 싶은지, 언제 볼 것인지를 당신이 결정하지요. 온라인 상에는 사용자로서 당신의 취미에 맞춰진 개인화된 정보

스킨수티컬즈(SkinCeuticals)는 참여 의사들이 몇 분 안에 사무실에서 맞춤형 혈청을 만들어 주는 피부 관리 서비스를 제공한다.(출처: SKINCEUTICALS)

가 많이 있습니다. 나는 그런 정보가 취미뿐 아니라 삶의 다른 측면까지 확장될 것이라고 생각합니다."

스킨수티컬즈는 지난해 피부 상담을 위해 제휴를 맺은 의사를 방문하는 사용자들을 대상으로 '맞춤형 DOSE'라는 195달러짜리 스킨케어 서비스를 도입했다. 의사들은 환자에 대해 자신이 진단한 내용을 스킨수티컬즈가 특허를 출원한 알고리즘으로 태블릿에 입력하고, 이를 바탕으로 혈청의 레시피를 만들어 주문 제조 방식으로 생산한다. 의사 진료실에는 전자레인지 크기만 한 기계에 재료가 가득 쌓여 있다. 주문을 받으면 몇 분 안에 혈청을 섞어서 병에 담고 의사와 환자의 이름이 적힌 라벨을 인쇄한다.

체중감량 프로그램 뉴트리시스템(Nutrisystem)을 소유하고 있는 티비헬스(Tivity Health Inc.)의 던 지에 최고운영책임자(COO)는 "점점 더 개인화에 치중하고 있다"고 말했다. 뉴트리시스템은 지난해, 가정에서의 DNA 검사인 DNA 바디 블루 프린트(DNA Body Blueprint)라는 검사 시스템을 도입했는데, 이 시스템은 사용자의 유전자 암호를 바탕으로 40페이지 분량의 필수 영양, 신진대사, 건강 제안 보고서를 작성한다. 던 지에 COO는 이 테스트가 개인의 체중 감량에 대한 새로운 통찰력을 제공했다고 설명했다.

펩시콜라가 소유하고 있는 게토레이도 올해 맞춤형 수화 시스템 Gx를 출시할 계획이다. 매장에는 무수히 많은 스포츠 음료들이 있지만, 게토레이는 운동 선수들이 건강추적기(Fitness tracker)를 이용해 자신의 능력 데이터를 수집하고 분석해 개별적인 수화 욕구를 더 잘 해결해야 한다고 주장한다.

게토레이는 올해, 앱이 고객의 땀 분비량을 측정해 가장 적합하다고 판단한 게토레이 제조법에 따라 만든 스위트 패치(sweat patch)를 출시할 계획이다.(출처: GATORADE)

"당신은 무엇을 이루려고 하십니까? 더 빨라지고 싶나요, 더 강해지고 싶나요? 더 강해지려고 노력하고 있는가? 지방과 탄수화물을 잘 연소시키고 있나요? 땀의 염분은? 이 모든 요인들이 운동선수로서 당신이 원하는 것을 성취할 수 있도록 도와주는 계획을 짜는 데 필요합니다."

게토레이는 이미 지난 몇 년간 회사가 후원하는 일부 엘리트 운동선수들의 땀 분비량과 성분을 분석해 맞춤형 음료를 제공해 왔다. 노스웨스턴 대학과 함께 새로 개발된 '스위트 패치'(Seat patch)는 이제 아마추어 선수들에게도 땀을 분석하는 기술의 혜택을 줄 계획이다. 게토레이의 사비 코타렐라스 혁신 디자인팀장은 "기술 덕분에 우리가 스포츠 음료 개인화를 일반에게도 널리 보급할 수 있게 되었다"고 말했다.

땀 성분을 분석하고 그에 맞는 Gx 제조법을 만들기 위해, 운동 선수들은 운동하는 동안 팔뚝에 일회용 패치를 붙인다. 약 30분 후에 땀을 얼마나 흘렸는지 그리고 염분은 어느 정도인지를 측정하기 위해 땀에 젖은 패치를 사진으로 찍어 Gx 앱으로 보내면, 이 앱이 이미지 인식 소프트웨어를 통해 사진을 판독한다. 이렇게 해서 추출한 결과를 날씨 데이터, 훈련 기간 및 강도, 그리고 선수들이 운동 목표를 기입한 설문지와 결합해 최적의 Gx 제조법을 결정한다. 사용자들은 그 농축액을 온라인에서 구입해 전용 Gx 병에 넣고 물을 첨가해 자신에게 최적의 음료를 만드는 것이다.

화장품 회사들도 이미 피부 색상과 조건을 따라 다른 제품을 제공하는 것을 목표로 하고 있지만, 기술의 발전은 그들이 더 정밀하게 이 전략을 추구할 수 있게 해준다. 프록터앤갬블(P&G)는 지난 1월 얼굴 색소의 변화를 감지하고 각 부위에 위장 혈청을 도포하는 휴대용 기기 옵테 정밀 스킨케어(Opté Precision Skincare)의 시사회를 열었다. 옵테를 발명한 토마스 라베 P&G 연구원은 "10년 전에 처음 시작했을 때, 옵테는 스테레오 전축만큼 컸다. 이제 휴대폰 카메라가 훨씬 품질이 좋아져 순식간에 7만 개의 라인을 처리할 수 있게 되었다."고 말했다.

라베 연구원은 많은 여성들이 일광 노출, 검버섯, 과다색소침착 같은 피부 결함을 가리기 위해 뭔가를 두껍게 바르는 것을 멈추게 하고 싶었다.

"햇볕에 그을린 피부는 전체 피부의 10% 정도밖에 안 되지만 화장품으로 100% 피부를 덮고 있지요, 그 부위만 집중적으로 해결할 수 없을까 생각했습니다."

옵테를 얼굴 위로 굴리면서 초당 200프레임의 피부를 스캔하며 점을 식별하면 내부 열 잉크젯 프린터가 미세한 혈청 방울을 침전시켜 그 점을 변 피부와 일치시킨다. 이 작업은 약 3분이면 충분하다. 회사는 내년부터 599 달러에 판매할 계획이다.

프록터앤갬블(P&G)의 옵테 정밀 스킨케어(Opté Precision Skincare)는 검은 점이 생긴 부위만 스캔해 혈청을 공급해 주변의 피부와 일치시킨다.(출처: Opté Precision Skincare)

헤어 케어 제품도 그 종류가 너무 많아 어느 제품이 내게 가장 잘 맞는지 선택하기 어려운 품목 중 하나다. 주문 제조 방식의 헤어 제품을 만드는 프로즈(Prose)의 공동 설립자 겸 CEO인 아노드 플라스는 그래서 맞춤형 헤어 케어 제품을 만들기로 결심했다. 고객들은 그들의 머리, 식습관, 스트레스 수준, 기후, 건강, 그리고 샴푸 사용 빈도 등에 관한 30개의 질문에 온라인으로 답한다.

"모발 종류, 모발 질감 등에 대해 질문할 뿐만 아니라, 당신이 왜 건성 모발인지를 물어볼 것입니다. 그래야 샴푸를 만드는 데 올바른 재료를 찾을 수 있으니까요."

텍사스주 오스틴의 한 기술 스타트업에서 제품 매니저로 일하고 있는 27살의 애슐리 크노프는 자신에게 맞는 헤어 제품을 찾다가 좌절에 빠졌다. 그러다 소셜 미디어에서 프로즈 광고를 보고 클릭했다. 그녀는 회사의 설문지를 작성하고 모발 패턴과 두께를 정확하게 설명했다. 그녀는 설문 조사를 작성하기 위한 시간과 노력을 쓰는 걸 아끼지 않았다. "실제 매장에서 내게 맞는 제품을 살 수 있었다 해도 그 정도 시간과 노력을 들였을 것입니다." 마침내 지난 11월, 자신을 위해 특별히 제조된 프로즈의 샴푸와 컨디셔너가 8.5온스(250ml) 용기에 담겨 배달되었다. 그녀는 각각에 대해 25달러를 지불했다.

영양회사 케어는 비타민의 세계를 분해하는 것을 목표로 한다. 고객들은 약 5분 동안 온라인에서 자신의 건강 요구와 목표에 대한 프로필을 완성한다. 그리고 나서 그들은 회사의 선택을 설명하는 비타민 추천 목록과 그에 상응하는 연구 목록을 받는다. 고객들은 매일 매일 비타민 팩을 공급할 때 그들이 원하는 비타민을 선택할 수 있다. 공동 창업자 겸 CEO인 크레이그 엘버트는 각 팩에는 고객의 이름이 인쇄되어 있어 매일 비타민을 섭취하는 것을 즐겁게 하고 수익성 있는 입소문을 만들어 준다고 말한다. "사람들은 자신의 이름 사진을 올리는 것을 좋아한다"고 그는 말한다.

건강식품 회사 케어로브(Care/of)는 비타민의 세계를 고객들에게 쉽게 설명해 주기를 원한다. 고객들은 온라인에서 약 5분 동안 자신의 건강 요구와 목표에 대한 프로필을 작성한다. 회사는 그 프로필을 바탕으로 비타민 추천 목록과 해당 연구 자료를 보내준다. 고객들은 이에 따라 자신이 매일 섭취해야 할 비타민 한 달 분을 신청한다. 이 회사의 공동 창업자 겸 CEO인 크레이그 엘버트는, 비타민 팩에 고객의 이름이 인쇄되어 있어 매일 비타민을 섭취하는 것을 즐겁게 만들어 주고 입소문도 만들어 준다고 말한다.

"사람들은 자신의 이름이 어디에든 올려지면 좋아하는 경향이 있습니다."

출처 이코노믹리뷰(www.econovill.com) | 홍석윤 기자 | 2019.06.27.

금융 분야 Big data 분석 활용 사례

국내외 카드사 빅데이터 활용 사례

시장 포화로 성장의 한계에 직면한 국내외 신용카드 사들은 빅데이터를 마케팅에 이용함으로써 새로운 수익을 창출하고 있다. 즉, 빅데이터 분석을 통해 파악한 고객의 니즈와 스마트폰으로부터 수집한 정보를 결합한 CLO(Card Linked Offer)를 통해 마케팅의 활력을 불어 넣어 주고 있다.

해외카드사 중의 비자(VISA)의 경우, 구입 품목, 시점, 결제 위치 등을 실시간으로 파악하고 고객의 구매이력 및 성향을 감안하여 인근 가맹점의 할인쿠폰을 발생해 주는 RTM(Real Time Messaging) 서비스를 제공하고 있다. 이 결과 카드 이용 건수 및 가맹점 신규 고객이 증가하는 결과를 얻었다. 또한 고객의 카드 이용 패턴을 실시간으로 분석하여 카드 부정 사용을 사전에 차단하는 시스템을 빅데이터 기술에 활용하여 개발/운영하고 있다.

아멕스(AMEX)에서는 위치 기반 소셜 네트워크 정보를 활용한 고객별 맞춤형 마케팅을 실시해 고객들로부터 긍정적인 반응을 얻고 있다. AMEX Sync 프로그램은 제휴를 맺은 소셜 플랫폼의 고객 계정을 AMEX 카드와 연동시켜 고객에 맞춤형 할인혜택을 준다. 예를 들면, 페이스 북이나 트위터에서 특정 상품 및 레스토랑에 '좋아요'를 클릭하면 할인쿠폰 및 관련 정보를 미리 제공해 줌으로써 기존의 타깃 마케팅보다 큰 효과를 얻을 수 있다.

삼성카드에서도 빅데이터를 활용하여 맞춤형 할인 혜택을 주는 링크(Link) 서비스를 제공하고 있다. 고객의 카드 거래 실적을 분석하여 앞으로 자주 이용할 것으로 예상되는 가맹점 혜택을 미리 고객에게 제안하고 고객이 별도의 쿠폰이나 할인권을 제시하지 않아도 결제만 하면 자동으로 혜택을 적용받을 수 있다. 이로 인해 기존의 문자 메시지나 타깃 마케팅에 비해 구매율이 높았고, 가맹점의 신규 고객 유입 부분에서도 두드러진 결과를 얻을 수 있었다.

신한카드에서는 상품 개발 시, 빅데이터를 활용하였다. 고객의 카드 사용 실적을 분석하여 고객별 소비 패턴 및 선호 트렌드를 파악하여 남녀 각각 9개군으로 클러스터링한 후, 각 그룹별 최적화된 코드나인(CODE 9) 카드 시리즈를 출시했다. 이로 인해 그 당시 500만 매를 돌파했고, 기존의 주력 카드보다도 평균 10% 이상 이용률이 높다.

국내외 은행, 보험사 빅데이터 활용 사례

은행 및 보험사에서는 리스크 및 보안 관리 시스템에 빅데이터를 활용하고 있다. 직원 비리에 따른 손실을 방지하기 위해 보험사의 경우 상품 개발 시, 빅데이터를 적용, 단순 개인 정보에 따른 상품이 아닌 고객 행위, 시장 환경 및 트렌드 분석 결과에 따른 UBI(User Based Insurance)기반의 상품들이 출시되고 있다.

JP 모건체이스(JP Morgan Chase)는 직원의 인터넷 사용 기록뿐 아니라 개인정보 이메일과 전화 통화 기록까지 분석해 비리 협의를 포착하는 데 빅 데이터를 적용하고 있다. 또한 은행이 담보로 잡은 부동산을 적절한 값에 매각하기 위한 최적의 가격 모델을 구할 때도 사용하였다. 부동산 시장 상황을 지역별로 분석해 팔릴만한 가격을 산정한다면 채무자가 지급 불능에 빠지기 전에 부동산을 매각할 수 있어 사회적 손실도 줄일 수 있다.

미국 보험회사인 프로그래시브(Progressive)사는 자동차가 부착된 기기가 전송하는 데이터를 바탕으로 고객의 운전 패턴을 분석하고 미래 사고 가능성을 예측하는 데 빅데이터를 기술을 활용하고 있다. 이를 통해 자동차 보험료를 산정하는 Pay as You Drive 시스템을 운영하고 있다. 즉, 상대적으로 덜 위험한 방법(속도, 운전습관)으로 덜, 위험한 시간대 및 지역에서 운전하는 고객일수록 적은 보험료를 낸다.

삼성 화재의 경우, 빅데이터를 활용하여 보험사기를 적발하고 있다. IFDS(Insurance Fraud Detection System)은 보험계약, 보험 정보 등의 방대한 데이터를 활용하여 사기 고위험군을 자동 추출해서 현장 조사 전문 인력에게 알려주고 조사에 착수한다 이 시스템으로 인해 허위 신고로 보상금을 받으려는 보험 사기 건을 적발할 수 있었다. 예를 들면, 고급 승용차를 도난당했다고 접수한 건에 대해 가입자의 정보 및 사고 경위 등 사고 관련 데이터를 수집하여 분석한 결과, IFDS 시스템은 이 건을 고위험군으로 분류하였다. 이후 전담 보험사가 조사한 결과 차량을 담보로 대출을 받고 이를 갚지 않기 위해 허위로 신고한 것으로 판명이 났다.

출처 SAMSUNG SDS(www.samsungsds.com) | [연재기획] 빅데이터를 통해 트렌드를 읽다 중에서 | 김서연 애널리스틱 전문가 | 2017.06.21.

컨셉과 컨셉 평가 시, 핵심 평가 문항들

실무 마케팅 조사에서 활용빈도가 높은 신제품(서비스) Concept 개발과 관련된 조사에서 사용하는 Key Measures 설문 문항들을 소개합니다.

1. 컨셉의 정의 및 특징

컨셉은 소비자의 충족되지 않은 니즈를 회사가 새롭게 만들고자 하는 특정 제품(서비스)를 통해 해결해 줄 수 있음을 기준으로 하여 이에 대한 특장점을 간략히 정리해 놓은 것을 의미합니다. 일반적으로 아래와 같은 형식을 지니고 있으며, 이를 기준으로 회사 입장에서 보다 중요하다고 생각하는 것을 추가하거나 혹은 불필요하다고 판단되는 것을 제거하여 작성하면 됩니다.

제품 이름과 headline
컨셉을 대표하는 가장 중요한 아이디어를 간단히 정의하는 내용

1) 타겟에 대한 간단한 설명
2) 타겟 소비자들이 기존 제품에 대해 불편 사항을 해결해주는 새로운 제품이 특징
3) 이러한 제품을 사용할 경우에 타겟이 얻을 수 있는 물리적 혜택(Benefit) 및 심리적 & 상징적 가치(Value)
4) 이러한 특징을 지닌 제품이 하는 다양한 약속에 대한 신뢰감을 부여할 수 있는 내용
5) 제품을 사용하는 방법 및 상황에 대한 예상 시나리오
6) 다른 경쟁사 제품과는 다른 차별점

제품 package Design 이미지 & 가격

Brand Logo

2. 컨셉 평가시 사용되는 핵심 질문 문항들

일반적으로 회사가 시장에 신규로 출시하고자 하는 제품의 특장점에 대한 내용을 파워 포인트 기준으로 한 장 정도로 정리한 컨셉을 제시하고, 아래와 같은 주요 문항에 대해서 5점 척도(일반적으로 사용하는 척도이며, 7점 혹은 9점 척도를 사용해도 무방함)로 각 항목에 대해 질문합니다. 각 항목별로 소비자 반응을 평가한 후에 부족한 점수가 나온 항목에 대해서는 보강하는 작업 등을 통하여 신제품의 대한 컨셉을 계속 수정 보완하는 작업을 진행합니다. 아래의 문항은 온라인 서베이, FGD 등의 거의 모든 방법론에서 일반적으로 활용되는 핵심 내용입니다.

A1. 귀하께서는 _____(컨셉)이 마음에 드시는지 그렇지 않은지요?

①	②	③	④	⑤
전혀 마음에 들지 않는다	마음에 들지 않는 편이다	보통이다	마음에 드는 편이다	매우 마음에 든다

A2. 귀하께서는 _____(컨셉)을 구매하실 의향이 있으신지 그렇지 않은지요?

①	②	③	④	⑤
전혀 구매하고 싶지 않다	구매하고 싶지 않는 편이다	보통이다	구매 해보고 싶다	매우 구매 해보고 싶다

A3. 귀히께서는 _____(컨셉)이 본인에게 필요한 제품이라고 생각하는지 그렇지 않은지요?

①	②	③	④	⑤
전혀 필요하지 않다	필요하지 않는 편이다	보통이다	필요한 편이다	매우 필요하다

A4. 귀하께서는 _____(컨셉)이 기존에 출시된 이와 같은 유형의 제품과 비교 시, 차별성이 있다고 느끼는지 그렇지 않은지요?

①	②	③	④	⑤
전혀 차별성이 없다	차별성이 없는 편이다	보통이다	차별성이 있는 편이다	매우 차별성이 있다

A5. 귀하께서는 _____(컨셉)이 기존에 출시된 이와 같은 유형의 제품들과 비교 시, 새롭다고 느껴지는지 그렇지 않은지요?

①	②	③	④	⑤
전혀 새롭지 않다	새롭지 않은 편이다	보통이다	새로운 편이다	매우 새로운 편이다

A6. 귀하께서는 _____(컨셉)이 제시한 대로 실제로 제품화되는 것에 신뢰하는지 그렇지 않은지요?

①	②	③	④	⑤
전혀 신뢰가 가지 않는다	신뢰가 가지 않은 편이다	보통이다	신뢰가 가는 편이다	매우 신뢰가 간다

A7. 귀하께서는 _____(컨셉) 가격이 어느 정도가 적절하다고 생각하십니까?

_____원

(→ 혹은 보기를 통해서 가격대를 제시, 객관식으로도 질문이 가능합니다.)

A8. 귀하께서는 _____(컨셉)에 대해 제시된 가격이 적절하다고 생각하는지 그렇지 않은지요?

①	②	③	④	⑤
전혀 적절하지 않다	적절하지 않은 편이다	보통이다	적절한 편이다	매우 적절하지 않다

(→ 가격 평가의 경우에는 일반적으로 처음부터 가격을 제시하지 않습니다. 이를 평가하는 소비자가 가격에 대해 편향된 의견을 지닐 수 있기 때문입니다. 제조사가 제시하는 가격은 소비자가 임의로 생각하는 가격대에 대해 질문한 후에 제시하는 것이 바람직합니다. 이를 통해 제조사가 생각하는 적정가격대와 소비자가 생각하는 적정 가격대에 대한 Gap을 확인할 수 있습니다.)

A9. 귀하께서는 _____(컨셉)의 가격에 대해, 가격 대비 가치가 있다고 생각하는지 그렇지 않은지요?

①	②	③	④	⑤
전혀 적절하지 않다	적절하지 않은 편이다	그저 그렇다	적절한 편이다	매우 적절하지 않다

이상과 같은 9가지 정도의 핵심 문항을 기준으로 자사의 제품 컨셉에 필요한 문항을 스스로 만들어서 첨가하는 방향으로 마케팅 조사를 진행하면 됩니다. 그리고 특히 선호도 혹은 구입의향과 관련된 문항에서는 왜 좋아하는지(혹은 싫어하는가) 또 왜 구매하고 싶은가(혹은 그렇지 않은가)를 질문한다면 질적인 정성적 자료도 함께 확보가 가능합니다. 이유를 묻는 문항 또한 제조사의 입장에서 보다 중요하게 생각하는 핵심문항에 대해 추가적으로 질문할 수 있습니다. 하지만 설문의 문항이 길어지면 길어질수록 응답자의 지루함으로 인한 부작용이 나타날 수 있으므로 주의하는 것이 필요합니다.

Quiz

소속 _____

성명 _____

1 마케팅 조사에서 탐색적 연구와 기술적 연구의 주요 특징을 비교해서 설명하라.

....

....

....

....

....

....

2 1차 자료와 2차 자료의 차이점은 무엇인가? 그렇다면 기술적 연구는 1차 자료와 2차 자료 중 어느 자료에 좀 더 가까운 특징을 지닌 것인지에 대해 설명하라.

....

....

....

....

....

....

3 정량조사 설문지 작성시 유의해야 할 점은 무엇인가?

4 정성조사에서 '선정(심사)질문지'란 무엇이며, 이 질문지가 가장 중요한 이유가 무엇이라고 생각하는가?

5 만약 당신이 최고급 수입 자동차를 이용하는 소비자 대상의 정량조사 설문지를 작성한다고 가정해보자. 당신은 여기서 설문지 대상자의 '소득'이라는 변수를 질문해야 한다. 그렇다면 '소득'이라는 변수는 설문지 구성에 있어서 전반부–중반부–후반부 중 어느 위치에서 질문하는 것이 더 효율적이라고 생각하는가? 이 부분이 일반적 소비자 대상의 조사 질문의 설문지 구성과 차이나는 점은 무엇인가?

6 당신이 새로운 신제품 개발을 진행 중에 있는 마케팅 담당자라고 가정해보자. 신제품 개발 단계에서 새로운 제품 컨셉에 대한 아이디어가 필요할 때, 당신이 활용해 볼 수 있는 모든 마케팅 조사 방법에 대해 서술하라. 그리고 그 조사 방법이 아이디어 도출 시 어떠한 도움을 줄 수 있다고 생각하는가?

7 빅데이터와 스몰 데이터의 차이점은 무엇인가?

또한 최근에는 빅데이터에 이어 스몰 데이터의 가치도 점점 인정받고 있는 상황이다. 그렇다면 스몰 데이터는 빅데이터가 하기 어려운 어떤 측면에 대한 소비자 이해가 필요할 때 유용하다고 생각하는지 자유롭게 토론해보자.

8 문화인류학과 마케팅이 접목된 '관찰법'의 장점을 논해보자. 특히 어떤 상황에서 유용하게 활용할 수 있을까?

Chapter 6
실제 사례로 본 STP

대부분의 마케팅 개론과 원론에서는 STP 수립에 있어 중요한 고려사항만 열거한다. 그 이유는 실제 STP 수립을 통해 마케팅 전략의 성공요인을 검증해 보거나 경험한 저자가 기술한 것이 아닌 해외 마케팅 학자들의 정리된 연구를 바탕으로 인용한 이유가 클 것이다. 따라서 마케팅 관리자가 STP에 관하여 정확한 절차와 방법, 단계를 이해하기 어려운 부분이 존재한다. 이에 실제 마케팅 성공사례를 중심으로 STP 방법론 소개하기로 한다. STP는 다음의 절차와 단계를 통해 수행하는 것이 바람직하다.

1. 기업의 마케팅 목표를 정량적·정성적 측면에서 명확하게 설정한다.
2. 기업의 마케팅 대상 제품 또는 서비스를 확정한다.
3. 신제품으로서 마케팅 대상 제품 또는 서비스가 확정되지 않을 경우, 잠재 소비 집단의 소비행태 조사를 수행한다.
4. 잠재 시장세분화 집단의 인접 세분화 집단의 영향력을 검증한다.
5. 확정된 시장세분화 집단의 니즈에 대한 제품 또는 서비스의 적합성 유무를 판단한다.
6. 세분화 집단에 관한 제품 또는 서비스 고도화 작업을 수행한다.
7. 세분화 집단을 통해 시장 내 경쟁사, 품질 등의 포지셔닝을 최종 검증한다.

위에서 언급한 7가지 절차와 단계를 통하여 소비자 집단의 STP를 설정하고 전략을 수행할 수 있다. 다음은 위의 STP 수행 단계에 따른 사례를 소개하기로 한다.

S기업은 자사의 통신상품을 확대된 연령대를 통한 신규 시장을 창출하기 위해 잠재 소비자를 찾아내고자 하였다. 통신상품 가입자의 인구통계학적 부분을 조사한 결과, 주로

40~50대가 가장 많았으며, 주로 직장인들 가입자가 중심이었다. S기업은 40~50대 주요 소비자를 제외한 10대부터 60대 이상까지 어떠한 소비자를 대상으로 세분화하였을 때 가장 파급력과 판매증진을 위한 마케팅이 요구될지 조사해보기로 하였다.

S기업의 마케팅 관리자들은 정성적·정량적인 마케팅 목표로 40~50대 주력 가입자를 제외한 10대부터 60대까지의 통신상품 사용률과 오랫동안 다른 통신사로 이동하지 않을 충성 소비자 10만 명을 확보한다는 목표를 수립하였다. 이에 현재 판매하고 있는 자사 제품과 서비스에 대한 연령대별 통신상품 사용률, 통신 상품의 가격, 품질, 브랜드 인지도 및 사용에 따른 혜택과 장점 등을 40~50대 주력 가입자를 비롯한 다른 연령대의 가입자들을 대상으로 조사하였다. 조사결과 20대 가입자들이 S기업의 상품과 서비스의 품질은 훌륭하지만, 40~50대가 주로 사용하는 통신상품이며, 자신들에게 적합하지 않은 상품이라는 의견을 보여주었다.

S기업 마케팅 관리자들은 이러한 예비조사 결과물을 바탕으로 20대 잠재 소비자에 대한 집중적인 소비행태 조사를 수행하였다. 약 80여 명의 20대 잠재 소비자를 대상으로 평균 5만 원 정도의 용돈을 부여하고, 강남, 홍대, 신촌, 종로 등 서울 주요지역에서 그들의 통신상품 사용행태를 사진으로 찍고, 5만 원의 용돈을 어디에 소비하는지 소비행태 추적조사를 시행하였다. 이들의 소비행태에서 나오는 다양한 소비행태를 통신상품 또는 부가 서비스와 연계할 생각이었던 것이다. 이들의 소비행태를 자세한 분석한 후, 이들을 대상으로 직접 상품과 서비스를 기획하도록 몇 번의 워크샵을 시행하였다. 워크샵 시행 후, 이들이 가장 선호하는 상품과 서비스에 대한 집중적인 아이디어를 내고, 이를 상품화하였다. 이렇게 만들어진 상품을 다른 연령대 소비자에게 물어본 결과, 다른 연령대 소비자들은 생소한 느낌을 받았으며, 20대 연령대 소비자를 중심으로 10대와 30대의 인접 잠재 소비자들은 상품이 혁신적이고, 자신들에게도 맞을 수 있을 것 같다는 의견을 제시하였다.

이로써 실험한 20대 연령대 소비자들과 그들이 의견을 제시한 상품과 서비스는 다른 연령대 소비자들과는 분명히 구분되는 세분화가 되었고, 이를 더욱 발전시켜 상품으로 출시하였다. 상품 출시 후 3개월만 100만 명의 신규 가입자를 모집하였으며, 가히 폭발적인 인기를 누리는 세분화 상품이 되었다. 특히 인접 잠재 소비자인 10대와 30대는 20대 전용 상품에 가입하거나 사용하지 못하도록 철저히 막았다. 이로 인해 10대 소비자는 신분증을 위조하여 가입, 사용하는 경우도 있었고, 30대 소비자는 20대 동생에게 부탁하여 가입하거나 사용하려고 노력하였다. 물론 10대, 30대 소비자들이 자연스럽게 가입, 사용할 수 있었으나, 마케팅 활동에 있어 20대 연령대 세분화를 더욱 명확하게 해주기 위한 전략적 차원이었던 것이다.

위의 사례는 실제 기업에서 마케팅 관리자들이 기획하고 실행에 옮겼던 STP 방법과 사례이며, 큰 성공을 거둔 동시에 세계 최초의 통신 산업과 시장에서의 STP 사례로 하바드 비즈니스 스쿨에 소개되기도 하였다. 통신 상품 또는 서비스처럼 무형의 서비스를 인위적으로 소비자 세분화하는 선례는 없었으며, 무형의 서비스가 세분화될 수 있는 경우는 없다. 하지만 인위적으로 소비자 특성에 맞게 세분화하고, 세분화에 따른 상품과 서비스를 제공함으로써 세분화가 된 경우다. 앞서 언급한 7단계의 세분화 과정과 방법이 그대로 적용된 성공 사례이다. 이러한 STP는 산업과 시장에 따라 조금씩 적용 방법의 차이와 결과가 달라질 수 있다. 따라서 동일한 방법과 절차를 익혀 해당 산업과 시장의 특성이 반영된 STP를 실행해 볼 수 있을 것이다.

STP를 활용하는 닌텐도의 전략

닌텐도는 1980~90년대의 선도적인 콘솔 게임(콘솔 게임기에 게임 컨텐츠를 넣고 즐기는 방식)업계의 선두주자였다. 게임팩을 꼽고 게임을 즐겼던 세대가 가장 사랑했던 기업 중 하나가 닌텐도였다.

원조 게임기 슈퍼 '패미콤'

컴퓨터 속도와 용량이 빨라지고 늘어나면서 16비트 게임기에서 32비트 게임기, 64비트 게임기로 계속 업그레이드 되었다. 게임기도 계속 진화 발전하면서 소니는 '플레이스테이션'이라는 제품으로 시장에 진입했다. 이때부터 소니가 콘솔 게임 업계에서 선도지로 등극하며 닌텐도는 뒤쳐지기 시작했다. 그 이후에도 다른 제품들을 내놓았지만 쉽게 소니의 확고한 지위를 다시 차지하지 못했다. 여기에 마이크로소프트가 Xbox를 가지고 시장에 진출하였고, 닌텐도는 영원히 시장에서 사라지는 업체가 되고 말았다.

소니의 전성기를 가져왔던 플레이스테이션

하지만 닌텐도는 닌텐도 DS로 다시 한번 시장내 환영을 받기 시작하며 재기에 성공했다. 그들은 게임기 사용 특성상 어린아이들을 중심으로 하지만 이번에는 '누구나 즐길 수 있는 게임기'를 표방하면서, 재미있게 즐길 수 있는 휴대용 게임기의 조작 편의성을 극대화하였다.

닌텐도 DS

닌텐도 DS가 나오기 전에는 왼손으로 방향을 조작하고 오른손으로 버튼을 눌러 게임을 진행했고, 모든 소프트웨어들도 왼손과 오른손을 움직이도록 구성되었다. 그러나 펜슬을 이용하거나 터치스크린 방식으로 변화함에 따라, 사용자들이 보다 편하게 게임을 즐길 수 있도록 만들었다. 닌텐도 DS의 전략은 사용자층을 게임 사용자 중심의 축을 콘솔 게임층에서 누구나가 사용할 수 있는 컨셉의 게임들로 제품과 사용의 확장성을 넓혔고, 이는 관련 기술과 소프트웨어의 발달도 DS의 탄생과 확장에 기여했을 것이다. 실제로 기존 콘솔 게임은 20대 이하의 젊은 남성 중심이었는데, 닌텐도 DS가 발매된 후부터는 여성 타겟과 중장년층까지 포괄적으로 끌어들였다.

닌텐도 STP 전략의 핵심: 닌텐도 Wii

닌텐도 DS로 콘솔 게임 이후 성공을 거둔 닌텐도는 닌텐도 Wii를 통해 보다 넓은 소비자층을 타겟으로 확대하였다. 특히 게임기 조작의 편의성 증대가 보다 넓은 소비자층에게 게임기를 어필할 수 있다는 것을 안 닌텐도는 보다 편한 컨트롤러를 만든다. 가장 핵심적인 속성은 사용자의 움직임을 감지하는 모션 컨트롤러(Motion Controller)를 개발한 것. 제품 혁신을 바탕으로 닌텐도는 Wii를 판매하기 위한 본격적인 STP전략을 수립한다.

닌텐도 Wii

[Segmentation]

우선 고객 세분화를 위해 콘솔게임 시장의 사용자들을 중심으로 게임의 네트워킹 기능을 이용하는 사람, 소셜 기능을 사용하는 사람으로 구분하였다. 그 결과 시장은 혼자 게임을 즐기는 사람/온라인에서 혼자 게임을 즐기는 사람/오프라인에서 지인들과 게임을 즐기는 사람/온라인을 통해 지인들과 게임을 즐기는 사람 등으로 구분하였다.

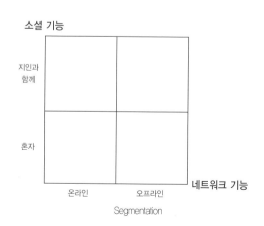

Segmentation

[Targeting]

사용자층을 크게 4가지로 분류한 다음, 지인과 함께 오프라인 상에서 지인과 함께 게임을 즐기는 Segment를 Main Target으로 설정하였다. 닌텐도의 게임기는 온라인이 아닌 오프라인 기반의 사용자층을 공략하였었고, 콘솔 기기를 제조하여 판매하면서 게임소프트웨어가 주 수익원이었다. 즉 쉽게 이해하자면 커피메이커는 값싼 가격에, 커피는 지속적으로 공급하는 모델이라고도 볼 수 있다. 따라서 항상 가족들이 오프라인 상에서 게임을 즐기는 모습으로 광고를 하였고, 지인들이 게임으로 뭉쳐질 수 있음을 강조하였다.

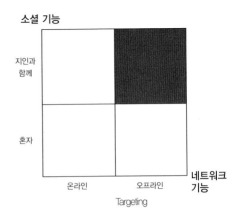

[Positioning]

'오프라인 상에서 지인과 함께 게임을 즐기는 집단', 즉 가족을 대상으로 마케팅 전략을 펼치기 위해 닌텐도는 독특한 포지셔닝 방식을 선택하였다. 포지셔닝을 컨트롤러 조작의 편의성과 게임 소프트의 접근성을 선택한 것이다. 모션 컨트롤러를 통해 쉽게 조작할 수 있으며, 처음 게임을 접하는 사람들이 쉽게 적응할 수 있는 게임을 만들어내었다. 이에 사용자층에게 '편하고 누구나 즐길 수 있는 게임기'라는 인지적 차별화를 추구했던 것이다. Target에 딱 들어맞는 독특한 Positioning으로 가족단위 여유 시간의 생활패턴을 변화시켰고, 온 가족을 TV 또는 PC 게임기 앞에 앉혀 놓는 성과를 이룩한다.

닌텐도 Wii의 Positioning

그렇다면 닌텐도는 진정 게임기의 강자가 된 것일까? 최근 어느 분석에 의하면, 나이키에 가장 강력한 적은 닌텐도라고 한다. 아이들이 게임기에 몰두하면 할수록 밖에 나가 놀지 않기 때문에 나이키의 운동화 매출이 줄어든다는 것이다. 참으로 재미있는 시각이 아닐 수 없다. 그럴 수도 있을 것이다. 그건 비단 나이키만의 문제는 아닐 것이다. 아직도 나이키는 건재하며, 운동화에서 패션, 스포츠 전문 브랜드로서 지속적으로 확장해 나가고 있다. 닌텐도의 경쟁자는 닌텐도 자신 일지도 모른다. 즉 모바일게임이 전체 게임시장의 대부분을 차지해가면서 닌텐도는 단지 게임기와 게임 소프트웨어를 만들기보다는 게임컨텐츠를 중심으로 한 새로운 도약을 고민해야 할 것이다.

밀레니얼 시대, '내 소비자'를 찾는 방법, 세그멘테이션

내가 미처 깨닫지 못한 내 욕구와 불편함까지 구석구석 가려운 곳을 긁어주는 제품을 만났을 때, 우리는 내 돈 주고 산 제품에 감동을 받는 순간이 있다. '아니, 누가 내 마음을 읽고 이런 기능을 만든 거지?' '이것은 진정 나를 위한 제품이야!' 그러한 제품 개발의 배경에는 보통 세그멘테이션(Segmentation) 연구가 그 중심에 있다. 세그멘테이션은 '평균적인 소비자는 결코 존재하지 않는다'는 전제하며, 맞춤형 고객 니즈에서 출발한다.

학교 동아리나 모듬, 단체에서도 각자 역할과 특장점을 지닌 사람들이 많다. 이들이 주로 10명이라고 가정하면 10만 명의 소비자로 유사한 특징을 가진 사람들의 집합체로 확장이 가능하다. 유사하거나 동일한 구매특징을 가진 사람들의 집합체, 그들의 공통적인 속성을 발견하는 것이 바로 마케팅의 가장

세그멘테이션은 '평균적인 소비자는 결코 존재하지 않는다'는 전제에서 출발한다.

기본적인 전략 요인 중의 하나인 세그멘테이션이다. 만약 10만 명의 소비자를 상대로 제품 개발이나 마케팅을 할 때, 한 가지 전략으로 공략한다면 어떤 결과가 나올까? '평균'적인 서비스나 제품 개발은 가능할지 몰라도 비교적 섬세한 제품 개발은 당연히 한계가 있을 수밖에 없을 것이다.

세그멘테이션이 본격적으로 활용되기 시작한 것은 국내의 경우, 1990년대라고 볼 수 있다. 물론 그 전에는 나이, 성별, 지역 등 기본적인 사항의 검토 내지는 파악에 지나지 않았다. 왜냐하면 기본적인 인구통계학적 정보를 바탕으로 전략의 큰 방향성은 가능할 수 있어도, 세부적인 마케팅의 활용 요인으로는 정보 자체가 불성실하고 미흡했기 때문이다. 또한 당시에는 정보시스템 발달이나 통계적 활용도가 빈약하여 실증될 수 있는 사례를 만들기에 축적된 데이터의 정리가 어려웠다. 학계에서도 세그먼테이션의 연구는 1980년대 이후에나 좀 더 세밀하게 접근하였지, 그 전에

는 고객의 심리적인 특성 중심으로 연구되었다고 볼 수 있다.

하지만 1990년대 이후부터는 기본적인 통계자료를 넘어 소비자 그룹을 작지만 분명한 색깔이 있는 그룹으로 세분화하는 데 중점을 두게 되었다. 인터넷의 진화, 스마트폰의 일상화가 틈새시장을 공략한 일대일 마케팅의 가능성을 드라마틱하게 확장했기 때문이다. 아울러 소비자의 상품 구매력이 확장되었고, 반복소비, 선택적 다양성이 발생할 정도로 제품과 서비스의 양과 수, 질이 향상되었다.

일부 기관이나 컨설팅 기업에서는 세그멘테이션을 비단 소비자에 관한 연구로 국한하지 않는다. 가령 승차공유서비스 앱을 가지고 한국 시상에 진출하고자 하는 외국 기업들도 한국 소비자의 특성과 다양한 니즈를 파악하기 위해서 관련 산업과 시장의 세그먼트를 먼저 접근하기도 한다. 이들은 앱을 직접 사용하는 사용자가 아닌 드라이버들을 상대로 한 세그멘테이션 연구하기도 한다. 비즈니스 모델에서는 최종소비자만큼 드라이버들도 매우 중요하기 때문이다. 운전자가 없으면 일단 고객의 수요를 충족할 수 없으며 안정적이고 기민한 서비스 제공이 힘들다.

이러한 경우, 택시 회사 등 기업에 소속된 드라이버를 상대로 온라인 또는 오프라인 설문 조사를 실시, 세그먼트 작업을 수행한다. 브랜드 관점에서 유치하고픈 드라이버들이란 이 일 자체를 즐기고, 오랜 시간 운행할 수 있으며, 수익도 높은 사람들일 수 있다. 이런 부분을 고려해 필수 공략 대상 세그먼트 몇 개를 발견하고, 어떻게 운전자들에게 최적의 조건을 제시해야 본 사업이  시작될 때 참여하거나 고객의 만족도를 높일 수 있는지 분석할 수 있는 것이다.

일반적으로 세그멘테이션은 사내 소비자 연구 부서뿐만 아니라 제품, 마케팅, PR, 오퍼레이션 등 다양한 부서가 피드백을 주며 관여한다. 연구 결과를 바탕으로 전략을 수립하고, 경영진 입장에서는 경영이념과 철학에 근거하여 궁극적으로 소비자에게 맞는 제품·서비스를 전달할 수 있다는 일관적인 메시지를 제시할 수 있기 때문이다. 세그멘테이션에서 가장 중요한 것은 선정되고, 선택된 타깃 세그멘테이션의 특성이 다른 여타의 세그먼트에 영향력을 충분히 지닐 수 있어야 한다는 점이다.

밀레니얼 세대를 세분화하여 충분한 파급력을 지닌 세그먼트를 발견했다면, 이에 따른 다른 세그먼트에도 구매 유도의 영향력을 지녀야 한다는 것이다. 이러한 점에 근거하여 세그먼트의 전략적 작업이 수행되어야 성공 가능성을 높일 수 있다.

스웨덴의 이케아? 미국엔 홈디포

간단한 집수리와 가구 조립 등 소비자 스스로 새로운 제품 또는 서비스를 운영, 관리하는 행위를 흔히 'DIY'(Do-It-Yourself)라고 부른다. 우리나라에도 간단한 가구 조립 및 소품을 판매하는 스웨덴 기업인 IKEA가 들어온지 3년째다. 초기에 광명시 아파트 밀집 지역에 롯데마트와 협업하여 들어선 이후에, 최근 경기도 고양시에 2호점을 개점하였다. 미국의 경우, 이러한 DIY 업체로는 '홈

이미지 출처: 홈디포 홈페이지

디포'(HomeDepot)가 오랜 역사를 자랑하고 있다. 홈디포는 1978년 조지아주에서 처음 문을 열었으며, 현재 전 세계 가장 큰 가정용 건축자재 전문점으로 미국에서만 2,200여 개 매장을 운영 중이다. 전구 하나부터 페인트, 수도 꼭지 등 수만여 가지의 아이템을 판매한다. 홈디포는 단순하게 가구, 소품, 가정용 수리용품을 판매하는 곳이 아니다. 매장 내외에서 다양한 서비스를 통해 그 매력을 더하고 있다. 우선 매주 진행되는 '홈디포 워크숍'은 다양한 주제에 무료 수업이라 최근 소비자들에게 높은 인기를 얻고 있다. DIY에 관심 있다면 누구나 궁금해할 만한 내용인, 타일

까는 법, 페인트 컬러 선택, 얼룩 제거법 등 매주 다른 내용의 유용한 수업을 전문가들에게 배울 수 있다. 웹사이트(www.homedepot.com)에서 미리 등록하면 무료로 참석할 수있고, 자세한 내용도 확인할 수 있다. 매월 첫째 토요일에는 부모와 5~12세 어린이가 함께 참여할 수 있는'키즈 워크숍'도 진행된다.

이미지 출처: 홈디포 유튜브

또한 제품을 판매만 하는 것이 아닌,

다양한 렌탈 서비스를 시행하고 있다. 사다리나 용접기, 플러밍 기구, 톱 등이 필요하다면 큰돈 주고 구입해 창고에 넣어둘 일 없이 홈디포의 렌탈 서비스를 활용하면 된다. 작은 차를 끌고 가서 크고 무거운 제품을 구입했다 하더라도 걱정할 일 없다. 트럭 역시 빌려 주는데, 75분에 19달러 가량으로 가격도 합리적이다.

흔히 홈디포의 '블랙 프라이데이'는 4월로 꼽히는데, 이때 봄맞이 집단장을 하는 이들이 늘어나 기 때문이다. 봄, 그리고 그들만의 '블랙 프라이데이'에 맞춰 홈디포는 각종 식물류를 세일하는데 '홈디포 가든 클럽'에 가입하면 특별한 쿠폰을 받을 수 있고, 50달러 구입당 5달러의 추가 할인혜 택도 얻을 수 있다. 홈디포에는 특별한 할인이 있다. 군인 가족이라면 '국군의 날' 또는 '현충일' 매년 특별한 할인혜택을 제공하는데, 보통 이 때에는 군인 ID를 제시하는 본인 또는 가족들은 약 10%가량 추가 할인받을 수 있다.

홈디포는 고객들을 '프로'라고 부르는데, 최근 프로고객 확보를 위하여 공구대여 서비스를 강화 하고 있다. 조사에 따르면 90%의 프로고객들이 공구대여 서비스를 사용하고 있는 것으로 나타났 으나, 이중 홈디포의 공구대여서비스를 사용하는 고객이 25%에 불과하였다고 한다. 이에 그들의 이용금액을 분석한 결과, 한번 렌탈 서비스 이용 시 지출금액이 크기 때문에 서비스 개선 및 마케 팅 강화를 통하여 집중적으로 공략하려는 다양한 활동을 전개하고 있다. 이외에도 홈디포 모바일 앱을 통해 실시간 재고수량을 파악하고 매장 내 매대 위치를 파악할 수 있도록 3D 지도를 제공하 고 있는데, 모바일 앱을 통하여 구매의 편의성을 강화하여 홈디포 매장방문 고객 중 50% 이상이 매장 내에서 모바일 앱을 활용하는 점에 착안하여 편리한 쇼핑이 될 수 있도록 고객 서비스를 강 화하고 있다.

Quiz

소속 ....

성명 ....

1 STP는 시장 세분화(Segmentation), 표적 시장 선정(Targeting), 위상 정립(Positioning)을 위한 마케팅 전략 중 하나로서, 판매하고자 기획한 제품과 소비자 니즈에 근거하여 시장 내 동질적인 여러 고객집단을 구분하여 가장 유리한 시장을 선정한다는 것이 주요 내용이다. 잘 알려진 제품 또는 서비스를 선정하여 기본적인 STP 전략에 필요한 내용을 논해보자.

2 일반적으로 효과적인 시장 세분화를 위한 조건으로 다음과 같은 사항들이 고려된다.

- 측정가능성 : 각 세분시장의 규모와 구매력과 같은 세분시장은 정량적으로 측정 가능하여야 한다.
- 시장규모 : 각 세분시장은 기업이 개별적인 마케팅프로그램을 실행할 수 있을 정도로 충분한 규모를 갖추어야 한다.
- 접근가능성 : 소비자에게 접근할 기회가 가능성이 존재하여야 한다.
- 차별적 반응 : 각 세분시장별로 마케팅활동에 대해 서로 다른 반응이 나타나야 한다.

이러한 세분화 조건을 고려할 때, 마케팅 관리자가 가장 고려해야 할 것은 무엇인가?

3 기업에서 마케팅 관리자가 STP전략을 수행해야 하는 가장 근본적인 이유를 설명하고, STP전략을 수행하기 위하여 사전에 준비해야 할 내용을 토론해보자.

Chapter 7
상품 관리

제1절 상품 컨셉의 개념

마케팅은 기업의 상품(제품과 서비스의 총칭)이 제조, 유통, 판매를 통해 소비자가 금전적·화폐적 가치교환으로 원활하게 이루어지도록 하는 모든 활동이다. 일반적으로 상품을 마케팅과 연관하여 생각할 때, 상품은 상품성(상품의 본질, 구조, 특질, 성격), 상품의 분류(원리, 체계, 유형), 개별 상품 특성 등을 고려하여 마케팅활동을 전개해야 한다. 또한 상품은 상품 그 자체의 유형적 특징 또는 무형의 서비스 특징을 지니고 있어 상품 구성요인과 함께 해당 상품의 유통과 관련된 부문을 포괄적으로 담고 있다. 따라서 상품의 품질, 가격, 보존, 운반 등과 상품분류체계, 표준화, 품질 표시, 제조물 책임, 디자인과 포장, 소비활동, 환경친화적 특징 등 관련된 다양한 특징들을 고려한 마케팅 활동을 고려하여야 한다. 예를 들어 독일에서 제조된 정밀기계, 이태리 패션상품 등은 마케팅 활동에 따른 결과물로 인식되고 있지만 상품 자체의 우수성(상품 품질)에 의해 세계적으로 명성을 갖게 되었다.

마케팅 관리자는 기업의 마케팅 활동에서 종종 '상품 컨셉'이 무엇인가? 라는 질문에 직면한다. 이러한 물음은 소비자로부터 또는 해당 기업의 의사결정권자들로부터 질문을 받는다. 그렇다면 여기서 말하는 '상품 컨셉'이란 무엇인가? 상품 컨셉을 정의하기에 앞서 상품 컨셉의 구성요소를 살펴볼 필요가 있다. 상품 컨셉에 관하여 학술적으로 명확하게 정의된 바가 없다. 하지만 실무적으로는 거의 모든 기업에서, 또한 일반 소비자들까지 '상품 컨셉'에 대한 질문을 쉽게 떠올린다. 그러므로 마케팅 관리자는 상품 관리를 하기 위해서 '상품 컨셉'을 소비자 관점에서 먼저 파악해야 한다. P&G CEO였던 Ron Pearce는 수십 년간의 컨설팅 연구 결과물로서 '상품 컨셉'의 구성요소를 정의하고 제안하였다. 그는 소비자관점에서의 상품 컨셉의 구성요소를 1) 상품 그 자체(Product Itself), 2) 상품이 제공하는 혜택 (Consumer Benefit), 3) 상품을 구매해야 하는 이유(The Reason & Why)로 상품 컨셉이 구성되어야 한다고 주장하였다. [그림 1]

우선 '상품 그 자체 (Product Itself)'라는 의미는 상품이 지닌 속성, 특성, 성질, 성격 등을 포함한 '상품성' 또는 '상품력'을 의미하고, '상품이 제공하는 혜택(Consumer Benefit)' 은 해당 상품의 속성과 특성으로부터 나오는 기능

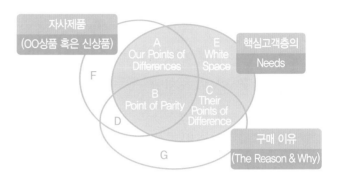

[그림 1] 상품 컨셉 고려 요인

적, 감성적 효용 즉 기능적 가치, 사용적 가치, 정서적 가치 등을 의미한다. 마지막으로 상품 구매 이유(The Reason & Why)의 경우, 소비자가 왜 해당 상품을 구매해야 하는지에 대하여 상품이 지니는 본원적 요인(품질, 가격, 유통, 디자인 등)이 소비자에게 해당 상품을 구매해야만 하는 이유를 제공해야 한다고 주장하였다. 그는 이 세 가지의 구성요인들이 융합되어 기존 및 잠재 소비자에게 '상품 컨셉'으로 제시되어야 한다고 하였다.

이처럼 상품 컨셉의 정의가 중요한 이유는 소비자가 '상품의 컨셉이 좋다 또는 컨셉이 잘 못되었다'고 평가할 때, 마케팅 관리자가 세 가지 구성요인을 기준으로 소비자에게 제공하는 상품을 이해하고 그들의 요구사항을 파악한다면 구매선택결정에 도움이 될 수 있는 상품관리를 수행할 수 있기 때문이다. 마케팅 관리자 입장에서 소비자가 선호하고 만족할 만한 상품을 시장에 출시하였으나 구매로 이어지지 않을 경우, 상품관리 측면에서의 원인파악 및 개선 방법을 고민하기 쉽지 않다. 그러므로 상품 컨셉에 대한 소비자 반응을 측정하고자 할 때, 상품 컨셉의 정의와 구성요소를 정확히 이해하고 있다면, 해결책을 보다 쉽게 마련할 수 있을 것이다.

제2절 상품 관리

기업은 생산, 제조 또는 유통, 판매되는 상품의 효율적 관리를 통해 매출과 이익을 지속적으로 창출하고 이를 통한 성장과 발전해 나갈 수 있기 때문에 상품관리는 마케팅활동을 전개하는 가장 근본적인 이유라고 할 수 있다. 마케팅 관리자의 입장에서 상품을 시장에 출시하고, 소비자의 구매반응을 영업·판매 부서와 함께 지속적으로 점검함으로써 시장 경쟁력을 확보할 수 있도록 해야 한다. 그렇다면 상품 관리는 어떠한 범위와 부문을 수행하고, 어떻게 효율적으로 실행할 수 있을까?

일반적으로 기업에서 논의되는 상품관리의 범위와 역할은 너무나도 광의적이다. 기업의 규모, 종업원수, 기업조직의 구성과 역할에 따라 상품관리를 담당하는 부서와 관리자의 역할이 서로 다르게 정의된다. 가령, 대기업의 상품관리를 담당하는 마케팅 관리자는 상품의 기획, 개발, 출시 및 영업을 위한 판매 촉진까지 담당한다. 하지만 중소기업의 상품관리는 생산, 제조한 제품이 보관창고에 옮겨지는 과정부터 최종 판매에 이르기까지의 전 과정을 담당하기도 한다. 또한 산업별, 주요 시장, 해당 상품의 종류와 특징에 따라서도 상품관리의 범위와 역할이 달라질 수 있다. 하지만 기업의 크고 작음, 시장의 특성이나 상품의 종류 및 특징과 관계없이 공통적으로 수행해야 할 상품관리의 범위와 역할, 효율적인 상품관리에 대해 살펴보기로 하자.

1. 마케팅 관리자로서 상품관리 범위와 역할

우선 마케팅 관리자의 기본적인 상품관리 범위와 역할은 상품의 기획, 개발, 출시 및 판매 동향을 점검하여 영업·판매 부서와 시장 경쟁력을 지속적으로 확보하는 것이 1차적인 역할과 책임이라고 할 수

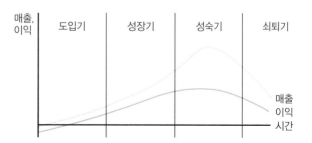

[그림 2. 상품 수명 주기 이론]

있다. 이를 위해서는 상품의 수명주기를 이해할 필요가 있다. 상품 수명주기 이론(Product Life Cycle Management)은 산업환경의 변화과정에 따라 상품도 생명주기를 갖고 있다는 이론으로서, 크게 다음과 같이 4단계를 거친다.

우선 새로운 신상품의 개발을 통해 상품이 시장출시에 출시되면, 신규 상품에 대한 소비자의 반응과 저항이 일어나는 도입기를 맞이한다. 이후 시장 내에서 점차적으로 안정화(자리잡기)되면서, 상품과 브랜드 차별화가 시작되며, 매출 및 수익 증가하고 경쟁사의 시장참여로 인한 유사 대안 제품의 등장으로 본격적인 성장기가 시작된다. 시장 내 많은 경쟁사들의 상품 출시로 인해 소비자는 다양한 구매선택으로 시장은 점차 정체되고 가격 중심의 경쟁 심화로 상품의 성숙기가 도래한다. 이때 경쟁상품 속성 간 정교한 구별이 뚜렷해지고, 시장의 변화하여 매출이 줄고, 생존하지 못한 기업은 인수·합병 또는 파산 혹은 기존 상품이 시장에서 퇴출되는 쇠퇴기를 맞이하게 된다.

이러한 상품의 수명주기는 마케팅 관리자가 직접 관리하기도 하지만 제조, 생산, 영업 판매 등과 함께 전략적인 의사결정이 필요한 관리 요소이며, 마케팅 관리자의 독립적인 역할과 책임 사항은 아니다. 하지만 새로운 상품의 출시와 개발에 있어 중요한 기준으로 판단할 수 있는 상품의 수명주기 이론은 하나의 가이드라인이 될 수 있다. 시장에서 매출과 수익이 계속 감소하는 상품에 대해서 상품 자체의 수명주기를 고려하지 않고, 마케팅 활동을 전개하는 것은 자원의 효율적 활용 측면에서 매우 위험한 일이다. 따라서 마케팅 관리자는 상품의 시장 경쟁력을 정확히 진단하고 이에 따른 새로운 상품관리 방향을 제시해야 할 필요가 있다.

마케팅 관리자는 상품 수명 주기에 영향을 미치는 상품의 속성과 시장에서의 성과를 종합적으로 판단해 볼 필요가 있는데, 이 경우에는 상품이 지닌 자체의 속성에 따른 중요도와 시장에서의 경쟁력 및 성과 측면을 아래와 같은 매트릭스로 진단해 볼 필요가 있다.

중요도-성과 매트릭스 활용은 항목별 성과를 측정하고 중요성에 따라 우선 순위를 결정하여 관리하는 것으로 간단하게 중점관리항목과 비용절감항목을 구분하여 활용할 수 있다.

- 중점 관리 항목 : 성과 ↓, 중요성 ↑
- 비용 절감 항목 : 성과 ↑, 중요성 ↓

위의 매트릭스를 활용하여 상품 자체의 속성 중요도와 해당 속성에 대한 소비자 및 유통채널의 반응을 설문 또는 일대일 면접을 통해 파악하고, 상품의 속성 중 성과가 낮으며 높은 중요도를 가진 속성을 파악하여 상품의 개선 작업을 수행해야 한다. 가령 상품 자체의 디자인 또는 포장에 문제가 발생하여 소비자들로부터 좋지 않은 반응이 나온다면 디자

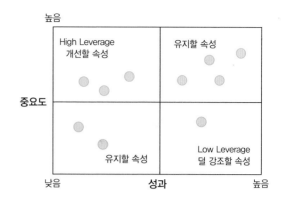

[그림 3. 상품 중요도-성과 매트릭스]

인 또는 포장에 관한 속성을 개선하는 작업을 수행해야 한다. 한편 원재료를 과다하게 구입하여 생산 부문의 재고가 남아 상품의 가격 비효율의 발생이 우려된다면, 원재료의 수급 조절을 위해 매출 성과가 다소 떨어진다고 해도 이익 우위를 확보하기 위해 지속적으로 상품 속성을 유지하는 관리가 수행되어야 한다. 이처럼 마케팅 관리자는 상품 품질, 상품 속성, 상품 가격 등에 관한 시장과 소비자 반응을 항시 관리하며 적절한 관리 체계를 유지해야 한다.

2. 상품 리뉴얼과 리노베이션 관리

마케팅 관리자는 지속적으로 시장과 소비자의 반응을 모니터링 하면서 제공하는 상품 이외의 신상품을 개발하거나, 기존 상품의 개선 및 시장 출시 작업을 수행해야 한다.

기존 상품에 대한 시장 또는 소비자 선호가 점차 감소하거나, 주목, 관심도가 떨어질 때 (상품수명주기상 쇠퇴기) 마케팅 관리자는 기존 상품 리뉴얼(Product Renewal) 또는 리노베이션(Product Renovation)을 고민한다. 각각의 개념을 살펴보면 리뉴얼은 간략하게 '부분적인 개선(Partial Improvement)'라는 의미이고, 리노베이션은 '전면적인 개선(Whole Changeable Improvement)'라고 이해할 수 있다. 리뉴얼의 경우, 상품 품질, 가격, 디자인, 포장 및 기능 속성 등의 일부를 시장 또는 소비자가 더욱 선호하는 방향으로 변화시키는 활동이며, 리노

베이션은 거의 신제품 개발과 출시와 가깝도록 전면적으로 상품의 모든 것을 변화시키는 활동을 의미한다. 원래 리노베이션은 오래된 건물이 적절하고 지속적인 사용을 위해 새로운 생명을 갖도록 처리되는 것을 말하는데, 과거로부터 현재, 미래로의 연속성에 인간의 감각의 만족을 얻게 한다는 면에서 건축사적으로나 사회 문화적으로도 중요한 의미를 갖는 것으로 정의되고 있다.

상품의 리뉴얼과 리노베이션에 관한 마케팅 관리자의 판단은 시장과 소비자의 반응으로부터 쉽게 파악될 수 있다. 가장 먼저 판매량의 감소가 첫 번째 신호이며, 이는 계절적 요인, 경쟁사의 상품 출시, 일시적인 경제상황에 따른 소비저하를 포함하고 있기 때문에 기업에서는 일반적으로 3개월에서 6개월 정도의 판매 증감정보를 바탕으로 기존 상품의 리뉴얼 또는 리노베이션 여부를 판단할 수 있다. 두 번째, 해당 상품의 브랜드 인지도 및 브랜드 상기도 측면에서 급격한 변화가 발생할 경우, 리뉴얼과 리노베이션에 관한 고민이 생각된다고 할 수 있다. 세 번째, 유통 채널의 반응이다. 상품을 취급하는 유통채널이 항상 소비자의 구매 반응을 모니터링 하고 있기 때문에 판매자 또는 판매 관리자들이 해당 상품에 관한 소비자 반응에 관한 동향을 알려줄 경우, 마케팅 관리자는 해당 상품의 리뉴얼 또는 리노베이션을 고민해야 할 필요가 있다.

이 밖에 다양한 내·외부 정보와 자료를 바탕으로 기존 상품의 리뉴얼 또는 리노베이션에 관한 준비를 시작해야 한다. 이처럼 마케팅 관리자는 최소한 자신이 담당하는 상품의 개발, 출시 및 사후판매 관리에 대한 부분까지 시장과 소비자의 의견을 바탕으로 상품 관리를 수행해야 한다.

제3절 신제품 개발 관리

일반적으로 마케팅 관리자에게 요구되는 여러 가지 자질과 역량 중에 중요한 부분이 바로 신제품을 개발하는 역량이 될 수 있다. 신제품은 기업의 매출과 수익의 원천이자 영업과 판매활동의 가장 중요한 커뮤니케이션 근원이다. 이것을 마케팅에서는 제품을 통한 '판매담화(Sales Talk)' 라고 부른다. 유통 채널 또는 직접적인 소비자와 커뮤니케이션할 수 있는 수단이자 근원이 바로 상품이기 때문이다. 마케팅 관리자의 역량을 판단할 수 있는 신제품 개발 방법을 알아보자.

기업마다 보유한 신상품 개발 과정이 있으며, 체계와 시스템이 갖춰져 있다. 하지만 일반적인 개발 과정만 잘 이해해도 충분히 마케팅 관리자로서 역량을 갖출 수 있다. 신상품 개발을 위해 가장 먼저 고려해야 하는 것은 바로 해당 기업이 추구하는 목표(Vision, Mission, Goals)이며, 그 다음으로 기업이 경영활동을 전개하고 있는 산업을 고려해야 한다. 가령 화장품 기업에서 신상품을 개발 판매하고자 하는데, 배달 서비스를 하나의 상품으로 고민한다면 전혀 맞지 않을 것이기 때문이다. 만약 식품기업이 새로운 프랜차이즈 임대 사업을 전개하고자 한다면, 이는 새로운 산업으로서 신규 사업을 고민하는 것이지, 신상품을 고민하는 것이 아니다. 간혹 마케팅 관리자로 하여금 신규 사업 아이템과 신상품에 대해 혼선을 느끼도록 경영진이 주문하는 경우도 있는데, 이는 분명한 경계와 역할을 고민한 후에 시작해야 할 필요가 있다.

우선 신상품 개발 과정을 설명하면 아래 [그림 4]와 같다.

[그림 4. 신상품 개발 프로세스]

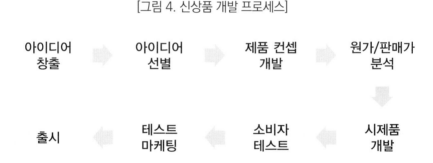

신제품 개발에 있어 우선적으로 해야 할 일은 제품에 관한 아이디어를 창출을 통하여 아이디어를 선별하는 과정이다. 아이디어 창출 단계를 흔히 '브레인 스토밍(Brain Storming)'이라고 불리우기도 하는데, 마케팅 관리자, 소비자 조사기관 참여자, 소비자, 생산 및 제조 담당자, 영업 담당자 등 5명 이상이 모여 편안한 공간에서 2~3시간 동안의 기존 제품에 관한 이야기와 소비자 불만사항을 중심으로 논의한다. 이 과정에서는 신제품에 관한 아이디어를

도출하기보다는 소비자 니즈와 불만사항을 중심으로 한 키워드를 정리하는 결과물을 만든다. 이러한 아이디어 창출 회의 또는 워크 샵에 참여자를 계속 변화시켜 여러 번 수행함으로써 신제품 컨셉에 요구되는 키워드를 도출하며, 약 3~5회 정도로 반복 수행한다.

아이디어를 창출한 과정에서 나온 키워드를 중심으로 앞서 언급한 제품 컨셉의 구성요소인 '제품 그 자체의 차별적 속성', '소비자 편익', '소비자가 구매해야만 하는 이유'를 중심으로 몇 가지 제품의 가상 컨셉을 만든다. 이들 가상 제품 컨셉을 대상으로 실제 제품 출시를 위해 생산할 경우의 원가 및 판매가격을 유추해보고, 생산 부문에 시제품을 요청하여 직접 제작해본다. 최근에는 3D 프린터의 보편화로 소비재 제품의 경우, 큰 비용 없이 시제품을 제작할 수 있다. 일부 산업에서는 시제품을 제작하기에 앞서 가상으로 제품 컨셉 보드를 만들고, 외부 마케팅 조사기관에 의뢰하여 잠재 소비자를 대상으로 신제품 컨셉에 대한 반응과 소비자가 기대하는 편익을 탐색하기도 한다.

다음 과정으로 제품의 컨셉 보드 또는 시제품을 기반으로 직접 잠재 소비자, 세분화 작업을 거친 세분화 소비자 집단에게 테스트를 수행하는데, 이때 제품의 구매 및 사용주기를 고려하여 일정 기간 테스트를 진행한다. 미국의 P&G사의 경우, 샴푸 또는 세제 상품을 출시하면서 미국 전역에 3,000가구를 선정하고, 해당 제품의 사용 주기를 고려하여 약 2~3개월까지 제품을 무료로 배포한뒤 제품 테스트를 진행하기도 한다. 이때 가구별 소비자 반응을 다시 원가 및 판매가 설정 또는 그 전단계인 제품 컨셉 개발에 반영하여 상품성이 높은 제품으로 만들고, 본격적인 생산 작업에 착수한다.

일부 마케팅 관련 자료에서는 신상품을 개발하는 상품의 혁신성 정도에 따라, 개발 주체가 누구냐에 따라 신제품 프로세스가 달라지는 것처럼 표현한 부분도 있지만, 이는 학술적으로 편의상 분류해 놓은 것이다. 또한 신제품 개발 시 혁신성의 정도에 따른 결정요인 및 개발 위험, 기회비용이 달라지는 것처럼 설명되지만 역시 실무적으로는 고려할만한 내용이 아니다. 여러 번의 테스트 마케팅을 거쳐 제품 출시를 시장 상황에 맞게 결정하고, 해당 제품의 혜택과 편익을 강조하는 다양한 판매 촉진 프로그램을 준비한다.

[참고: 신제품 아이디어 창출 방법]

브레인 스토밍 (Brain storming)	창의적 아이디어를 창출하기 위한 방법으로 보통 6~10명의 인원이 한 가지 주제를 가지고 다양한 의견을 제시하는 방법
속성 열거법 (Attribute listing)	기존 제품을 구성하는 속성들을 열거한 후, 일부 속성 수준들을 변경 혹은 다른 것으로 대체하여 결합함으로써 새로운 제품 아이디어를 찾는 방법
강제적 결합법 (Forced relationships)	기존의 제품들을 구성하는 여러 속성들을 강제적으로 결합시켜 보는 방법
표적 집단 면접법 (Focus-group interview)	표적 집단을 선정하여 참여자들로부터 새로운 제품에 관한 아이디어를 얻는 방법
컨조인트 분석기법 (Conjoint analysis)	제품을 구성하는 여러 가지 속성의 수준을 조합하여 새로운 신제품의 가능성을 찾는 기법

왜 삼성은 모바일 폰의 생명 주기를 뛰어넘으려는 걸까?

삼성전자는 최근 기자간담회에서 새로운 타입의 스마트폰인 '갤럭시 폴드'를 본격적으로 출시한다고 밝혔다. 기존 이동통신망인 4G LTE 모델이 아닌, 초고속 대용량 데이터 전송이 가능한 5G 네트워크에서 사용될 수 있는 모델로 출시한다. 가장 차별화된 포인트는 세계 최초의 듀얼 화면을 가졌다는 것이다. 2019년 4월 9일, 한국 삼성전자를 통해 출시 알림 사이트가 개설되면서 한국 출시가 확정되었고, 정식 발매에 5G가 가능할 것으로 보도하였다. 사전 모델 공개 이후, 해외에서는 갤럭시 폴드의 듀얼 화면의 완성도 부족이 언급되면서 재차 모델 테스트와 보강을 통해 새롭게 출시되는 것이다.

2019년 5월 27일, 한국 삼성전자 공식 사이트를 통해 출고가가 슬그머니 유출되었는데, 사용자 안내를 위한 챗봇 서비스를 통해서 단말기 자급제로는 블랙 프레임과 골드 프레임 모델이 출시되고 골드 프레임 모델의 출고가가 2,450,000원으로 책정된 것이 보도되었다. 앞서 언급한 바와 같이 새로운 세계 최초의 듀얼 디스플레이폰은 MWC 2019에서 전시된 기기의 디스플레이에 접힘으로 인한 주름 자국이 발견되었다. 이에 대해 비슷한 시기에 공개된 중국 완성폰 제조업체 화웨이의 Mate X는 아웃폴딩 방식이라 펼쳤을 때 디스플레이가 늘어난 것처럼 보이지만 이쪽은 펼쳤을 때를 기준으로 평평한 상태를 만들 수 있음에도 불구하고 주름 자국이 발생하는 것은 기술력이 부족한 것이 아니냐는 비판 의견이 동시에 나왔다. 2019년 3월 중순, 실제 사용 기기로 추정되는 영상이 유출되었고, 해당 영상에 의하면 접히는 부분에 주름이 생긴다는 것이 확인되었다. 이 논란 때문인지 삼성전자는 공식 유튜브 채널을 통해 폴딩 테스트 영상을 공개하기도 했다.

결국 2019년 4월 16일, 마이크로 사이트의 내용이 보강되면서 '전면 화면 중앙에 잡히는 주름은 화면의 특성상 자연스러운 현상입니다.'라는 안내 문구가 추가되었다. 단순히 펼치다 만 것이 아니라 접힌 상태가 얼마나 유지되었는가에 따른 변형 정도의 차이도 고려되어야 하는 문제이기 때문에 실제로 사용할 때 환경에 대한 문제 내지 한계점을 삼성전자가 사실상 시인한 것이다.

그렇다면, 삼성전자는 왜 불완전한 제품을 공개하고 서둘러 출시하려고 하는 걸까? 제조업체로서의 삼성전자의 제품 수명 주기 관리 목적은 시장 지배력 유지라고 볼 수 있다. 새로운 기술을 바탕으로 한 제품을 출시하면, 자연스럽게 기존 제품의 단종으로 이어지거나, 임의적으로 2~3년 생산중단, 판매 중지를 통해 사용자인 소비자들이 새로운 기술 환경에 적응하도록 하는 상품 전략으로 볼 수 있다. 이처럼 자

사진 출처: Letsgo Digital

연스럽게 신제품으로 옮겨가도록 하면, 기존에 가지고 있던 시장의 지배력을 유지하고, 후발 주자를 견제하며, 후발 주자의 모방을 유인해, 확고한 시장 지배력을 더욱 강화시킬 수 있다. 이로써 새로운 시장을 끊임없이 확대하고, 마케팅에서 말하는 선도자 법칙(First Mover Advantage), 신제품을 먼저 사용하고픈 Tech savvy의 활용, 전자상거래 가격비교가 최적화된 모바일 기기로서 전략적 포지셔닝을 달성할 수 있게 된다. 이는 기존 제품인 노트패드의 부진을 만회하는 동시에 성공적인 출시로 인해 최대경쟁자인 애플이 시장지배력을 약화시킬 수 있으나 실패로 끝날 경우, 애플 아이폰과의 경쟁에서 시장 지배력을 잃을 수도 있기에 많은 고민이 예상된다. 하지만 글로벌 기술력, 유통, 판매력으로 충분히 극복 가능하기 때문에 이러한 삼성전자의 제품 수명 주기를 뛰어넘는 신제품에 대한 전략적 시도는 계속될 것으로 보인다.

제품에 싫증 났나요? 새 제품을 드립니다!

  최근 음료 및 식품업계 제품 리뉴언 시도가 한창이다. 정부가 경제 성장률을 2%대로 낮춰 잡을 정도로 경기 침체가 장기화되면서 업체들이 신제품 개발보다 리뉴얼 제품 출시에 방향을 잡고 추진하는 움직임이 두드러지고 있다. 업체들은 기존에 히트한 자사 제품을 중심으로 맛이나 기능, 용기 등을 새롭게 바꾸어 소비자 재공략에 나서고 있다. 일반적으로 제품 리뉴얼의 가장 기본적인 측정 기준은 판매량과 함께 경쟁사의 제품 출시와 판매, 소비자의 현장 반응 등을 반영한다.

  제품 리뉴얼을 할 때, 일반적으로 포장지 디자인을 변경한다고 생각하지만, 실제로는 제품의 속성을 새롭게 변경하는 것이 가장 중요한 핵심이다. 예를 들어, 리뉴얼된 'NEW 초록매실' 제품의 경우, 매실 과즙 함량을 기존의 5.94%에서 7.5%로 높이고 설탕 성분을 과당으로 대체해 단맛은 줄이되 과즙감을 살린 것이 특징으로 하고 있다. 제품 용기도 자외선을 차단하는 풀 라벨을 적용해 가시성을 더욱 높이는 방향을 선택했다. 초록 매실을 생산, 판매하는 웅진 식품은 매실 추출물이 사스(SARS, 중증급성호흡기증후군) 발병균으로 추정되는 신종 코로나 바이러스를 파괴한다는 연구가 제기된 바 있는 만큼, 매실 음료 시장이 다시 활성화될 것으로 내다보고 리뉴얼 제품을 통한 시장 활성화에 나섰다.

  시간이 좀 지나기는 했지만 한국코카콜라도 환타의 용기와 코카콜라의 그래픽 디자인을 변형해 주 고객인 젊은층 공략에 다시 나섰다. 한국코카콜라는 한창 이성에 대한 관심이 많은 청소년들이 좋아하는 이성의 마음에 들기 위해 '숨 참으며 몸매 만들기'의 경험이 있다는 데 착안, 올록볼록한 '스플래쉬' 페트 용기를 적용한 환타를 선보였었다. 상품 리뉴얼의 방향성에서 코카콜라

사진 출처: 그린 패키지 대상 = 마케팅 공모전

는 그래픽도 새로운 캠페인 "Stop thinking, Feel it"에 맞춰 트레이드 마크인 탄산 방울에 흰색, 노란색, 은색 등 세 가지 컬러가 복합된 역동적인 리본을 이용, 보다 젊은 느낌으로 변형했다. 기업들은 경기가 어려울 수록 새로운 제품을 출시하기보다는 기존 제품의 속성을 변형하는 방식의 리뉴얼 마케팅을 상품 관리의 주된 방향으로 설정한다. 이처럼 신제품의 연구투자보다는 리뉴얼을 선택하는 것은 연구 투자비 측면뿐 아니라 기존 제품의 브랜드 파워를 지속하여 경기침체기에 대비하는 기업의 전략적 측면이 강해 신제품 출시와 시장에서의 성공과 실패에 관한 부담을 줄이기 위함이다.

리뉴얼은 단지 제품에만 국한된 것이 아니다. 기업들은 새로운 가치를 전달하고자 기존 제품의 리뉴얼에 따른 브랜드 리뉴얼도 함께 제시하는 경우가 많다. 브랜드를 '판매자가 자신의 상품이나 서비스를 다른 경쟁자와 구별해서 표시하기 위해 사용하는 명칭, 용어, 상징, 디자인 또는 그의 결합체'라고 정의된다. 브랜드는 기업이 자신의 제품 또는 서비스를 고객에게 명확하게 인식시키고 경쟁자로부터 차별화하기 위한 수단이라는 점에서 그 중요성이 날로 증대되고 있는 것이 사실이다. 하나의 브랜드가 다른 브랜드들과의 차이를 확실히 하기 위해 자신만의 차별화된 위치를 정하는 브랜드 포지셔닝은 마케팅 믹스의 모든 요소들의 섬세한 조정과 조작이 요구된다. 하지만 급변하는 시장환경 속에서 소비자에게 끊임없이 기억되고 영향력을 미치는 일은 매우 어려운 일이므로 시장에서의 브랜드가치의 유지 존속을 위해서는 브랜드 라이프 사이클에 맞는 적절한 마케팅활동으로 제품 리뉴얼을 시도할 때 큰 변화를 주지 않는 범위, 차별적 가치의 제공 차원의 브랜드 리뉴얼을 제안한다. 브랜드를 만들어 소비자에게 인지시키는 과정은 매우 중요하며 상당히 많은 자원이 소요되는 일이다. 또한 소비자 마음 속에 이를 유지하도록 관리해 주는 일은 브랜드의 생명과 직결되는 문제라 할 수 있다. 따라서 외부나 내부적인 사정에 의해서 브랜드를 최신화하거나 개조하는 작업, 인수 합병 등의 여러 이유로 브랜드가 자신의 정체성, 경쟁시장과 적절하지 않다면 브랜드 리뉴얼을 통한 생명력을 유지하는 과정은 브랜드 관리에서 필수적이라고 할 수 있다.

사례 #3
스타벅스 국내 개발 신제품의 글로벌화

최근 스타벅스커피코리아는 국내 지역 특산물 또는 국내 소비자가 선호하는 향과 맛을 중심으로 한 시나몬 돌체라떼와 애플망고요거트블렌디드, 문경오미자피지오 등 개성 있는 신제품을 내놓고 있다. 특히 지역 특색을 살린 '지역 한정 메뉴'를 중점 개발하고 있다. 제주산 콩으로 만

사진 출처: 스타벅스 홈페이지

든 두유와 땅콩, 유채꿀을 넣은 제주 꿀땅콩라떼와 제주 녹차에 감귤칩을 토핑한 제주 영귤그린 티는 전 세계에서 오로지 제주도 스타벅스에서만 맛볼 수 있는 메뉴다.

이처럼 지역 특산물을 활용한 새로운 신제품 개발은 단지 음료를 중심으로 한 것만은 아니다. 미국 스타벅스와 신세계가 50:50 출자하여 설립한 스타벅스코리아가 자체 개발해 국내에서 일정 기간의 테스트 기간을 거친 후에 인기를 끈 뒤 해외로 진출한 메뉴도 있다. '그린티라떼'는 2006년 한국에서 기획하여 판매하게 된 음료로, 한국에서 제일 먼저 출시되고 고객의 반응을 살핀 후, 아시아 및 미국 일부 지역으로 확대하여 런칭, 선풍적인 인기몰이를 하였다. 국내 커피를 포함한 스페셜티(Specialty) 음료 시장은 한국 정보통신(IT) 분야처럼 전 세계적으로 새로운 상품의 성공여부를 판단하는 안테나 시장으로 자리잡고 있다. 이는 까다로운 국내 소비자의 입맛을 만족시킬 경우, 전 세계 소비자의 취향을 만족시킬 수 있을 것이라고 시험적으로 출시한 것이 신제품의 방향성을 만들어낸 것이다.

한국이 전 세계 스타벅스의 안테나 시장으로 떠오른 것은 까다롭고 유행에 민감한 젊은층의 소비자 성향뿐만 아니라, 무선인터넷 등을 포함한 초고속 인터넷 환경이 잘 구축되어 있어 신제품에 대한 고객 반응을 홈페이지를 통해 즉시 확인할 수 있다는 점도 한 몫을 했다.

특히 녹차라떼는 스타벅스 매장 직원이 개발하여, 전 세계 점포로 확산된 경우로 유명하다. 또한 2012년 선보인 망고 바나나 블렌디드와 초콜릿 바나나 블렌디드는 300Kcal를 밑도는 저칼로

156

리란 점이 많은 고객들에게 신선하게 소구되었다. 이후 일본, 중국, 홍콩, 태국 등 아시아 태평양 지역 스타벅스에서도 바나나 블렌디드를 출시했다. 스타벅스코리아 관계자는 "한국인의 입맛은 한국인이 가장 잘 이해하고 맞출 수 있다"며 "국내 고객들의 만족도를 높이기 위해 지속적으로 음료를 개발한 것이 좋은 반응을 얻은 것 같다"고 말하고 있다.

사진 출처: 스타벅스 홈페이지

단지 음료뿐만 아니라 스타벅스커피코리아는 음료 외에도 다양한 서비스를 글로벌 스타벅스 중 최초로 도입했다. 최근 출시한 LED 벚꽃 텀블러는 텀블러 상품에 최초로 LED를 적용했다. 정보통신 인프라의 발달과 보급, 사용률이 높은 국내의 경우, 스타벅스는 새로운 시도를 하였다. 그것은 반경 2km 내에서 사전 주문하는 사이렌 오더. 이제 누적 이용자 1500만 명을 돌파한 사이렌오더(2014년 5월)와 드라이빙스루(Driving Thru) 매장의 화상 주문 시스템(동해DT점)도 국내에서 가장 먼저 시작했다.

신제품을 성공하기 위해서는 다음과 같은 여섯 가지 전제가 필요하며, 고객이 불편해하는 것에 대한 해결책을 생각함으로써 신제품 개발의 첫 시도를 내 딛을 수 있다. 우선 고객의 욕구를 파악하고 높은 고객가치를 제공하는 경우에 대한 다각적인 실험정신이다. 둘째 신제품의 성능과 품질을 담보할 수 있는 기술력과 조직 내 신제품을 고객 가치로 승화시킬 수 있도록 충분한 교육과 훈련 체계가 완성되어 있다면, 큰 투자비용 없이 현장에서 실행력을 강화시킬 수 있다. 또한 기술적 우위를 바탕으로 혁신적인 제품을 개발하는 경우, 신제품의 성공가능성을 높인다. 이에 부족함이 없이 고객의 구매행태를 면밀히 분석하여 즉각적으로 현장에 편의성 개선 등으로 환류 체계(Feedback System)가 갖추어져 있

사진 출처: starbucks story & news 홈페이지

다면 이 역시 신제품 성공에 중요한 실행 요인이 될 수 있다. 반면에 시장 환경 및 여건상 경쟁이 치열하지 않으며 기업의 역량과 잘 부합되는 경우에는 신제품의 성공 가능성을 높일 수 있다. 스타벅스의 경우, 국내 스페셜티 음료 시장이 워낙 치열함에도 높은 브랜드 파워와 함께 지속적인 매장 확장, 직영점 중심의 안정된 서비스 제공 체계가 그 성공 가능성을 높이고 있으며, 마지막으로 최고 경영진의 적극적인 신제품 출시 의지 및 뒷받침이 주효한 결과라고 볼 수 있다.

Quiz

소속 ....

성명 ....

1 상품 컨셉을 구성하는 3가지 요소와 이에 대한 세부 내용을 설명하라.

....

....

....

....

....

....

2 마케팅 관리자는 자사의 상품에 대한 생명주기를 고려하여 상품관리를 수행할 필요성이 있는데, 상품 생명주기의 4가지 단계를 설명하라.

....

....

....

....

....

....

....

....

3 상품을 관리함에 있어 새롭게 상품을 다양한 속성을 변경하거나 인위적 변화를 통하여 고객의 욕구를 충족시키는 방법 중 상품 리뉴얼과 상품 리노베이션이 있다. 각각에 대하여 차이점을 설명하고 구체적인 사례를 들어 논하라.

4 마케팅 관리자로서 새로운 상품을 개발하는 것은 새로운 생명을 탄생시키는 것과 다름없다. 새로운 상품을 개발할 때 요구되는 과정을 설명하고, 각 과정별로 고려해야 하는 사항이 무엇인지 설명하라.

Chapter 8
가격 관리

제1절 가격 개념과 결정요인

가격은 제품이나 서비스를 소유 또는 사용하는 대가로 지불해야 하는 화폐적·금전적 가치이다. 경제학적인 측면에서의 가격은 제품이나 서비스의 가치를 화폐단위로 나타내고 제품 또는 서비스를 소유하거나 사용하기 위해서 지불해야 하는 화폐의 양으로 정의한다. 기업의 관점에서는 가격이 수익을 실현하는 유일한 수단이므로 가격은 수익에 직접적인 영향을 미친다. 우리나라의 경우, IMF 사태 이후에 소비자들의 가격 민감도가 증대하고, 기업들은 상품의 재고관리 및 매출증대를 위해 가격할인에 대한 활용 빈도를 증가시켜왔다. 특히 최근에는 권장소비자가격이 점차 사라지면서 기업 간의 가격경쟁이 더욱 심화되고 있다. 예를 들어, 주유소의 휘발유 가격을 보더라도, 반경 1~2km내의 근접한 거리의 주유소에서 동일한 휘발유 가격이 리터당 100원 이상 차이 나는 것은 매우 흔한 일이 되었다. 이는 상품 가격에 대하여 소비자가 제공되는 상품의 소유 또는 사용 가치를 평가하여 평가 금액을 지불한다는 의미에서 시장 내 경쟁에 있어 가장 민감하게 작용하는 요소이기도 하다.

또한 전반적인 경제가 악화되거나 불황이 지속되면, 대부분의 기업들은 상품 가격을 고정하거나 오히려 가격을 내리는데, 상품의 가격을 올리게 되면 판매 수요가 줄어든다고 생각하고, 소비자들 역시 자신들의 지갑을 열지 않기 때문이다. 하지만 상품에 따라서 이러한 현상은 다르게 나타날 수도 있다. 가령, 희소한 가치를 지닌 명품이나 미술품, 골동품을 비롯하여 원재료의 생산이 지극히 제한적이어서 대체될 수 없는 상황에 처해 국외로부터 수입하는 경우, 수요는 일정한데 반해, 공급이 부족할 수 있기 때문에 시장 가격은 자연스럽게 올라갈 수밖에 없다. 이러한 경우에 있어 소비자들은 가격이 상승할 것을 예측하여 오히려 시장에서 해당 상품을 사재기하는 경우도 종종 발생한다.

예를 들어, 반도체라는 상품은 희토류라는 광물자원을 반도체 생산에 활용한다. 우리나라는 42%의 희토류를 중국에서 수입하는 실정이다. 최근 미국과 중국의 무역전쟁으로 인해 중국이 무역전쟁을 유리하게 이끌어가기 위해 전 세계적으로 공급하던 희토류의 수출을 제한하거나 공급량을 감산한다면, 반도체의 원재료 공급이 원활하지 않기 때문에 반도체 시장가격은 자연스레 상승할 수밖에 없다. 이러한 경우, 세계 반도체 D램 시장의 60% 이상 시장 점유율을 확보하는 삼성과 SK하이닉스와 같은 반도체 제조 기업들은 반도체 원료 공급 부족으로 인해 시장가격을 올릴 수밖에 없을 것이다. 이는 기업의 전략적인 관점에서 의도적으로 시장 가격을 올린다기보다는 정치, 경제, 외교적인 문제로 인한 가격상승이 필연적으로 이루어질 수밖에 없다.

이 때 마케팅 관리자의 의도와 상관없이 반도체 상품의 시장가격이 올라 판매는 감소하고, 재고 품귀현상으로 인한 수익이 올라갈 수밖에 없는 상황을 맞이하게 될 수도 있다. 단기적으로는 해당 기업에 도움이 될 수 있을지 몰라도 장기적인 관점에서는 오히려 원재료의 감산 또는 공급차질로 인한 생산의 어려움으로 더 큰 어려움에 직면할 수도 있다. 따라서 가격은 소비자가 구매하려는 상품의 가치를 화폐적·금전적으로 표시하지만 원재료, 내구재, 필수재 등 그 종류와 유형, 특성에 따라 해당 상품의 가격 결정 요인이 달라질 수도 있다. 그렇다면 이러한 특수한 상황을 제외한 일반적인 가격 결정 요인들은 무엇일까?

마케팅 관리자가 기업에서 생산, 제조, 유통, 판매하는 상품의 가격을 결정하고 소비자에게 해당 상품의 가치로 제시하기 위해서는 1) 제품 원가적 측면 2) 경쟁제품의 가격 측면 3) 소비자에 대한 반응측면을 고려하여 가격을 결정해야 한다. 이러한 가격 결정요인을 판단하기 위해 제품 품질의 높고, 낮음에 따라 제품의 가격이 높고, 낮음을 판단하고, 적정 수준의 가격을 결정하고자 포지셔닝 맵을 그려보는 경우도 있다. 하지만 이러한 가격 결정 포지셔닝 맵은 경영 컨설팅을 기관에서 만들어낸 참고자료일 뿐 실무적으로는 가격 결정에 있어 거의 유용하지 않다. 왜냐하면 제품의 품질의 높고 낮음을 경쟁사의 제품들과 비교하여 동일하거나 유사하다고 판단하기 어려울 뿐더러, 동일한 품질이라도 하더라도 어떠한 시장에서 교환, 거래되는지에 따라 소비자 반응이 모두 다를 수 있기 때문이다. 즉, 가격은 소비자가 사용제품의 가치를 결정하는 것이지, 마케팅 관리자가 결정하는 것이 아니다라고 생각할 수 있다.

그렇다면 실무적으로 마케팅 관리자가 소비자가 예상하고 판단할 수 있는 상품가치에 대한 가격을 어떻게 결정하는 것이 좋을까?

우선 제품의 가격을 결정하고, 관리하는 것은 철저하게 해당 기업의 전략과 목표 소비자 집단의 가치판단에 따라 전략적으로 관리되고 조정되어야 한다. 목표 시장에 대한 마케팅 전략목표를 기준으로 제품 원가와 판매수익, 품질대비 가치산정 등에 관한 소비자 반응을 고려하여 가격이 결정되어야 한다.

가장 기본적으로 가격 결정에 접근할 수 있는 방법은 예를 들어, A라는 상품의 가격을 책정할 때, 제품 원가와 기타 제반 비용을 모두 포함한 뒤, 목표시장에서 얼마만큼 판매할 것인가에 대한 소비자의 수요를 가정한다. 즉 공급원가와 판매수익을 포함하면 기본적인 제품의 가격이 도출된다. 만약 이 가격이 10,000원이라고 가정하면, 항상 판매수익을 보전하는 제품의 가격은 최소한 10,000원 이상이 되어야 한다. 이렇게 도출된 개별 제품의 가격과 목표 판매량 또는 예상 판매수요를 곱하면, 판매예상기간에 따른 판매목표량이 도출된다. 이것이 가장 기본적인 제품의 가격 산정인 동시에 판매 수요 예측이 된다.

이러한 가격 산정은 모든 시장 상황이 지극히 기업이 예상한대로 이루어진다는 가정을 전제한다. 즉 판매를 위한 원활한 원재료 및 제품의 공급, 목표 시장의 수요 등이 일정하여 불확실성이 거의 없는 상황을 가정한 가격결정인 것이다. 이러한 가격결정은 주로 신제품을 개발하고 시장에 출시할 때 활용되는 기본적인 가격설정방법으로서 시장에서 최소한의 판매를 가정하고 품질 등 제품에 관한 경쟁사 및 소비자 반응이 기업이 예상한 긍정적인 영향을 고려한 가격결정이다. 이것을 판매 수요에 따른 가격탄력성(Price elasticity of demand)에 근거한 가격결정이라고 말하기도 한다.

그렇다면, 앞서 언급한 제품의 원가 및 판매 수익의 확보를 전제한 가정을 제외한 시장 및 경쟁사에 따른 영향으로 발생한 변화 상황하에서의 가격결정은 어떻게 해야 할까? 이 경우의 가격결정을 위해서는 먼저 예상된 판매 수요예측 이외에 제품 가격에 영향을 줄 수 있는 요인과 상황을 구체적으로 검토해야 한다. 앞서 반도체 사례로 설명했듯이 원재료 등이 중요한 가격결정요인이 될 수 있는데, 이것은 판매가격이 아닌 원가가 가격결정요인이 될 것이다. 원가보다 낮게 판매 가격을 설정한다면, 생산하면 할수록 비용이 증가하여 당연히 기업은 손실로 인해 파산할 수밖에 없다. 따라서 기업은 어떠한 상황이 되더라도 원가 이하의 가격으로 설정해서는 안 된다.

다음으로 시장의 경쟁 상황 또는 경쟁 요인을 반영하여 가격을 결정할 수 있다. 예를 들어, 마이크로소프트의 윈도우나 퀄컴 모바일 칩(Chip)과 같은 상품들은 시장의 경쟁자가 없지만, 독점적인 상품이라고 함부로 가격을 책정하지도 않는다. 시장 가격이 높아지면, 해당 상품을 원재료로 활용하는 제조사들이 관련 시장에 뛰어들 것이며, 이것은 그들이 원하는 시장이 아니기 때문이다. PC나 모바일 폰을 제조하는 제조사들이 관련 시장의 경쟁력이 없는 것도 아니고, 건실한 제조 생산 기반을 가지고 있기에 지나치게 높은 운영 소프트웨어나 칩 상품에 대해서는 적정한 상품 가격의 유지를 요청하기도 한다. 한편 애플의 iOS와 같은 운영 소프트웨어 상품의 경우에도 소프트웨어 가격을 독자적으로 결정하여 시장에 출시하지 않는다. 이것은 구글(Google)의 안드로이드라는 소프트웨어 상품이 충분한 대체 상품으로서 시장에서 경쟁할 수 있기 때문에 별도의 상품으로 출시하기보다는 컴퓨터 또는 모바일 폰을 생산, 제조하는 기업에게 라이선스 형태로 공급한다.

이처럼 상품의 특성, 성격에 따라, 상품의 주요 수요자가 일반 소비자인지, 기업 소비자인지에 따라 해당 상품의 가격을 결정하기 위한 고려요인이 달라질 수밖에 없다. 따라서 앞서 언급한 가격의 수요 탄력성 이외에 가격결정의 고려요인으로는 원가 및 시장 내의 경쟁상황 등이 가격결정의 고려요인으로 작용할 수 있다.

제2절 가격 산정

이제 마케팅 관리자가 일반적으로 고려할 수 있는 가격산정 방법에 대해 살펴보도록 하자. 마케팅 관리자들이 가장 쉽고 빈번하게 활용하는 가격산정 방법 중의 하나는 바로 시장 내의 동종 또는 유사 경쟁기업의 제품 가격과 비슷하게 유지하는 것이다. 이처럼 시장 내에서 다른 경쟁기업의 판매 가격을 모방하거나 유사하게 하는 것은 진입하는 시장에서 가격에 관한 위험을 최소화하기 위한 소극적인 가격 전략이라 하지 않을 수 없다. 경쟁기업의 판매 가격과 유사하게 한다고 할지라도, 기업 자체의 원가, 판매수익 등이 어느 정도의 경쟁력을 확보해야 가능할 수 있는 일일 것이다. 앞서 언급한 가격 결정요인을 바탕으로 마케팅 관리자가 가격을 산정함에 있어 활용하는 방식을 다음과 같이 정리해보기로 하자.

1. 비용 중심적 가격 결정(Cost Based Pricing)

제품의 생산과 판매에 들어가는 모든 비용을 충당하고, 목표로 한 이익을 낼 수 있는 수준에서 가격을 결정 하는 방식으로 전통적인 가격 산정 방식이다. 비용 중심적으로 가격을 산정하는 방식에는 다음과 같은 4가지 구체적인 방식이 존재한다.

- 비용가산에 의한 가격결정(Cost-Plus Pricing): 사전에 결정된 목표 이익을 총비용에 합산함으로써 가격을 결정하는 방법
- 이익률에 따른 가격결정(Markup Pricing): 제품 단위 당 생산비용이나 구매 비용을 계산한 후 판매비용의 충당과 함께 적정 이익을 도출해낼 수 있는 수준의 마진율을 산정하여 가격을 책정하는 방법
- 목표투자이익률에 따른 가격결정(Target Return Pricing): 기업이 목표로 하는 투자이익률을 달성할 수 있도록 가격을 설정하는 방법
- 손익분기점분석(Break-Even Analysis)에 의한 가격결정: 주어진 가격 하에서 총수익(가격 × 매출수량)이 총비용(고정비 + 변동비)과 같아지는 매출액이나 매출 수량을 사전에 예측하여 이를 근거로 가격을 결정하는 방법

2. 소비자 중심적 가격결정(Consumer Based Pricing)

제품을 생산하는 데 드는 비용보다는 목표시장에서 소비자들의 제품에 대한 평가 및 수요를 바탕으로 가격을 결정하는 방법으로 가장 많이 활용되는 방법이다. 조사기관 또는 판매채널, 구매경험이 있는 소비자들에게 직접 지각된 상품의 가치를 물어보는 방법으로서 해당 상품을 보여주고 소비자가 직접 가격을 산정하도록 하는 방식이다.

3. 경쟁 중심적 가격결정(Competition Based Pricing)

경쟁사들의 판매 가격을 중심으로 가격을 산정하는 방식으로 상품에 관한 가격관리의 위험성을 낮추고자 할 때 활용한다. 이 경우에는 다음과 같은 두 가지 구체적인 방식이 존재한다.

- 시장가격에 따른 가격결정(Going-Rate Pricing): 기업의 비용 구조나 수요보다는 경쟁자의 가격을 보다 중요하게 생각하여 시장 내 경쟁자의 제품 가격과 동일하거나 비슷한 수준에서 다소 높게 또는 낮게 책정하는 방법
- 경쟁입찰에 따른 가격결정(Sealed-Bid Pricing): 2개 이상의 복수의 기업들이 각각 독자적으로 특정 제품이나 서비스, 프로젝트 등에 대한 가격을 제시하는 방법

제3절 가격 전략

디지털 마케팅 시대의 시장은 완전 경쟁 시장에 가까운 특성을 보이면서 치열한 가격 경쟁이 벌어지고 있다. 기업들의 원가 구조의 투명성이 제고되면서 소비자가 알기 원하는 원가, 유통마진, 판매가격 등의 정보가 공개됨에 따라 소비자의 가격 민감도가 상승하고, 전환 비용이 하락함으로써 기업 간에 치열한 가격 경쟁이 전개되고 있다. 특히 국내 기업뿐 아니라 국가 간 무역과 전자상거래의 활성화로 시장 자체가 보호되지 않고 완전 개방형 구조로 바뀌어감에 따라 국내 기업 간의 경쟁에서 국가 간 기업의 경쟁, 산업 간 경계의 융합으로 가격 경쟁이 더욱 심화되고 있다.

1. 기업의 가격경쟁전략

디지털 마케팅 환경의 위협 요인과 기회 요인에 대응하는 기업의 가격 전략은 세 가지 방향에서 생각해 볼 수 있다. 첫째는 전통적인 의미에서의 가격 경쟁을 보다 효과적으로 수행

하는 가격 경쟁 전략이며, 둘째는 디지털 마케팅 시대의 새로운 가능성을 최대한 활용하여, 경쟁을 회피하고 소비자의 부가가치를 더욱 증대하는 스마트 가격 전략, 마지막으로는 가격 경쟁에서 벗어나서 경쟁 규칙의 변화를 도모하는 비 가격 경쟁 전략을 고민해야 한다.

즉, 효과적인 가격 경쟁 전략은 시장에서 경쟁자의 가격 인하 전략에 대응하여 가격 인하 등을 통해 직접 대응하거나 또는 가격 경쟁 자체를 억제시키거나, 가격 경쟁이 전개된 후, 이를 최소화시키는 등의 전략을 통해 불필요한 가격 경쟁을 사전에 방지하도록 하여야 한다. 그럼에도 불구하고, 가격 경쟁에 뛰어들 수밖에 없는 상황이 전개될 때에는 다음과 같은 가격전략을 고려해야 할 필요가 있다.

1) 가격 경쟁 사전 억제 전략

시장 내 경쟁업체가 다수 존재하는 경우, 공식적인 가격억제 정책 또는 선언을 통해 신규 업체의 가격을 미리 제한하는 전략이다. 예를 들어, A와 B는 새로운 신규 업체인 C가 가격을 인하할 경우, A와 B가 연합해서 정면 대응하겠다고 연합 전략을 취함으로써 C는 이들의 전략적 의도를 파악하고 가격 인하를 멈추고 시장 내 적정한 수용 범위 내로 가격을 조정한 경우가 있다. 하지만 이러한 경우에는 소비자에게 돌아갈 수 있는 가격 혜택을 미리 제한하고, 공정한 시장 경쟁을 해칠 우려가 있어 국내 시장에서는 소비자 단체를 통한 가격 담합에 위반되므로 공정거래위원회로부터 제소를 당할 우려가 있다. 하지만 국내를 제외한 다른 국가에서는 이러한 측면을 자율경쟁이라고 보고 허용하는 경우도 있다.

또한 다른 사례로는 가격 인하가 가져올 수 있는 상품의 품질, 서비스 등의 소비자 가치의 하락을 미리 소비자에게 예고함으로써 가격 인하 경쟁에서 벗어나기도 한다.

2) 제한적 국지(Limited Localization)가격 경쟁 전략

새로운 신규 업체의 파급 효과가 시장 전반에 걸쳐 있지 않고, 시장이 효과적으로 분리되어 시장 간 거래가 일어나기 어려운 경우, 해당 세분 시장에 한해서 가격을 인하하고 나머지 시장은 기존 가격을 유지하는 전략을 구사할 수 있다. 이 경우에는 새로운 제품 속성의 변화를 주거나 신규 브랜드를 개발하여 대응하기도 한다. 특히 전면적인 가격 경쟁에 돌입할 경우에는 수익성 악화와 기존 브랜드의 이미지 및 로열티 하락이 초래될 수 있기 때문에 새로운 제품 또는 브랜드를 만들어 그 브랜드로 가격 경쟁을 하고 기존 상품은 고품질 이미지를 유지하는 것이 바람직한 전략이 될 수 있다.

실제 사례로, 1990년대 초반 가오라는 기업이 디스켓 시장에 저가격으로 진입하자 3M은 'High Land'라는 새로운 저가격 브랜드를 개발하여 가오의 도전에 대응한 적이 있다. 만약 3M이 기존의 제품 라인을 유지한 채 모든 제품의 가격을 인하했다면 기존 제품의 브랜드 로열티는 떨어지고 수익성도 타격을 받았을 것이다.

만약, 오프라인 유통 채널의 경우가 아닌 온라인 유통 채널로 저가격 공략이 전개되면 어떻게 해야 할 것인가? 이 경우에는 기존의 오프라인 기업은 온라인 채널과 오프라인 채널을 분리하여 대응할 수 있을 것이다. 하지만 이러한 경우, 동일한 제품이 판매되고 있을 때 온라인 채널과 오프라인 채널의 가격 분리를 통한 대응은 채널 갈등과 가격 차이로 인한 소비자 불만의 원인이 될 수 있기 때문에, 한시적인 가격 판촉 전략으로 이러한 불만과 갈등을 최소화하는 것이 바람직하다. 또한 오프라인에서 즉각적인 환불, 반품, 대면 서비스 등 차별적인 서비스를 제공하여 온라인과 오프라인에게 상호 보완적인 역할을 분담시킴으로써 채널 갈등 해소를 도모할 수도 있다.

실제 사례로 Charles Schwab 은행의 경우, 오프라인 지점은 신규 소비자의 계좌 개설 중심으로 운영하고, 온라인 지점의 경우, 중개 거래 업무를 중심으로 채널별 판매 상품을 독립적으로 운영함으로써 채널 간 통합을 유지하면서 온라인채널의 신규 경쟁사의 가격공략을 최소한 경우가 있다. 이 경우에 있어서도 오프라인 채널의 경우 온라인 채널의 효과적인 대응을 위해 오프라인 채널만의 차별적 가치를 소비자가 인식할 수 있도록 하는 것이 중요하다.

2. 가격 결정 요인별 전략

가격을 결정하는 요인으로서 가격 전략을 살펴보자. 우선 마케팅관리자는 자사의 제품 또는 서비스의 수명 주기를 고려할 때 제품 또는 서비스의 수명 주기가 짧으면 가능한 한 한정 상품을 대상으로 고가격 정책을 지향하고, 제품 또는 서비스의 수명주기가 길면 저가격 정책을 전개하는 것이 유리할 수 있다.

한편 제품 또는 서비스의 시장과 소비자의 인식의 포지셔닝을 고려할 경우, 고품질이나 독점제품에 대해서 저가격 정책은 부적합하며, 저가격을 책정하면 오히려 성능이나 품질에 대해 의심할 수 있기 때문에, 고가격 정책을 고려하여야 한다. 이 때 경쟁자와 잠재 경쟁자를 고려할 경우, 경쟁제품과 직접적인 비교가 가능할 경우에는 저 가격이 유리하지만, 경쟁이 심한 경우 저가격 정책을 통해 경쟁사를 시장에서 퇴출시킬 수 도 있다. 하지만 경쟁자가 강력한 투자를 하면 오히려 시장에서 내몰릴 수 있으므로 신중한 정책적 판단이 우선되어야 한다. 마지막으로 마케팅 관리자는 누적생산량 또는 일회생산 규모가 커질수록 제품 또는 서비스의 원가가 낮아짐으로 시장잠재력의 크기에 따라 침투가격과 흡수가격 중 선택할 필요가 있다. 흔히 가격 전략은 영업 및 판매 현장에서 판촉 전략과 함께 수행되는 경우가 종종 있는데, 판촉 전략으로서의 가격 전략을 요약하면 다음과 같다.

[표 1. 판촉 활동으로서의 가격전략]

누적적 수량할인	일정 기간 동안에 일정량 이상을 구입한 구매자에게 할인 적용 (예) 누적 구입액이 100만 원 이상이 되면 이후 10% 할인
비누적적 수량할인	한번에 일정량 이상을 구입하면 할인해줌 (예) 한번에 10개 구입시 10% 할인
현금 할인	카드나 상품권이 아닌 현금으로 구매할 때 할인해줌
기능 할인	중간상이 생산자를 대신하여 판매 촉진, 광고, 재고 관리, 배달 등을 대신하는 대가로 소비자가격에서 일정율(이윤)을 할인
계절 할인	모피, 스키, 호텔, 청량음료와 같이 비수기에 일정 수준의 생산과 판매를 유지하기 위해 할인
공제(Allowance)	교환공제 – 헌 제품을 가져오면 보상가격만큼 할인해줌 촉진공제 – 중간상에게 제공하는 추가적인 무료상품이나 제품에 대한 광고와 취급에 대한 보상금으로 현금 지원

인지적 가격 차별화를 통한 수익 극대화의 생리

두 사람 A, B가 있으며 이들에게 사과를 판매하고자 하는 상인 C가 있다. 현재 C는 사과를 두 개 가지고 있으며 이를 A, B에게 하나씩 판매하여 최대의 수익을 얻고자 한다. 소비자인 A, B의 사과 선호도에는 차이가 있다. A는 사과를 좋아하며 사과 하나를 먹을 때 3,000원의 가치를 느낀 다고 하자. 반면 B가 느끼는 사과 하나의 가치는 1,000원이라고 하자. 이 경우 C는 얼마의 가격을 제시하여야 할 것인가?

먼저 단일 가격의 경우를 다루어 보자. C는 1,000원을 불러서 두 사람 모두에게 판매하면 2,000원의 수익을 얻고, 3,000원을 책정하면 A 한 사람만이 구입을 하여 3,000원의 수익을 얻게 된다. 따라서 C는 3,000원을 부르게 된다. 그런데 여기서 단일가격의 제약에서 벗어나 소비자별 로 가격을 달리 부를 수 있다고 해보자. 이 경우 A에게는 3,000원에 팔고 B에게는 1,000원에 팔 아서 총 4,000원의 수익을 올리는 것이 최적임을 알 수 있다. 하지만 문제는 누가 3,000원의 가치를 느끼는 사람이고 누가 1,000원의 가치를 갖는 사람인지는 모른다는 것이다. 즉 C는 소비자 중 누가 A이고 누가 B인지를 구분할 수가 없다는 것이다. 이러한 경우를 비대칭 정보(Asymmetric information)라고 하는데 소비자들은 자신이 A인지 B인지 알고 있지만 C는 이를 모르는 경우 이다.

그런데 많은 경우에 시장조사를 통해 소비자가 느끼는 가치와 이들의 분포에 대한 정보를 얻을 수는 있지만 구체적으로 어느 소비자가 얼마의 가치를 느끼는 소비자인지를 파악하는 것은 매우 어렵다. 예시에서 볼 수 있듯이 시장조사를 통해 시장에는 3,000원의 가치를 느끼는 소비자 한 사람, 1,000원의 가치를 느끼는 소비자 한 사람이 있다는 것은 파악할 수 있으나 누가 누구인지 는 모른다는 것이다. 이렇듯 C는 누가 A이고 누가 B인지를 모르는 경우가 일반적이다. 앞서 보았 듯이 누가 A이고 누가 B인지를 파악한다면 문제는 간단해지고 가격차별화를 통해 최대의 이득을 얻을 수 있다는 것을 알 수 있다.

그러면 C가 계란을 사러 오는 소비자에게 '당신이 누구요?'라고 물어본다고 해보자. 만약 여러 분이 그 소비자라고 한다면 어떻게 대답을 할 것인가? 이런 C의 질문에 소비자는 바보가 아닌 이 상 C의 무지, 즉 비대칭정보를 이용하고자 하면서 자신은 B라고 대답할 것이다. 왜냐하면 A라고 대답하면 C가 3,000원을 부를 것을 알기 때문에 소비자의 입장에서는 누구나 B라고 대답하여 C로 하여금 1,000원을 부르도록 유인할 것이다. 따라서 시장조사에서는 A와 B가 1:1의 비율로 존재한다고 하는데 물어보면 B만이 존재하는 것 같다. 만약 A가 C를 속여 B인 척하고 1,000원에 계란을 구입한다면 A는 자신이 느끼는 가치가 3,000원이므로 차액인 2,000원의 추가적인 가치를 얻게 된다. 이를 우리는 소비자 잉여(Consumer surplus)라고 부른다.

따라서 C의 수익을 극대화하기 위해서 가장 필요한 것은 A, B의 구분법이며 이러한 변별력이 C의 경쟁력의 원천이라고 볼 수 있다. A, B가 자신의 이익을 위해 스스로 자신의 유형을 밝히도록 유인하는 것이 중요하다. 이는 추가적인 조건을 제시하여 소비자가 차별적으로 반응하도록 함으로써 자신이 A인지, B인지를 표현하도록 하는 것을 말한다. 가령 A는 고급을 추구하는 사람이라고 파악이 된 경우, 계란 하나는 유기농 표시를 하고, 포장을 멋지게 하고 특별히 신경을 쓴 듯한 인상을 주어 3,000원의 가격을 매긴다. 나머지 계란은 포장도 하지 않은 채로 1,000원에 판매한다. 이 경우 A는 고급스런 계란을 3,000원에 구입하고 B는 포장이 되지 않은 계란을 1,000원에 살 가능성이 높아질 것이다.

국내 많은 박물관 또는 전시회, 공연장, 놀이공원에서 학생 할인이라는 명목으로 저렴한 요금제를 만들어 아이들에게 할인을 해주고, 아이들을 비롯한 가족단위 참여로 추가 수익을 얻고 있다. 일반인 요금만이 단일 요금으로 제시되어 있다면 비교적 높은 가격 때문에 이용률이 감소하여 추가적인 수익이 나지 않을 텐데 다양한 가격 차별화를 통해 새로운 수요를 유도하고 추가수익을 얻게 되는 것이다. 앞의 사례에서는 3,000원짜리 소비자인지 1,000원짜리 소비자인지를 구분하는 것이 어려웠지만 아이들 우대, 군인 우대, 경로 우대 등의 경우에는 나이가 신분증 또는 겉모습을 통해 쉽게 확인이 되는 것이므로 해당되지 않은 소비자들이 할인받는 것이 어렵게 되고 따라서 가치가 다른 소비자군을 구분하는 것이 쉬워진다.

우리가 흔히 동남아로 여행을 갈 때 물건을 구매할 때 흔히 겪는 경험이 처음에 소비자에게 높은 가격을 제시하고 나중에는 처음 제시한 가격보다 훨씬 싼 값을 부르는 광경을 체험할 수 있다. 이것은 상인이 위에서 언급한 가격차별화를 시도하는 것이라고 생각해 볼 수 있다. 상인은 관광객인지, 소비자의

외모 라든지, 얼마나 비싼 옷을 입고 있는지, 고급시계를 차고 있는지 등 다양한 단서를 통해 높은 가격을 제시하여 보고 판매가 잘 안되면 가격을 낮추는 방식을 채택하는 것이다.

즉 계란 판매 사례에서는 우선 3,000원을 불러보고 반응이 시큰둥하면 1,000원짜리 구매 소비자이라고 판단하여 1,000원을 제시하는 것이다. 현재는 많은 부분에서 소비자들이 가격을 비교하고, 시장에서 형성된 가격을 알고 구매하는 경우가 많기 때문에 가격 차별화가 쉽지 않을 수 있지만, 그럼에도 불구하고 아직까지 다양한 인지적 차별화를 통한 가격 전략은 어느 정도 지속됨은 틀림없는 사실일 것이다.

가격 경쟁은 수익 급감의 원인? 가격보다 가치를 팔아라!

요즘 유통업계에서는 가격경쟁이 한창이다. 초저가와 특가를 외치며 너도나도 경쟁 대열에 합류하고 있다. 10년 전 유통업계에서도 거의 똑같이 벌어졌던 일이기 때문이다. 2009년 롯데마트는 국내산 냉장 삼겹살 100g을 '단돈' 990원에 판매해 인기를 끌더니, 최근에 삼겹살이 국내산 한우로 바뀌었다. 이마트는 최근 3,900원 와인이 등장했다. 수입하는 물량을 대폭 늘렸기에 수입 원가를 폭락시켜 이마트로 끌어들이기 위한 미끼 상품으로 와인을 활용한 것이다. 온라인 상거래 업체들도 이에 뒤질세라 과거에 옥션은 대표 생필품 500여 개 품목을 최고 50%까지 할인해주는 '마트 대신 옥션' 행사를 통해 말 그대로 대형마트와 전쟁을 선포한 적이 있었다.

올해 2019년. 과거와 구분키 어려울 정도로 똑같은 상황이 연출되고 있다. 이마트는 '국민 가격'이라는 이름으로 삼겹살 100g을 990원에 내놓았으며, 롯데마트와 홈플러스 등 국내 대표 유통업체들이 대대적인 할인행사에 돌입했다. 온라인에서는 쿠팡을 비롯한 SNS 쇼핑 선두주자 위메프나 티몬 등이 매일 매일 특가경쟁을 벌이고 있다. 경기 침체로 소비자가 지갑을 닫는 등 악재가 겹쳤으며, 최저임금도 대폭 올랐고, 탄력 근로제 실시로 인한 인건비가 상승폭이 전반적인 사회분위기로 고정형 가격의 장점을 상쇄시킨 측면이 강하다. 특히 대형마트의 실적은 눈에 띄게 추락하고 있으며, 최근 이마트의 2분기 실적은 적자로 돌아섰고, 주가는 급락하여, 결국 이마트 매장을 매각하여 현금유동성을 확보, 자신의 주식을 매입, 시장가치 하락을 막는 최후의 수단을 시도하고 있다. 그럼에도 불구하고 대형마트가 이 흐름을 뒤집기는 쉽지 않을 거라는 전망이 많다.

우선 소비자가 점차 온라인 쇼핑을 선호하고 있다. 대형마트의 강점으로 꼽히던 신선식품 시장에서 마켓컬리와 같은 온라인 플랫폼 업체에 일부 자리를 내준 점과 1인 가구 증가로 소비 패턴이 변해 편의점에도 고객을 뺏기고 있다. 온라인 업체라고 마냥 마음이 편치는 않다. 이커머스(전자상거래) 영역에서 이미 자리를 잡은 업체로는 G마켓과 옥션 등을 운영하는 이베이코리아와 쿠팡, 11번가, 티몬, 위메프 등을 꼽을 수 있다. 이들 기업은 롯데와 신세계 등 오프라인 기반 대형 유통 업체들이 온라인 공략을 위해 대대적인 투자에 나서자 위기감을 느끼고 있다. 마켓컬리나 배달의 민족 등 경쟁력 있는 스타트업이 입지를 다지고 있다는 점은 분명히 위협 요소다. 하지만 대부분 이커머스 업체는 매출을 빠르게 늘리고 있지만 수년째 적자를 면치 못하고 있다. 이커머스 업계 1위 이베이코리아 정도만 유일하게 흑자를 기록하는 상황이다. 아직까지 대형유통업체, 즉 대기업은 유통시장 상황을 관망 중이다. 아무리 마켓컬리나 배달의 민족 등 스타트업체가 시장 지배력을 넓히고는 있다고 하지만, 대기업 유통회사의 자금력을 투입하면 시장은 빠른 시기에 재편되기 쉽다. 다만 10년 전과 달라진 건, 출혈 경쟁이 가격에 그치지 않는다는 점이다. 유통업체들은 요즘 배송과 물류 전쟁을 벌이고 있다는 점이다. 누가 더 빨리 고객의 집 앞까지 주문 상품을 가져다 놓느냐를 두고 경쟁 아닌 경쟁을 벌이고 있다. 과거엔 주문 상품이 2~3일 만에 도착하면 '빠른 배송'으로 불렸지만 이제는 다음 날 배송해주는 '익일배송' '로켓배송'이 등장하며 눈길을 끌었고, 최근에는 '당일배송'이나 주문 다음 날 새벽에 가져다 주는 '새벽배송'까지 일반화되기 시작하였다. 소비자의 배송에 대한 눈높이를 한층 높여놓았디. 게다가 이 배송도 구매 금액 3만~4만 원 등 일정 기준만 채우면 대체로 무료다. 얼마 전 대규모 투자 유치에 성공한 쿠팡은 '로켓 와우'라는 유료회원제에 가입만 하면 무조건 무료 배송을 해주는 이벤트를 하면서 고객을 끌어 모았다. 이 서비스는 일정 기간 이후 조건 없이 해지할 수 있어 사실상 누구나 무료 배송 체험을 할 수 있는 것과 다름없었다.

소비자 입장에서는 유통 업체의 전쟁이 너무도 반갑고 행복한 일이다. 간단한 검색으로 더 싸게 팔고 있는 업체를 찾고, 클릭 몇 번으로 마치 장을 보듯 쇼핑할 수 있기 때문이다. 일부에서는 이러한 가격경쟁이 국내 유통시장에서의 '지배적 사업자'가 없다는 점을 들었지만, 이는 유통의 다변화 적 시장구조를 생각하지 못했다. 유통 시장에서의 충성 고객 확보는 너무도 어렵디. 또한 이직까지 CJ나 대상, 풀무원 같은 제조업에 기반을 둔 유통업체는 시장에 본격적으로 뛰어들지 않고 있다. 이들이 본격적인 시장에 참여하는 순간 모든 것이 재편될 수 있다. 이들 대기업은 자금력도 풍부하고 자회사, 계열사로 전국 규모 단위 물류 배송 업체를 가지고 있다.

2019년 3월 이마트

유통업체의 가격경쟁은 당연히 납품업체의 수익성 문제를 비롯해 유통업체의 중장기적인 가격 부담으로 이어질 수 밖에 없다. 한번 정해진 가격은 쉽게 조정되기 어렵다는 것이 수많은 학자들에 의해 증명되었다. 한번 가격을 내리면 유가 상승 및 원재료 상승 등 특이한 상황적 이해가 담보되지 않으면 인상하기 어렵다. 배송 경쟁에서도 부작용이 초래될 가능성이 높다. 일반적으로 배송에는 '물류 창고'와 숙련된 '배송 인력'이 요구된다. 쇼핑 시장 성장으로 배송 물량은 급증하고 있지만, 배송 인력은 물량 증가 속도를 따라잡지 못하고 있으며, 쿠팡 등은 배송 인력 인건비와 보조금 등으로 지속적인 적자의 원인이 되고 있다. 앞서 언급했듯이 이젠 소비자의 배송 시기에 관한 눈높이를 한층 높여 놓아서 뒤로 후퇴하기도 어려운 지경이다. 지금은 평균 250~300개의 상품을 하루에 배송해야 하며, 주말과 공휴일도 없다. 물론 주말과 공휴일에는 추가적인 수당이 지급된다. 쿠팡은 2015년까지만 해도 쿠팡맨을 1만 5,000명까지 확충한다고 공언했지만, 지금은 이를 지키기 어려운 상황에 빠졌다. 쿠팡맨을 상시 채용하고 있지만 워낙 힘든 일에 그만두는 사람이 너무 많다. 보도에 따르면 쿠팡맨은 4,000명 정도로, 평균 근속 기간은 2년 미만으로 알려졌다. 업무량이 많아지니 버티기 어려울 거라는 게 업계 관계자들의 전언이다. 급기야 쿠팡맨들은 노조를 만들어 회사를 상대로 투쟁에 나섰다. 이들은 열악한 노동조건과 처우 개선, 정규직 전환 확대 등을 요구했다. 우려의 목소리가 이어지자 '무조건 빨라야 한다'는 목표에 제동을 거는 분위기도 팽배해져 있다고 한다.

반면 물류 창고는 유통업체의 수익성 이슈와 직결되어 있는데, 유통업체들은 너도나도 '물류 시스템'에 대규모 투자를 하고 있다. 이는 궁극적으로는 부동산 투자다. 연구 개발쪽으로의 투자가 아닌, 부동산 투자를 통해 향후 땅값 상승의 여력을 보는 것이다. 명분상 주문 상품을 찾고 이를 포장하는 시간을 단축하기 위해서라고 하지만, 실질적으로 상품 분류 로봇이나 인공지능, 빅데이터를 활용한 수요 예측 및 재고 관리 시스템 등 최신 기술의 도입은 크게 눈에 띄지 않는다.

다양한 형태의 사업자들이 유통 시장에서 참여하고 서로가 시장 점유율을 빼앗기지 않는 치킨 게임의 양상을 보이고 있다. 차별화된 속성, 특별한 계약에 의한 안정적인 상품 생산과 공급이 이루어지더라도 가격 차별화는 분명 한계점을 지닐 수 밖에 없다. 게다가 조만간 세계 최대의 유통회사인 아마존의 국내 진출이 예고되어 있고, 중국의 최대 쇼핑몰인 알리바바에서 제품을 해외 직구로 구매하는 알리익스프레스(Aliexpress)역시 젊은층에게 선풍적인 인기를 끌고 있다. 이제는 가격차별화가 아닌 가치차별화로 본격적인 전환이 필요한 시점이다. 소비자는 가격으로 충분한 차별화를 느끼고 구매행동으로 옮기는 것이 사실이지만 중장기적인 관점에서의 유통 전략은 가격차별화를 포함한 가치차별화가 이루어져야 한다. 가치차별화전략이 무엇인지, 어떠한 부분에서 가치를 더욱 높게 지각하고 구매행동으로 이끌어낼 수 있는지 심도 있는 고민이 필요한 시점이다.

사례 #3

선진기업들은 왜 가격을 내렸나?

가격 경쟁은 언제나 시장 재편의 중요한 화두가 되었다. 선진 기업들은 가격 경쟁을 어떻게 효과적으로 대응해왔는지 살펴보기로 하자.

토이저러스(Toy"R"Us)는 미국의 대표적인 장난감 유통 회사인데, 국내에서는 롯데마트가 이 회사 매장을 롯데마트 내에 입점시켰다. 토이저러스는 전 세계 1,500여 매장에서 연간 115억 달러의 매출을 올리고 있다. 토이저러스의 성장 동력은 단일 품목의 전문화, 대형화를 통한 가격 파괴 전략을 취하고 있다. 토이저러스 매장에 처음 들어서는 사람들은 웬만한 체육관 크기의 매장에 펼쳐진 장난감들을 보고 놀라지 않을 수 없게 된다. 창업자인 찰스 래저러스는 1957년에 지금의 이름을 가진 장난감 슈퍼마켓을 열었고, 장난감이라는 단일 품목에 전문화시키고, 특화하여 거의 모든 장난감 구색을 갖춰 규모의 경제를 통한 파격적인 가격 인하를 구현하였다. 최근 토이저러스의 이러한 대규모 전문화 매장에 월마트가 도전장을 던졌다고 한다.

사진 출처 : YouTube 캡처

월마트의 전략은 매우 단순했다. 과거 토이저러스가 사용한 가격 파괴 전략을 그대로 답습하여 전 세계 월마트 4천9백여 매장에 장난감 품목을 과감히 입점하였다. 지난해 시장 점유율 25%를 차지하던 토이저러스는 최근 15%로 추락하고 얼마 가지 않아 월마트가 25%로 미국 최대의 장난감 유통 기업으로 등극했다.

최근 우리 나라에 진출한 1000원샵 다이소는 극심한 디플레이션 상황에서 성공한 대표적인 기업이다. 델(Dell) 컴퓨터가 그토록 빠른 시간에 세계 최대의 PC 공급자가 된 것도 기존 시장을 뒤흔드는 가격 인하 전략에 성공한 탓이다. 델은 지난 해부터 프린터 시장에도 뛰어들어 선두 주자인 HP에 비해 최고 75% 저렴한 기종을 무기로 시장 침범에 돌입했다. 이미 사전에 프린터의 핵심 기술이자 상용자들에게 가장 큰 비용 부담을 주고 있는 잉크와 토너 비용을 초대 64%까지 절감할 수 있는 새로운 레이저 프린터를 개발하였다. 이처럼 개별 기업의 사례를 넘어 보다 큰 그림에서도 가격 파괴 역시 흔히 볼 수 있는 상황이다. 직거래 방식의 저렴한 가격을 앞세운 홈쇼핑 채널은 완벽한 고객 서비스로 백화점을 위협하는 존재가 되었고, 세계의 공장 중국에서 쏟아져 나오는 턱없이 저렴한 가격의 제품들도 기존의 시장 참여자들에게는 매우 어려운 상황이 아닐 수 없다.

시장 경쟁의 수단으로 가격 경쟁을 활용하는 일은 별로 새로운 일은 아니다. 한정된 시장 수요 가운데 자사 제품의 시장 지배력을 높이는 수단으로 가격 인하만큼 수월한 방법도 없다. 통상적인 경우 가격파괴는 규모의 경제가 적용되는 산업, 시장 규제가 사라지는 단계에서 제한적으로 행해져 왔다. 가격 인하가 주는 시장 점유율 증가라는 이면에는 수익 저하, 브랜드 가치의 하락이라는 마이너스 효과도 무시할 수는 없다. 따라서 가격 파괴 전략은 상당히 조심스럽게 다루어야 할 비장의 무기로 취급된다. 하지만 최근의 가격 파괴 사례들은 이전과는 다른 동기에서 보다 폭넓게 전개되고 있다.

첫 번째는 정보화의 영향요인을 생각해볼 수 있다. 소비자들이 다수 공급 기업 가운데 가장 저렴한 가격을 제시하는 곳으로 몰리기 마련이다. 다양한 가격 비교 사이트의 등장, 소비자 정보 커뮤니티 등의 덕택으로 과거에 비해 인터넷을 통해 가격의 투명화가 더욱 분명해졌다. 가전 제품의 비교 가격 정보를 제공하는 다나와 닷컴의 경우 제휴 쇼핑몰이 수백여 개에 달한다. 여기에 중고시장에서 올라오는 제품의 가격만 비교하더라도 상품 가격을 이루는 원가, 판매가는 거의 무방비로 노출되어 있다. 이로써 방대한 제품 가격 정보를 소비자에게 실시간으로 제공하여 차선의 제품이 선택될 여지를 더욱 줄이고 있다.

두 번째는 중국 및 동남아 등 해외 제조 기반 시설에서 생산된 제품의 저가격 공세를 들 수 있다. 10년 전에는 시간당 임금을 비교해보면 중국이 100원일 때 우리가 842원이다. 동일한 게임의 룰로는 시장에서 경쟁하기 어려운 상황이다. 예를 들어, 베트남에서 4년제 대학을 졸업한 학생은 호치민 지역에서 첫 월급은 우리나라 40여만 원 수준이다. 1,000원으로 식사를 해결하기에 충분한데, 삼성 등 글로벌 기업에 취업하면 90여만 원을 받는다. 각종 복리후생은 물론 생활하는 데 경제규모와 성장측면에서 충분하다고 보는 것이다. 이들이 생산직으로 근무할 경우, 인건비가 원가에 미치는 영향은 국내 생산보다는 최적의 조건인 것이다.

마지막으로 기존의 가치 사슬을 재구성하면서 등장하는 새로운 형태의 가격 파괴 기업들을 들 수 있다. 가장 보편화되고 위협적인 형태는 중간상이 배제된 공급자-소비자 직거래 방식이다. 빠른 기간 성장한 홈쇼핑 산업이나 온라인 서점 등의 사례가 여기에 해당한다. 더불어 공급자 관계 개선, 불필요한 비용 요인을 제거하는 등의 경로로 상식을 벗어난 낮은 가격을 제시하기도 한다. 가격 경쟁은 이제 대부분의 기업들에게 새로운 고민거리로 등장하고 있다. 그렇다면, 왜 이러한 현상들이 나타난 것일까?

최근 들어 가격 경쟁이 심화된 원인의 하나로 제품 간 차별성이 크지 않다는 점을 들 수 있다. 전반적인 제품 제조 기술이 상향 평준화되고, 소비자 입장에서도 수준 이하의 제품에 더 이상 동정심을 베풀지 않는다. 결과적으로 제품의 품질과 더불어 기본 사양, 디자인에 있어 경쟁사 간 큰 차이점을 찾아보기 어렵다. 가격 경쟁에서 성공하는 기업들의 첫 번째 조건은 경쟁자가 발붙일 수 없는 새로운 경기장으로 고객들을 유인하는 것이 우선적인 전략이었다.

일본 제1의 생활용품 기업 카오(花王)의 경우인데, 카오는 꾸준히 새로운 제품을 시장에 출시하여 일본의 10년 장기 불황 기를 포함한 과거 13년간 꾸준한 성장을 보이고 있다. 다이어트 식용유, 마루청소 용 종이, 건강 녹차 등의 혁신적인 제품들 은 대표적인 성공 사례들이다. 본업인 화 장품 시장에서 부쩍 외모에 관심이 높아 진 일본 남성을 대상으로 8000억 엔의 매

사진 출처. KAO 홈페이지

출을 올리기도 했다고 한다. 카오의 경우는 본사 직원의 3분의 1이 연구개발 인력이라고 한다. 또한 실시간 소비자 니즈 대응 목적으로 자사 시장 환경 분석 도구인 ECHO 네트워크 시스템을 활용하고 있기도 하다.

가격 경쟁에서 유리한 위치를 선점하기 위해서는 기업 내부 체질의 개선은 기본 요건이라 볼 수 있다. 최근의 저가격 선제 공세를 퍼붓는 기업들은 바로 이점에서 우위를 선점한 경우가 많다. 기존의 사업 관행이나 자사의 가치 사슬을 새롭게 구성한 것이다. 여기 가장 좋은 사례가 바로 직접 판매 방식의 델 컴퓨터가 대표적인 사례이다. 델은 중간상을 거치지 않는 유통 방식과 그로 인한 부수 효과인 낮은 재고 부담 등으로 경쟁사 대비 20% 이상 저렴한 가격으로 제품을 공급하였다. 특히 소비자가 컴퓨터를 구매할 때, 델의 웹사이트에서 소비자 자신이 주요 부품을 스스로 선택하여 조립해서 상품을 배송받는 DIY 시스템으로 유명하다. GM도 가격경쟁에서의 혁신 사례로 참고할 만하다. 2000년대 들어 GM은 매년 자동차 가격이 1~2%씩 하락하는 디플레이션 상황을 감지한다. 급기야 2003년 1분기에는 북미시장의 판매 가격이 3.2% 급락하게 된다. 이에 앞서

GM은 공급자 관계(SCM)의 혁신을 통한 원가 절감 작업에 착수했다. 전체 6개 엔지니어링 팀으로 분리되어 구매하던 부품을 단일 창구화했다. 부품의 표준화, 조직 개편 등의 작업을 필요로 하였지만 이 과정에서 2002년에만 3% 이상의 구매 원가를 줄일 수 있었다.

직접 마케팅 기법은 과열된 가격경쟁을 피해갈 수 있는 중요한 수단이 될 수 있다. 가격 경쟁 상황에서는 광고 대행사를 거치지 않고 자사의 소비자를 직접 찾아가는 마케팅 기법도 각광을 받는다. 비용상의 장점은 물론이려니와 광고 효과에서도 그 성과를 인정받고 있기 때문이다. 예를 들면, 미국의 광고 대행사들의 가장 큰 고객 가운데 하나인 코카콜라는 TV 광고비를 전년대비 30% 이상 삭감했다고 한다. 자사 광고에 대한 미국 소비자들이 인지도가 1980년대의 40% 수준으로 급락한 최근의 시장 환경 변화에 대응하는 조치였다고 한다. 대신 북미 청소년들의 출입이 빈번한 쇼핑몰이나 인기 TV 프로그램을 통해 직접 마케팅 방식에 지출하는 비용을 늘리고 있다고 한다. 최근에는 이러한 TV광고는 소비자 중심의 광고 방식인 YouTube의 등장으로 대중매체 광고 자체를 집행하지 않는 경우가 많다. 얼마 전 면도기 시장의 강자인 질레트는 18세 생일을 맞이한 남자들에게 자사의 신제품 '마하3 터보'를 보냈다고 한다. 허공으로 날라가는 TV 광고비 지출에 비하면 정확한 타겟 고객을 공략하는 효과적인 방법이 되고 있다고 볼 수 있다.

이러한 선진기업들의 가격 경쟁 회피 전략을 사례는 브랜드 가치나 이미지를 저해하지 않는 범위에서 이루어진다. PC 시장에 저가 바람을 몰고 온 델 컴퓨터를 저가 브랜드로 보는 사람은 거의 없다. 실제로 2004년 델의 브랜드 가치는 115억 달러로 전 세계 100대 브랜드 가운데 25위를 차지하였다. 중국의 대표적인 가전사인 하이얼(Haier)도 마찬가지다. 경쟁사에 비해 30~60% 저렴한 가격이지만 브랜드 가치, 품질 관리 등에서 벌써부터 상당한 수준의 역량을 갖추어 왔다. 사업 초기부터 OEM이 아닌 자체 브랜드로 세계 시장을 공략하는 전략을 사용하였다. 그 결과 1995년 43억 위안에 불과한 브랜드 가치는 현재 510억 위안으로 성장하며 중국 기업 가운데 2년 연속 최고 수준을 보이고 있다. 최근 무역분쟁의 중심에서 있는 화웨이의 경우도 기술력이 이미 세계적인 수준인데, 서비스 제공 가격은 경쟁사에 비해 절반에도 미치지 못한다.

가격 경쟁에서 성공하는 기업들은 앞서 언급한 효과적이고 효율적인 가격회피 전략을 훌륭히 소화해내고 있다. 앞서 예로든 카오의 경우 소비자의 생각을 따라잡는 신제품 개발 능력만 뛰어난 것이 아닌, 생산성 효율화를 이미 체질화시켰고, 중국의 하이얼 역시 저렴한 노무비에만 의존한 것이 아닌 기술력을 동시에 키워왔다. 또한 선진기업들의 브랜드 가치 제고 노력 역시 가격경쟁에서 직접적인 대상이 되기보다는 시장 선도의 위치를 확고히 지키고 있음에서 기존 가격 경쟁, 저가격으로 시장에 파묻혀 있기보다는 가치와 감성을 소비자에게 더욱 어필하는 방법과 전략을 수립해야 할 것이다.

사례 #4

지속적인 가치 제공을 통한 가격 지불의 조화, 구독 경제

오늘날 소프트웨어 구매는 구매자가 매장에 방문하여 구입하고 컴퓨터에 설치, 실행하는 방식이 아닌 인터넷에서 소프트웨어를 직접 다운로드받아서 설치, 운영하는 클라우드를 통한 '구독(Subscription) 서비스'가 대세이다. 여기서 구독 서비스는 소프트웨어뿐 아니라 거의 모든 일상생활에서 우리는 꽃, 셔츠, 맥주 등 다양한 제품들을 월 또는 주 단위로 일정한 금액을 지불하고 상품을 이용하는 방식을 일컫는다.

미국 유명 경제잡지 포브스(Subscription Businesses Are Exploding With Growth)에 따르면, 2017년 4월 한 달 동안 구독 웹 사이트에 약 3,700만 명의 방문자가 발생했으며, 그 숫자는 2014년 이후로 800% 이상 증가하고 있다고 전해지고 있다. 구독 서비스 전략과 운영방식을 총칭하여 구독 경제라고 하며, 기업 입장에서 제대로 된 구독 서비스는 더 높은 수익 흐름을 예측할 수 있으며, 고객의 가치를 극대화할 수 있다고 알려져 있다. 구독 서비스는 고객에게 지속적인 가치 제안을 통해 더 높은 비용을 지불하게 유도를 할 수도 있다. 왜 소비자는 제품을 '구독 서비스'로 구매할까? 구독 서비스로 전환을 바라보고 있는 기업들은 일반적으로 아래 세 가지 주요 이점을 이야기한다.

1. 예측 가능한 수익 구조 흐름

기업들이 사업을 추진하면서 가장 어려워하는 과제는 시장의 불확실성이다. 특히 불확실한 상황과 환경에 대한 서비스 기반의 비즈니스를 시작하려는 사람들의 가장 큰 고민 중 하나가 바로 예측할 수 없는 수익 구조를 알고 싶을 것이다. 언제 수익을 얻을 수 있을지 불확실성에 매일을 걱정하게 되는데, 구독 서비스 모델은 고객으로부터 매월 일정 금액을 보장받을 수 있기 때문에 수익 흐름에 대한 불안함이 줄어들

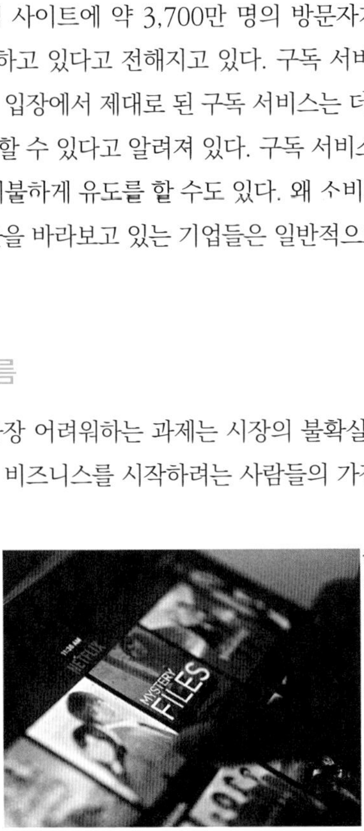
NETFLIX
MYSTERY
FILES

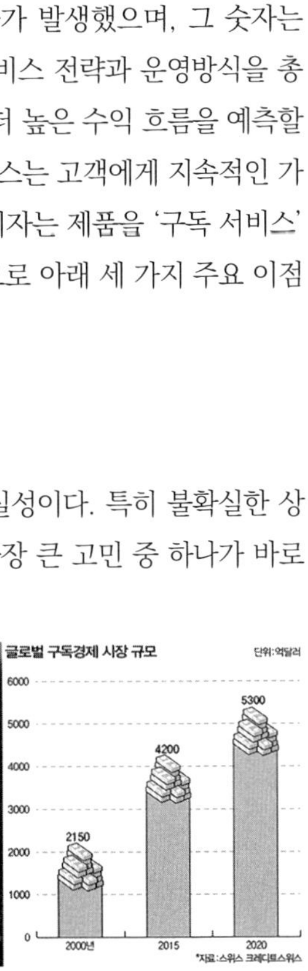
글로벌 구독경제 시장 규모
단위:억달러
6000
5000
4000
3000
2000
1000
0
2150
4200
5300
2000년
2015
2020
*자료:스위스 크레디트스위스

수 있으며, 지속적인 고객의 가치 제공에 선택과 집중을 할 수 있다. 또한 구독 서비스를 원하는 고객의 특성과 구매패턴, 사용량도 데이터로 파악할 수 있기 때문에 분석적인 업무가 가능하다. 고객이 들어온 만큼 상품을 제공하기에 재고로 인한 불편함도 상당부분 감소시킬 수 있다. 고객 입장에서는 매월 또는 매주 자동으로 금액이 빠져나가기 때문에 비용 지불을 처리하기 위한 물리적인 시간을 줄일 수 있으며, 한꺼번에 금액을 지불하는 것에 대한 부담감을 경감할 수 있는 장점을 지닌다.

2. 지속적 가치 제공을 통한 고객 업셀링(Up-Selling)

만약 고객이 기업이 제공하는 상품을 하나의 서비스로 구독한다면 기업의 제품 완성도를 증명할 수 있는 소중한 기회를 가지게 되고, 기업은 지속적인 가치 제공을 어떻게 제시해야 할지 고민의 방향이 전환된다. 대부분의 구매자들은 약속받은 정도의 제품의 완

성도를 기대할 수도 있고, 그렇지 않을 수도 있기 때문에, 서비스를 통한 고객과의 관계 유지에 노력을 기울여야 할 것이다. 매일 일어나는 가격 경쟁에서 벗어나 더 높은 가격의 제품을 제공할 수 있는 기회를 확보에 전략이 집중된다. 즉 무엇을 팔 것이냐보다 어떻게 제공할 것인가, 얼마나 판매할 것이냐보다는 어떻게 지속적인 가치를 제공해 반복적인 수익을 거둘 것인가에 전략의 중심이 전환되는 것이다.

3. 구독 서비스의 결과

해외의 한 연구에 따르면, 40%에 달하는 수익이 모든 방문자의 8%에 해당하는 반복적인 구매자로부터 나온다는 한다. 즉, 성장하는 구독 서비스 경제 환경 속에서 기업이 구독 서비스를 운영한다는 것은 분명 긍정적인 서비스 운영의 흐름을 가져올 가능성이 존재한다. 위에서 이야기한 예측 가능한 수익 구조의 흐름, 효율적인 업무량 측정뿐 아니라 다양한 양의 고객 데이터를 통해 고객이 원하는 서비스로 빠르게 발전시켜나갈 수 있다. 또한 프리미엄 버전의 무료 버전 제공 및 월간 비용 지불을 통해 고객에게 돈을 지출하는 방법을 보다 효율적으로 제어할 수 있으므로 고객에게 이익이 되며 비즈니스와의 신뢰 구축 기회를 제공하여 비용이 많이 드는 계약을 체결할 수도 있다. 특히 지속적으로 고객과의 관계 유지가 요구되는 업무가 발생할 수 있지만, 치열한 가격경쟁에서 벗어나 다양한 비즈니스 모델을 지속적으로 창조할 수 있는 기회를 만들어 낼 수 있다.

현재 대표적인 구독 서비스를 보면, '위클리 셔츠'라는 업체는 3~5벌의 셔츠를 월 4~7만 원에

가정에 배송해주며, '와이즐리'는 독일산 면도날 4개를 월 8,900원에 제공하며, '미하이삭스'는 월 990원에 패션 양말 3종을 배송, '밀리의 서재'는 월 9,900원에 3만 권의 전자책을 마음대로 읽을 수 있도록 하고 있다. '꾸까'는 월 3만 원에 격주마다 플로리스트가 제작한 꽃을 배송해주며, '데일리 샷'은 월 9,900원에 가맹 제휴 150점포에서 술 한 잔씩을 무료로 마실 수도 있다.

향후 구독서비스, 서스크립션 서비스는 기존 제품과 서비스의 치열한 가격경쟁을 비가격경쟁으로 유도하고, 직접적인 할인, 보상, 공제 등의 수익적인 측면에서 가격 관리를 회피하는 전략으로 더욱 각광받을 수 있는 가능성을 보여줄 것이다.

Quiz

1 시장에서 상품의 가격은 고객의 입장에서 상대적으로 인식될 수밖에 없다. 그럼에도 불구하고 마케팅 관리자가 상품의 가격을 책정할 때 가장 기본적으로 상품의 가격을 책정하는 방법은 무엇인가?

2 다양한 이유와 상황에 따라 시장에서 경쟁사가 상품의 가격을 올릴 경우, 자사의 상품 가격을 올려야 할 경우가 발생한다. 자사의 상품 가격을 올릴 경우, 어떠한 기준을 근거로 상품의 가격을 올릴 때 고객이 수용 가능할까?

3 상품의 가격을 산정할 때 주로 3가지 방법을 사용한다. 이 3가지 방법의 특징과 차이점을 설명하라.

4 마케팅 관리자는 생산 원가와 마진을 고려하여 시장과 고객이 수용할 수 있는 범위와 수준으로 가격을 책정하는 것이 일반적이다. 하지만 경쟁사의 다양한 마케팅 활동에 대응하기 위해 판촉활동에 기반을 둔 가격전략을 활용하기도 한다. 판촉가격전략의 종류와 내용을 설명하라.

Chapter 9
유통 관리

제1절 유통 경로의 이해

유통의 기본 명제는 소비자들이 적절한 제품을 적절한 장소에서 적절한 가격으로 적시에 구매할 수 있도록 하는 것이다. 유통은 제품을 다양한 경로를 통해 소비자에게 제공하는 활동이고, 유통 경로(Distribution channel, Marketing channel)는 제품 및 서비스를 생산자로부터 최종 소비자 혹은 기업고객에게 전달하는 과정에 있는 모든 구성 개념인 조직 혹은 개인들을 포함한다. 유통 경로를 통한 제품 및 서비스의 이동 과정에 참여하는 경로 구성원에는 제조업자, 중간상, 구매자들이 포함된다. 유통은 이와 같이 생산자와 소비자를 연결하는 유통 경로를 자사가 처한 상황과 목표에 맞게 설계하고 관리하는 활동을 총칭한다. 유통 채널에 대한 이해를 위해서는 다음과 같은 기본 개념을 숙지하는 것이 필요하다.

1. 유통 경로의 주요 개념

1) 가치전달네트워크

소비자가 원하는 제품을 생산하는 과정을 가치 창출(Value Creation)이라고 하고, 이는 전방거래와 후방거래로 다시 구분된다. 후방거래는 가치 창출에 필요한 원자재와 부품을 공급받는 과정을 의미하고, 전방거래는 기업이 창출한 가치를 소비자에게 전달하는 과정을 의미하는데, 가치 전달(Value Delivery)이라고 한다. 또 가치 창출과 가치 전달에 관여하는 원자재, 부품 공급 업체, 제조기업, 중간상, 소비의 집합체를 가치전달 네트워크(Value Delivering Network)라고 한다. 이러한 가치전달 네트워크가 얼마만큼 효과적으로 가치를 창출하고 전달하는가는 기업의 경쟁력과 직결된다.

2) 중간상의 개념과 역할

중간상은 유통 경로상에서 제조업자과 소비자 사이에서 활동하는 조직 혹은 개인들을
의미한다.

[그림 1. 유통 경로에서 중간상을 이용할 경우의 거래의 경제성]

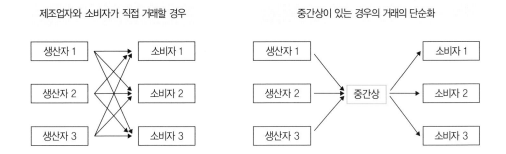

생산자는 자사의 제품을 소비자에게 직접 판매하는 경우보다 다양한 형태의 중간상을 통
해 판매하는 경우가 많다. 중간상을 이용하면 제조업체의 입장에서는 어느 정도의 통제권
을 상실할 가능성도 높아지고, 생산자와 소비자 모두 추가 비용을 지불하는 단점이 있음에
도 불구하고 이를 통한 상품 공급이 더 효율적이기 때문에 중간상을 이용한다. 제조업자가
중간상을 이용하는 이유는 다음과 같다.

첫째, 거래의 경제성을 달성할 수 있다. [그림 1]처럼 특정 제품을 생산하는 각 제조업체
가 개별 소비자와 직접 거래를 하는 경우에는 총 9번의 접촉이 요구되는 반면, 중간상을 이
용할 경우 총 접촉 수는 6번으로 감소하게 된다. 둘째, 제조업체가 중간상을 이용하면 비용
이 추가적으로 발생하지만 이는 시간, 장소, 소유 효용의 3가지 가치에 의해 상쇄된다. 즉,
시간 효용은 생산 시점과 구매 시점의 불일치를 해결하여 소비자가 상품을 원할 때 구매할
수 있도록 해준다. 장소 효용은 생산 장소와 구매 장소의 불일치를 해결하여 소비자가 원하
는 곳에서 구매할 수 있도록 해준다. 소유 효용은 생산자에서 소비자로 소유권이 이전되기
전까지 소유권을 보유하여 재정적 부담 및 상품 진부화를 지니고 소비자가 상품을 소유할

수 있도록 도와준다. 그러므로 위와 같은 효용 가치가 주는 이점으로 인해 중간상을 이용하는 것이다.

3) 유통 경로의 유형

소비재의 유통 경로는 [그림 2]와 같이 4가지 유형의 경로로 구분되는 바, 유통 경로 유형 1은 제조업자가 직접 소비자에게 판매하는 형태로 예를 들어, 방문 판매(예: 암웨이, 웅진 코웨이, 대교 등의 가정용 학습 교재 회사 등)가 대표적이다. 간접 유통 경로에 속하는 3가지 유형 중 유형2의 예는 백화점, 할인점 등과 같은 대형 소매업체들이 제조업자로부터 구매한 상품을 판매하는 경우에 해당된다. 유형 3은 생산자와 소비자 사이에 도매상과 소매상이 개입하는 경우로 식품, 생활용품, 의약품의 경우에 흔히 해당된다. 유형 4는 생산자와 소비자 사이에 여러 유형이 개입하는 경우로 농산물, 육류 등의 품목이 주로 이와 같은 유형을 통해 소비자에게 전달된다.

[그림 2. 소비재 유통 경로의 주요 유형]

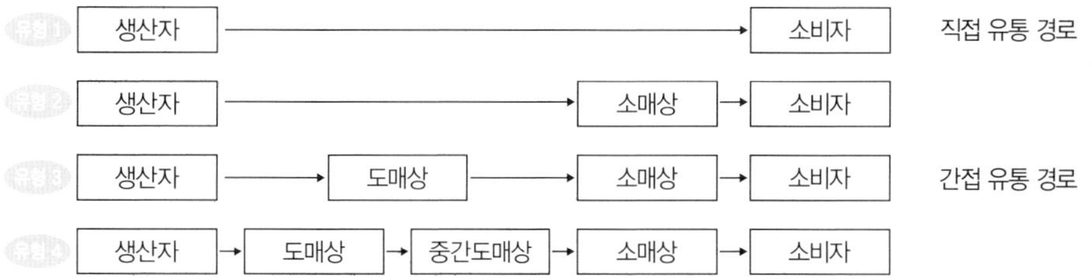

유형1	생산자	→			소비자	직접 유통 경로
유형2	생산자	→		소매상 →	소비자	
유형3	생산자	→ 도매상 →		소매상 →	소비자	간접 유통 경로
유형4	생산자	→ 도매상 →	중간도매상 →	소매상 →	소비자	

유통 경로가 길어질수록, 즉 보다 많은 중간상이 개입될수록 제조업자의 입장에서는 자사의 통제력이 약해질 수 있다. 하지만 또 다른 측면에서는 중간상의 업무가 보다 전문화되면 이에 따른 효율성이 증대되기 때문에 제조업자가 모든 단계의 유통 기능을 직접 수행하는 경우보다 최종 소비자 가격이 더 낮아지는 결과가 나타날 수도 있다.

최근은 생산자가 다양한 성향을 지닌 각 세분 시장을 공략하기 위하여 둘 이상의 유통 경로를 활용하는 경우가 증대되고 있다. 예들 들어, 가전 제품의 경우 온라인 몰을 활용하여 세분 시장에 직접적으로 제품을 판매하기도 하고, 혹은 백화점, 할인마트, 대리점 등을 통하여 또 다른 세분 시장에 또는 총판 및 딜러를 통하여 기업 고객에게 판매하는 등 복수 유통 경로 시스템(Multichannel distribution channel)으로 운영하는 것이 보편적이다.

이 경우에는 복수의 유통 경로를 통해 다양한 세분 시장에 있는 소비자에게 제품을 판매할 수 있는 장점이 있는 반면, 복수 채널 간의 유통 갈등을 유발하는 단점을 지닌다. 이러한 경로 갈등은 다시 수평적 갈등(Horizontal conflict)과 수직적 갈등(Vertical conflict)으로 구분된다. 수평적 갈등은 유통 경로 상에서 동일 단계에 있는 구성원들 사이에서 발생하는 즉, 도매상 간의 갈등, 소매상과 소매상 간의 갈등으로 예를 들어, 특정 제품의 대리점이 자사에게 지정된 판매 지역을 넘어 다른 지역에 있는 대리점의 지역 소비자들에게 영업을 하는 것이 해당된다. 수직적 갈등은 서로 다른 단계에 있는 구성원들 가령, 제조업자와 도매상 혹은 도매상과 소매상에서의 추구하는 목표 혹은 부족한 커뮤니케이션에서 비롯되는 것이다. 예들 들어, 자사가 직접 운영하는 온라인 쇼핑몰에서의 최종 소비자 가격과 대리점에서 판매되는 소매 가격의 차이에서 오는 것들이 이에 해당된다. 각 유통 경로상의 구성원들은 상호 독립적인 특징을 지니고 있기 때문에 유통 경로상의 갈등이 빈번이 발생할 수 있기 때문에 공동의 목표 달성을 위한 유통 관리의 효율성을 고려해야 한다.

유통 경로에서 각 구성원들은 각자의 이익과 목표를 우선시하기 때문에 갈등이 발생할 수밖에 없고 이의 조정은 쉽지 않다. 이를 해결하기 위해 하나의 경로 구성원이 유통 경로 조직을 계열화하는 수직적 마케팅 시스템(Vertical Marketing System:VMS)이 나타났는데, 이는 본부가 유통 경로 전체의 목표 달성을 위해 생산에서 구매 전반에 걸친 역할 분담에 따른 계획 수립, 통제권을 쥐고 규모의 경제를 달성하고자 하는 것이다. VMS는 경로 구성원들에 대한 본부의 소유권 및 관리의 정도 따라서 기업형 VMS, 계약형 VMS, 관리형 VMS로 구분된다. 기업형 VMS는 한 경로 구성원이 다른 경로 구성원들을 법적으로 소유 관리하는 유형으로 예를 들어, 유니클로, 자라 등의 패션업체가 자체 유통망을 통해서 판매하는 전방통합(제조기업이 도매상 및 소매상을 소유하는 경우)과 이마트, 롯데마트, 홈플러스 등의 대형마트가 도매상을 통하지 않고 제조업체와 직접 거래하거나 유통업체 브랜드(PB: Private Brand)를 직접 개발, 생산, 판매하는 후방통합으로 나뉜다. 계약형 VMS는 경로 구성원들 각자가 수행해야 할 역할에 대한 공식적인 합의를 통해 이를 이행하는 것으로 프랜차이즈 본부와 가맹점 간의 관계가 대표적인 예이다. 관리형 VMS는 경로 리더인 공급자가 각 소매업자들과 사전에 협의하여 각 소매점 특징에 맞는 진열공간, 판촉 등과 관련된 협상을 진행, 이행하는 것으로 계약 혹은 소유권의 영향력이 가장 낮은 형태이다.

2. 유통 경로 설계

앞에서 설명했듯이 유통 경로(Distribution channel, Marketing channel)는 제품을 생산자로부터 소비자 혹은 기업에게 전달하는 과정에 있는 모든 조직들의 집합체를 의미한다.

최근 수많은 소비 용품들의 경쟁적 출시로 인해 제품의 차별화가 힘들어지고 있고, 소매점 진열 공간의 제한성으로 인해 자사 제품을 부각시키는 진열이 쉽지 않은 상황이다. 또한 중간상들의 높은 마진 요구 및 촉진활동의 많은 부분과 관련해서 제조업자의 부담이 강화되고 있다. 따라서 제조업자가 자사 제품에 대한 새로운 유통 경로 구축 및 기존의 유통 경로를 변화시킬 때 이의 체계적인 유통 경로 설계가 더욱 중요시된다. 즉, 마케팅 담당자는 여러 가지 유통 경로 대안들 중에서 가장 수익성이 우수하고 표적 소비자에게 효과적으로 접근할 수 있는 전략적 대안을 선택해야 하며, 이의 설계과정은 다음과 같은 절차에 의해 진행되는 것이 일반적이다.

[그림 3. 유통 경로 설계 과정]

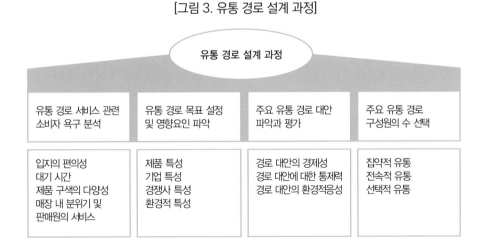

1) 유통 경로 서비스 관련 소비자 욕구 분석

유통 경로 설계 과정의 첫 단계로 표적 소비자가 원하는 서비스를 이해하고 이를 충족시키기 위해 유통 경로상의 구성원들이 제공해야 할 구체적 서비스를 파악하는 것이다.

① 입지의 편의성

소비자들이 쉽게 쇼핑할 수 있는 위치에 유통업체가 있다면 소비자의 쇼핑 동선과 제품 탐색 비용을 절감할 수 있으므로 소비자 만족도가 증가하게 된다. 백화점, 대형 쇼핑몰, 마트 등의 소매상이 교통의 요지에 입지하고 편리한 주차 서비스를 제공하는 것들이 모두 이에 해당된다. 한편, 온라인과 모바일 쇼핑 및 홈쇼핑은 공간적 편의성과 관련된 소비자의 욕구를 만족시키는 측면에서 더욱 활성화되고 있다.

② 대기시간

소비자가 주문한 제품을 받을 때까지 소요되는 시간을 의미하며, 최근 이의 대기 시간 단축을 위한 '새벽 배송', '로켓 배송' 등의 다양한 형태로 이와 관련된 서비스가 강화되고 있는 추세이다. 그러므로 기업은 재고 보유 현황을 파악하는 것이 필요하며, 재고를 보유하고 있지 못할 경우를 대비하여 최단 시간에 전달 가능한 배송 시스템을 구축해야 한다.

③ 제품 구색의 다양성

단일 유통 경로에서 다양한 제품에 대한 일괄 구매(One stop shopping)를 도모하는 것은 소비자의 정보 탐색 노력, 시간, 교통비 등을 절감시킬 수 있다. 대표적인 예로 백화점, 마트, 종합 쇼핑몰, 오픈마켓, 소셜 커머스 등은 보다 많은 제품 라인 확보를 통해 경쟁 우위를 지니고자 한다.

④ 매장 내 분위기 및 판매원의 서비스

소비자들은 다른 곳에서 접할 수 없는 특정 소매점에서의 경험 및 판매원과의 교류 등을 통해 해당 매장을 기억하고 습관적으로 이용하는 경향이 있다. 따라서 유통 경로 설계에 있어서 자사 제품의 특징과 표적 소비자의 구매 심리를 파악한 후, 이에 차별화된 소매점 디자인 설계를 하는 것 또한 오프라인 유통 채널이 온라인 및 모바일 쇼핑과의 경쟁우위 확립에 있어 매우 중요하다.

2) 유통 경로 목표 설정 및 영향요인 파악

위와 같이 유통 경로 서비스에 대한 소비자 욕구를 이해한 후에는 그들이 원하는 서비스 수준에 따라 다시 시장을 세분화하는 것이 필요하다. 이를 기반으로 비용 효율화와 함께 소비자의 서비스 수준과 관련된 기대치를 충족시킬 수 있는 최적의 전략적 방안을 모색하는 것이 필요한데, 기업이 유통 경로 목표 설정을 위해서는 아래와 같은 네 가지 요인을 고려해야 한다.

① 제품의 특성

가장 기본적으로 고려해야 할 요인 중의 하나로 일반적으로 소비재는 소비자의 쇼핑 습관에 의거 편의품(Convenience goods), 선매품(Shipping goods), 전문품(Specialty goods)으로 구분된다. 이와 함께 제품의 부패 가능성, 복잡성, 대체율과 같은 특징을 고려하는 것이 중요하다. 예를 들어, 부패 혹은 훼손되기 쉬운 농산물의 경우는 소비자에게 가장 신속히 전달될 수 있는 경로를 구상해야 한다. 또한 첨단 장비, 메인 프레임 컴퓨터, 항공기 등과 같이 복잡한 제품의 경우는 비교적 정확한 정보 전달과 유지 보수가 중요하고 고객층이 한정되어 있기 때문에 직접 유통 경로를 선택하는 것이 좋다. 대체율이 높은 식품 등은 단위당 마진이 낮은 편으로 소비자 서비스의 조정 필요성이 약한 편인 반면, 명품 브랜드처럼 대체율이 낮은 경우는 직접 유통 경로를 설계하여 소비자의 욕구를 기업이 밀착 관리하는 것이 유용하다.

② 기업의 특성

자금 및 영업직원 등이 풍부한 기업의 경우는 유통 경로 통제권에 대한 권한을 지닐 수 있는 직접 유통 경로가 효과적인 반면, 그렇지 않은 경우에는 통제권을 상실할 수 있지만 능력이 있는 중간상에게 의존하는 것이 유리하다.

③ 경쟁사의 특성

이 경우는 경쟁사의 유통 경로와 차별화된 독자적인 경로를 개척할 수도 있고 또는 경쟁사 인근에 전략적으로 포진하여 이로 인한 장점을 노릴 수도 있다. 예를 들어, 레스토랑 및 가구 업종의 경우 가구거리 혹은 먹자 골목 등의 이름하에 경쟁사 소매점 인근에 자사 점포를 설치한다. 이를 통해 다른 경쟁사들이 거래하는 도매상 혹은 소매상을 확보하여 소비자들로 하여금 최단 시간 안에 경쟁업종과 함께 노출되는 장점을 누린다. 또는 대부분의 전통적 화장품 브랜드들은 백화점을 통한 간접 유통 경로를 이용한 반면, 미샤, 더페이스샵, 이니스프리 등의 브랜드처럼 직접 유통 방식을 선택하는 경우도 있다.

④ 환경적 특성

최저 임금제와 같은 정부 규제, 4차 산업과 기술력의 발전, 빅데이터·인공지능(AI)으로 무인 점포의 활성화, 윤리적 요인 등의 외부 환경적 요인도 유통 경로 설계에 영향을 준다. 예를 들어, 불경기로 인한 경쟁적인 최저가 도입제 등으로 인해 기업들은 불필요한 서비스를 제거하고 이를 통해 최종 가격을 인하시키는 등의 대책을 수립해야 한다.

3) 주요 유통 경로 대안 파악 및 평가

실행 가능한 몇 개의 유통 경로 대안을 파악한 후, 자사의 내부 역량, 표적 소비자의 특징, 경쟁사의 유통 경로 등을 종합하여 장기적 단기적 경로 목표를 달성하기 위한 대안을 선택해야 한다. 다음과 같은 요소들을 고려하는 것이 필요하다.

① 각 경로 대안의 경제성

판매 비용이 가장 적게 소요되는 유통 경로 대안이 고려되어야 하는 바, 자사의 영업사원을 활용하는 직접 유통 경로와 중간상이 있는 간접 유통 경로를 활용하는 상황별로 기대되는 매출 수준을 비교 평가해야 한다. 직접 유통 경로 활용시의 장점은 기업의 영업사원이 자신의 인사 고과와 관련된 판매 실적을 올리기 위해서 소비자 만족을 위해 최선의 노력을 기울일 것이며, 또 특정 소비자층은 기업과의 직거래를 원할 것이므로 이의 욕구를 충족시킬 수 있다. 반면, 이는 영업사원 양성 및 유지를 위해 기업이 고정 비용에 대한 부담감을 지니는 단점이 존재한다. 간접 유통 경로의 경우, 중간상이 더 많은 판매 인적 사원을 보유하고 있고, 이에 대한 마진율에 의한 성과급이 더 우수할 경우 직접 유통 경로의 장점을 앞지를 수 있다. 또한 특정 소비자들은 중간상은 여러 회사의 제품을 취급하여 편리한 원스

톱 서비스를 누릴 수 있다는 측면에서 간접 유통 경로를 더욱 선호할 수 있다. 게다가 기존에 많은 거래선을 확보하고 있는 중간상은 시장침투를 보다 용이하게 도와줄 수도 있다. 그렇지만 이 경우에는 고정비는 낮을 수 있지만, 자사의 영업직원보다 더 많은 판매 수수료를 받기 때문에 변동비가 상대적으로 더 많이 증가한다. 이러한 일종의 트레이드 오프(Trade-off)원리를 잘 파악한 후 최적의 선택을 하는 것이 필요하다.

② 경로 대안에 대한 통제력

일반적으로 직접 유통 경로 대비 간접 유통 경로의 경우, 기업의 통제가 상대적으로 어렵다. 중간상 또한 기업과 마찬가지로 자사 이익 극대화를 추구하기 때문에 거래 규모가 큰 기업의 상품 판매에 집중하거나, 자사보다 경쟁사의 제품에 보다 우호적인 활동을 전개할 수 있기 때문이다.

③ 경로 대안의 환경 적응력 수준

기업이 특정 유통 경로를 선택한 후 이와 장기적인 거래 관계가 이루어지면, 계약 기간 동안 보다 효과적인 새로운 유통 경로 대안이 나타나도 기존의 거래선과 관계를 종식하고 새로운 유통 경로를 개설하는 것이 쉽지 않다. 그러므로 기업은 장기적으로 유통 시장을 전망하는 예측력을 키우고 이에 대응하는 전략을 수립해야 한다.

4) 주요 유통 경로 구성원의 수 선택

유통 단계별로 얼마나 많은 수의 중간상을 포함시킬 것인가를 결정하는 커버리지 전략이 수립되어야 하는데, 중간상의 수가 증가하면 경로 커버리지 증가로 인해 경로 구성원에 대한 기업의 통제 및 지원이 약해지며, 경로 커버리지가 감소하면 이와 반대의 현상이 발생한다. 그러므로 경로 커버리지 선택에 있어서 제품 특성과 이에 따른 표적 소비자의 욕구 정도, 중간상에 대한 통제 필요성을 종합적으로 검토해야 할 것이다. 이에는 집약적 유통, 전속적 유통, 선택적 유통의 3가지 유형의 전략이 있다.

[표 1. 유통 커버리지의 3가지 유형별 비교]

구분	집약적 유통	전속적 유통	선택적 유통
전략적 특징	가능한 많은 중간상을 활용하는 개방적 유통 전략	특정 지역에 자사 제품을 유통할 수 있는 독점적 권한을 소수의 중간상에게 부여하는 독점적 유통	집중적 유통과 전속적 유통의 중간 형태로 지역별로 소수의 중간상에게 자사 제품의 판매를 허락하는 형태
제품 유형 및 관여도	편의품 편의점, 슈퍼마켓, 할인점에서의 생필품으로 소비자 관여도가 낮은 품목	자동차, 명품 패션 류와 같이 소비자의 관여도가 높은 전문품.	PC, 가전 제품, 가구, 의류, 운동화 및 구두 등의 선매품으로 소비자의 관여 수준은 중관여-고관여 사이에 위치함
장점	소비자 인지도 증대, 소비자의 편의성을 증가시키고 이들의 충동 구매 유도가 가능함.	공급 기업 입장에서는 소수의 중간상만이 관여하기 때문에 이들의 공급기업에 대한 충성도가 우수, 중간상의 입장에서도 충분한 마진 확보를 통한 매출 증대에 노력하고 공급 기업과의 마케팅관련 커뮤니케이션을 용이하게 진행할 수 있음.	집중적 유통 대비, 상대적으로 소수의 중간상과 거래하므로, 유통 경로 관리 비용 절감 가능. 공급 기업은 선택한 중간상과의 우호적인 거래 관계 구축이 상대적으로 용이, 이에 중간상에게 다양한 인센티브 제공 등을 통해 자사 제품의 판매 독려가 중요함.
단점	중간상에 대한 통제 곤란(중간상 영업직원에 대한 동기부여가 어려움), 낮은 마진, 소량 주문 및 재고 주문관리의 힘듦.	공급 기업 입장에서 기업의 매출액이 특정 중간상에 집중될 경우, 견제와 균형의 밸런스가 무너질 수 있음.	

제2절 디지털 시대의 유통 경로

1. 옴니 채널

온라인, 모바일 및 SNS 등의 신유통 경로가 소매업의 핵심으로 부상함에 따라서 기존의 전통적 강자인 오프라인 유통 경로를 포함한 멀티채널 전체를 최적화하여 하나의 강력한 통합 채널로 활용하기 위한 것이 옴니채널 전략이다. [그림 4]와 같이 과거에는 온라인 혹은 오프라인에서 상품을 검색하다가 적당한 제품을 발견 시, 그 자리에서 구매를 진행하는 정형화된 구매 프로세스에 의해 시장이 움직였지만, 최근에는 온라인, 모바일 SNS 등에서 제품 정보를 검색 후 오프라인 매장에서 상품을 확인한 후, 해당 제품을 가장 저렴한 가격으로 제공하는 유통채널을 검색해 상품을 구매하는 비정형화된 구조로 소비형태가 변화되었다. 이러한 구매 패턴 변화는 온라인에서 상품을 보고 매장에 가서 구입하는 웹루밍족(Webromming)과 매장에서 상품을 보고 온라인으로 구매하는 쇼루밍족(Showromming) 혹은 모루밍족(오프라인에서 제품 확인 후, 모바일로 구매)과 같은 소비 형태를 만들어 냈다. 또한 이와 함께 소비자의 검색 활성화에 의해 MOT(Moment of Truth: 소비자가 매장 직원 및 기업의 특정 자원과 접촉 시 서비스 품질에 대한 소비자 인식에 결정적인 영향을 미치는 상황)가 아닌 ZMOT(Zero Moment of Truth: 검색을 통한 소비자의 구매 결정 첫 단계) 즉, 온라인 및 모바일 상에서 검색의 중요성이 더욱 강조되고 있는 실정이다.

옴니 채널은 위와 같은 비정형화된 소비자의 구매 프로세스를 기반으로 온·오프라인 및 모바일에서의 소비자와 유통 채널 간의 최적화된 구매 관리를 의미한다. 옴니 채널을 적극적으로 활용하고 있는 미국의 윌리엄 소노마(William Sonoma)는 옴니 채널 전략을 '인터넷,

[그림 4. 고객 구매패턴의 변화]

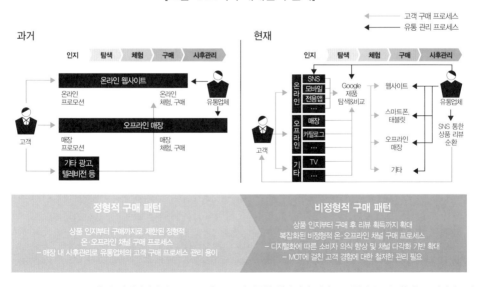

출처: 리테일매거진 2013. 07. 온-오프라인통합 챔피언이 시장 주도한다 / 글/조형진 _AT커니파트너

모바일, 카탈로그, 오프라인 매장 등 여러 유통 채널을 유기적으로 결합, 고객 경험의 극대화를 통해 판매를 촉진하는 전략'으로 정의하고 있다.

이에 대응하기 위해 전통적인 오프라인 기업인 미국의 월마트(Walmart)는 전자 상거래 서비스 강화를 위해 다양한 온라인 소매 업체를 인수하고 있는데, 남성의류 기업인 Bonobos, 여성의류 기업인 Modcloth, 아웃도어 의류 기업인 Moosejaw 등이 있다. 또한 2018년에는 웹사이트와 모바일 애플리케이션에 대한 대대적인 개편 작업을 진행하여, 소비자가 마트에 도착하기 전에 구매하고자 하는 제품을 모바일 애플리케이션을 이용해서 쇼핑을 한 후, 매장에 도착한 후에는 모바일 앱에 포함된 디지털 지도를 통해 소비자가 찾고자 하는 제품이 있는 곳까지 빠르게 안내하는 서비스를 진행 중이다.

2. 서브스크립션 커머스(Subscription Commerce)

서브스크립션(구독, Subscription)과 커머스(상거래, Commerce)의 합성어로 서브스크립션 커머스 혹은 서브스크립션 서비스란 매월 잡지나 신문을 구독하듯, 소비자들이 제품을 체험하기 위해 일정액을 내면 업체가 다양한 제품을 모아 배달해주는 신개념 유통 서비스이다. 일종의 맞춤형 온라인 쇼핑 형태로 전문지식을 갖춘 바이어가 소비자 대신 제품을 구매해준다는 콘셉트를 내세운 것이 특징이다. 2010년 4월 미국 Birchbox(매월 10달러에 화장품 견본 몇 가지를 보낸 주던 것)를 시초로 전 세계적으로 확대되었으며, 한국에는 2011년 처음 도입되었다. 최근에는 화장품뿐 아니라 맥주, 양말, 영양제, 간식, 와이셔츠, 면도기를 비롯하여 자동차까지 거의 모든 것을 구독하는 세상이 도래했다. 이는 상품이나 서비스를 개별적으로 파는 대신에 상품이나 서비스가 정기적으로(월별, 계절별, 연별) 소비자에게 제공되기 때문에 기업 입장에서는 단발성이 아닌 지속적으로 재구매를 유도할 수 있으므로 브랜드 로열티를 높일 수 있다. 바쁜 현대 사회에서 쇼핑할 시간이 없거나, 수많은 정보와 상품들 속에서 최종 선택을 망설이게 되는 소비자층을 공략하며 성장하고 있다.

특히 4차 산업 혁명의 시대를 맞아 산업과 정보 통신 기술이 융합된 AI를 통해 소비자의 다양한 욕구를 반영한 큐레이션이 접목된 더욱 세분화된 서브스크립션 커머스가 진행되고 있다. 예를 들어, 란제리 회사 아도르미(Adore me)는 온라인 판매의 문제인 스타일 및 사이즈, 착용감 등의 문제를 인공지능을 통해 해결하고 소비자의 취향을 분석하여 서비스를 제공한다.

3. 기술 혁명과 유통의 변화

IOT, AI, 가상 현실 및 증강현실 등의 기술 혁명이 유통 서비스와 접목되어 소비자들에게 새로운 가치를 부여하고 있다. 가상현실은 PC, 스마트폰 등의 단말기와 연동된 가상현실용 헤드셋을 낀 소비자가 특정 환경 혹은 상황을 실제처럼 느끼고 반응하게 하는 기술이다. 유통업계에서는 이의 기술을 적용하여 소비자가 가상 스토어(Virtual Store)를 둘러보며, 3D로 이미지화된 제품을 통해 소비자가 오프라인에서 하던 쇼핑을 VR 환경으로 경험하도록 하고 있다. 2015년 노스페이스는 미국 맨해튼, 시카고, 샌프란시스코 매장에서 소비자가 원하는 옷을 입고 VR기기를 쓰면 가상으로 128m 높이의 그랜드 캐니언 절벽에 뛰어내리는 체험 서비스를 진행했다. 이를 통해 아웃도어 컨셉인 역동적인 브랜드 이미지와 적합한 서비스를 제공함과 동시에 온라인몰로 이탈한 소비자를 오프라인으로 다시 유인하는 효과도 노린 것이다.

또한 최근은 가상의 현실을 입체적으로 보여주는 VR보다 진보된 증강 현실(AR: Augmented Reality) 즉, 있는 그대로의 현실을 스마트 기기를 이용해서 실제적으로 표현하는 기술이 유통과 접목되어 제공되고 있다. 가상 현실은 특정 장비를 활용하는 번거로움으로 인해 제한적으로 활용될 수 있는 반면, 증강현실은 연동 가능한 스마트 기기만 있다면 실행할 수 있는 장점이 있다. '이케아 플레이스'는 앱 안에서 구매하고자 하는 가구의 실제 공간에 배치된 모습을 AR 기술을 활용하여 소비자의 욕구를 만족시켰다. 소비자가 앱을 이용하여 가구를 배치하고자 하는 자신의 공간을 스캔하고, 원하는 이케아 가구를 골라서 배치하는 것이다. 기존 가구들과 공간의 크기를 정교하게 계산해서 스캔하고, 이케아 가구의 질감 및 바닥에 드리우는 그림자까지 구현했고, 가구가 배치된 공간의 모습을 3D로 다양한 각도에서 확인할 수 있도록 해준다. 가구는 매장에서의 제품 탐색만큼 소비자가 실제 배치할 공간에서의 모습이 소비자 구매 의사 결정에 결정적 영향을 주는 것을 잘 활용한 경우라고 볼 수 있다.

증강현실·혼합현실 활용하여 유통을 혁신하다

 미국의 유통 관련 리서치 업체인 Interactions Consumer Experience Marketing, Inc에 따르면 수천 명의 쇼핑객을 대상으로 조사한 결과, 매장에서 증강현실 또는 혼합현실(AR, MR)을 통해 상품을 체험하면 72%의 고객이 계획에 없던 충동 구매를 하게 되는 것으로 조사되었다.

 즉 가구, 화장품, 쥬얼리, 패션, 신발 등을 판매하는 소매 유통업, 매장에서 증강현실을 적용하면 고객이 브랜드를 인지하고 상품을 탐색·구매 후 사용하는 데까지 색다른 경험 또는 사전 경험을 제공함으로써 매장으로의 방문을 유도하고, 상품에 대한 구매욕구도 증가시킬 수 있는 것이다. 이러한 증강현실, 혼합현실을 활용한 유통 혁신은 이케아 같은 가구 중심으로 확산되었으나 최근 화장품 가게에도 적용되고 있다.

 세포라(Sephora)의 가상 아티스트는 Sephora에서 구입할 수 있는 다양한 제품을 사전에 "가상으로 시도"해 볼 수 있다. 이전 버전은 셀카로 찍은 사진에 증강현실로 메이크업을 입혀 어울리는지 확인하는 정도 였지만, 지금은 실시간 화면을 통해 고객이 선택한 화장품으로 메이크업 후 실시간 체크할 수 있도록 업데이트되었다. 자신에게 정확히 어

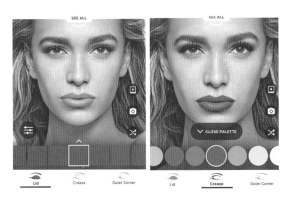

Sephora 버츄얼아티스트(그림 출처: 더버지)

울리는 메이크업 제품을 찾을 수 있어, 고객만족으로 이어지고 실제 구매로 이어질 수 있는 서비스로 알려져 있다.

 이밖에도 증강현실은 고객을 매장으로 유입시킬 수 있다. 2018년 월마트는 'Jurassic World Alive'라는 증강현실 게임에 특정 아이템을 얻기 위해서는 월마트 매장으로 방문해야 얻을 수 있도록 하였다. 당시 쥬라기월드폴링킹덤 개봉에 맞추어 이 캠페인을 실시함으로써 어느 정도 유효했던 것으로 파악된다. 훨씬 이전 일본의 선샤인 아쿠아리움의 펭귄내비 사례 등은 모두 매장으

로 유입시키기 위한 증강현실 활용 사례로 볼수 있다. 최근에는 랑콤이 2019년 초 홍콩에서 알리바바와 협력해 증강현실을 기반으로 팝업매장 유입을 위한 캠페인을 실시했다. 대표 화장품인 Gentifique 이미지를 하버시티 도시 곳곳에서 캠쳐한 고객에게 한정판 제품 및 선물을 팝업스토어에서 제공하는 방식이다.

월마트쥬라기캠페인, 랑콤캠페인(그림 출처: 월마트, 마케팅인터랙티브)

BRP 디지털 상거래 벤치마킹조사에 의하면 미국 소매업체의 32%가 3년내에 증강현실을 구현할 계획이이라하고 구매자의 48%는 증강현실를 사용하는 소매점에서 쇼핑할 가능성이 높다고 예상하고 있다.

구매전 시도를 통한 구매욕구 증가, 새로운 경험을 통한 매장유입 효과뿐아니라 이러한 증강현실·혼합현실 앱들은 무엇보다 고객 맞춤형 서비스가 가능해진다. 특정 고객이 선정하고 시도한 상품을 DB로 가지고 있으면서, 향후 신상품 출시때 Push로 제안하면서 업셀링, 크로스셀링이 가능해지는 것이다.

출처 김범수의 ICT 연구소 | [더미의 ICT트렌드] 증강현실·혼합현실 활용하여 유통을 혁신하다.
– 신발가게, 주얼리, 화장품가게 적용사례 | 작성자: 더미브릿지 |
https://blog.naver.com/baemsu/221552820582 | 2019.06.02.

사례 #2

아마존 "몇 달 내 드론으로 소포 배송"… 미국은 드론 전쟁 중

세계 최대 전자상거래 업체 아마존이 몇 달 내에 스스로 운행하는 배송용 전기 드론을 이용해 소포를 배달할 계획이라고 5일(현지 시간) 로이터 통신과 CNBC 방송 등이 보도했다. 아마존은 이날 미 라스베이거스에서 열린 '리마스'(re:MARS) 콘퍼런스에서 신형 배송용 드론을 처음으로 공개하고 이런 계획을 밝혔다. 아마존은 드론 배송이 이뤄질 지역과 정확한 시점은 밝히지 않았다. 일단 미국 내에서 시작할 것으로 보인다. CNBC는 "프라임 회원을 상대로 배송 시간을 단축하기 위한 노력의 하나"라고 설명했다.

아마존은 최근 북미 지역에서 프라임 회원들을 상대로 '무료 1일 배송' 서비스를 개시하기도 했다. 이날 드론을 공개한 아마존의 전 세계 소비자 부문 최고경영자(CEO) 제프 윌키는 신형 드론이 몇 달 내에 소비자들에게 소포를 배송하는 데 사용될 것이라고 말했다. 그는 이 드론이 30분 내 거리에 있는 고객에게 5파운드(약 2.3㎏) 이하의 소포를 배달할 수 있다고 밝혔다.

이 드론은 최대 15마일(약 24㎞)까지 비행할 수 있으며, 착륙 때는 컴퓨터 비전(시각)과 머신러닝(기계학습)을 이용해 사람이나 뒤뜰의 빨랫줄을 피할 수 있다. 사람보다 움직이는 사물을 더 잘 파악할 수 있고 자동차로 소포를 배송하는 것보다 에너지 면에서 더 효율적이라고 이 회사는 밝혔다.

윌키 CEO는 아마존이 인공지능(AI)에도 막대한 투자를 하고 있다고 밝혔다. 목적지에 착륙할 때 사람이나 건물은 물론 작은 동물, 전화선 등을 감지해 피하려면 예민한 센서와 충돌방지 시스템이 필요하기 때문이다. 이 드론은 또 2030년까지 배송의 절반을 '탄소 제로(0)'로 만들겠다는 아마존의 약속의 일환이기도 하다. 제프 베이조스 아마존 CEO는 2013년 12월 5년 내에 소비자의 가정까지 드론이 날아갈 것이라고 말한 바 있다.

로이터는 "그 시한은 규제 장벽 때문에 이미 경과했다"고 보도했다. 아마존은 현재 규제 당국으로부터 드론 비행 승인을 받으려 하는 중이다.

미국에선 드론을 이용한 배송 경쟁이 치열해지는 양상이다. 4월에는 구글 계열의 무인기 운용사 '윙항공'(Wing Aviation)이 올해 말부터 미 버지니아의 블랙스버그의 외곽 지역에서 가정에 물품을 배송할 수 있는 허가를 받았다. 이미 호주, 싱가포르, 핀란드, 스위스 등지에서는 드론 배송 서비스가 시행되고 있다.

아마존은 또 이날 페가수스와 크산투스(그리스 신화의 신마〈神馬〉) 드라이브 로봇도 공개했다. 이 로봇들은 창고와 배송센터에서 소포와 재고물품을 분류하고 옮기는 역할을 한다. 신형 페가수스 로봇은 기존 로봇보다 소포를 잘못 분류하는 비율을 50% 낮췄다. 아마존은 2012년 이후 20만 대가 넘는 로봇 구동 장비를 사업 현장에 배치했다고 밝혔다.

출처 한국경제tv(news.wowtv.co.kr) | 디지털전략부 | 2019.06.06.

사례 #3
대형 마트가 사라진다

주말 오후, 대형 마트 주차장에 차를 세워두고, 온 가족이 쇼핑몰을 천천히 둘러보며, 행사 중인 상품들 위주로 카트 한가득 물건을 채우며 쇼핑을 즐기는 일은 영원히 계속될 것 같은 익숙한 일상의 풍경이다.

프랑스에서도 1960년대부터 대략 50년간, 하이퍼마켓(2,500㎡ 이상의 초대형 복합매장으로 우리나라의 이마트, 롯데마트 등이 이에 해당됨)의 호시절이 이어져 왔다. 사람들은 거리낌 없이 쇼핑을 즐겼고, 다발로 포장된 제품들을 싸게 구입하는 것이 최선의 선택이라 믿어 의심치 않았다. 그러나 어느 순간부터 사람들은 하이퍼마켓을 떠나기 시작했다. 시장 전문가들은 이제 하이퍼마켓들이 느리지만 확실한 종말을 향해 가고 있다고 단언하기에 이르렀다.

프랑스 하이퍼마켓의 선두주자인 까르푸는 올해 직원 2,300명을 해고하고, 크고 작은 매장 300개를 줄이는 계획에 착수했다. 까르푸와 어깨를 나란히 하는 오샹도 지난해에만 10억 유로(약 1조 3천억 원)의 손실을 보며, 더 이상 흑자를 내지 못하는 21개의 대형매장을 폐쇄할 계획임을 지난 5월 초에 발표한 바 있다. 카지노도 실적이 부진한 19개의 대형 매장을 매물로 내놓은 상태다.

하이퍼마트 부진의 가장 원인은 날로 늘어나는 인터넷 쇼핑에 있다. 지난 8년간 하이퍼마켓에서 비식품류의 판매는 30%나 감소했다. 그러나 이것만이 문제였다면, 식품 위주로 매장을 구성하는 것으로 극복해 갈 수 있었을 것이다. 식품 부문에서는, 달라진 소비자의 선호도가 유기농 전문 매장, 소비자 직거래 장터로 그들의 발걸음을 유인했다. 결국, 하이퍼마켓들은 지난 7~8년간 연 3~4%의 수입 감소를 기록해 오다가, 역사의 퇴물이 될 것임을 선고받았다.

1980, 90년대 소비자들은 양적인 쇼핑을 즐겼다. 하지만 2008년 유럽을 강타한 금융위기가 사람들의 소비심리를 위축시킨 이후, 소비자들은 환경이나 공중 보건 분야에서 잇달아 빚어져 온 참사들로에 예민해졌다. 그 결과 보다 신중하고 세심한 소비 패턴으로 진화하게 되었다.

대형 매장을 거닐며, 1+1 같은 문구에 의해 충동구매하는 식의 쇼핑은 불필요한 소비를 부추긴다는 인식이 확산되었다. 건강과 환경에 관심이 증가하면서 적게 소비하는 대신 가까운 곳에서 생산된 신선한 제품을 소비하는 것으로 패턴이 변화했다.

유기농, 비GMO, 식품첨가물 비사용뿐 아니라, 염분과 당도가 낮은 음식들을 전반적으로 선호하고, 냉동 가공식품에 기피도도 늘어났다. 최근 한 여론조사에서 프랑스인 2명 중 1명은 하이퍼마켓에 가는 것이 "귀찮은 노동"이라고 답하기도 했다. 실용적 관점에서뿐 아니라, 정서적으로도 하이퍼마켓은 이제 사람들의 마음에서 떠나가고 있다. 카트를 가득 채우는 행위에서 기쁨을 느끼던 시절이 저물고 있음을 시사한다.

사람들은 이제 대형마트에서 모든 걸 구입하기보다 기꺼이 필요한 것들을 전문 매장에서 구입하는 수고를 마다하지 않는다. 내 경우에도 생필품들은 동네 슈퍼에서, 대부분의 식료품은 유기농 식품매장에서, 생선은 매주 화요일 열리는 장터에서 구입하며, 라면이나 떡볶이같은 (불량) 소울 푸드들은 지하철을 타고 30분을 이동해 사오는 것을 주저하지 않는다.

소비가 줄어든다

소비의 중심지였던 하이퍼마켓을 정서적으로도 멀리하게 된 탓일까. 심지어 최근 3년 동안에는 프랑스인들의 소비 자체가 줄어드는 초유의 현상들이 빚어지기도 했다. 2008년, 금융위기 여파로 일시적으로 감소했던 소비는 금세 다시 예년 수준을 회복했다. 하지만 2016년 프랑스는 전해 대비 0.1%의 감소했고, 2017년에는 0.3%, 2018년에는 0.5% '소비 감소' 행진을 이어갔다.

한 생협(Biocoop) 내부 모습. 대형 매장에 비해 따뜻한 조명과 실내 장식이 눈에 띈다. ⓒ 목수정

이 같은 소비의 감소는 지속되는 인구 증가(2017년 1.9%)에 반하는 것이기에 더욱 눈에 띈다. 불황의 여파가 구매력을 감소시킨 탓도 있겠지만 '양'에서 '질'의 추구로 변모한 소비 패턴의 영향도 크다.

대형 슈퍼마켓이 고객을 빼앗기는 동안, 확고한 성장을 이룬 시장은 인터넷 쇼핑뿐 아니라 유기농 매장이다. 1999년 10억 유로에 불과했던 프랑스의 유기농 식품 매장의 매출은 2017년 83억 7300만 유로로 성장하면서 8배 이상의 급격한 신장을 보였다. 물론 대형 슈퍼마켓에서도 유기농 매장이 점점 중요해지면서 많은 면적을 차지해 가고 있다. 하지만 소비자들이 선호하는 곳은 단연, 유기농 전문 매장과 생산자 직거래 유통이다.

매주 계절 채소들로 채워져 전달되는 생산자 직거래 채소 바구니(Panier Vert)는 수년 사이에 전국에서 선풍적인 인기를 끌고 있는 히트 아이템이다. 지역의 소규모 생산자와 도심의 소비자들, 혹은 유기농 직거래 매장이 계약을 맺고, 대략 15유로 어치의 계절 야채들을 바구니 한가득 채워서 매주 전해주는 시스템이다.

겨울엔 간신히 배추와 감자, 무 정도로만 바구니가 채워지지만, 사람들은 믿을 수 있는 생산자가 직접 키운 계절 야채들을 받아먹는 데서 큰 기쁨을 찾는다. 건강한 음식물을 섭취한다는 안도감에다 바구니를 받을 때 예기치 않은 갖가지 야채를 발견하는 즐거움, 중소규모의 농민들의 안정적 수입에 기여한다는 만족감까지 더해진다.

프랑스에서 가장 넓게 확산된 유기농 식품 매장 나뛰랄리아 ⓒ 목수정

지난 달 실시된 유럽의회 선거에서 녹색당이 13.5% 득표로 역대 최고의 성적을 낸 것도, 환경과 자연에 대한 프랑스 시민들의 관심이 부쩍 상승했음을 보여준다. 또 지금의 소비 패턴이 '반짝 나타나는' 소비자의 변덕이 아님을 짐작케 한다. 지난 15년간 파리 수도권 지역의 인구 1인당 쓰레기 배출량이 108kg(약 20%) 줄어든 것도, 높아진 환경에 대한 관심과 이와 연계된 소비 패턴이 이뤄낸 긍정적 변화다.

직거래를 선호하고 사람들과의 긴밀한 접촉에 눈 뜬 도시민들은 곳곳에서 일주일에 한두 번씩 열리는 장터에 활기를 불어넣고 있다. 물론 프랑스에서는 도심에서든 시골에서든 한 번도 장터가 사라진 적은 없었다. 하지만 점점 더 활기를 띠어가는 모습이 곳곳에서 목격된다. 생산자와 직접 거래하기 때문에 더 싱싱한 농산물을 접할 수 있고, 왁자지껄한 분위기에서 이웃과 상인들을 만나 대화를 나누며 소통하는 즐거움을 찾는 사람들이 많아진 것이다.

포도주나 맥주에서도 다양한 품목들이 진열된 유기농 식품 매장의 모습. 다양한 곡물들을 필요한 만큼 종이봉투에 담아 무게를 재서 판매하고 있기도 하다. ⓒ 목수정

식품 이외에도, 쇠락해 가는 대형매장을 대신해 등장하는 매장들은 제품의 질적인 면과 인간적 접촉이 가능한 소형 전문매장들이다. 이러한 변화는 문화 영역에서도 일관되게 관찰된다.

출처 오마이뉴스(www.ohmynews.com) | 목수정의 바스티유 광장 기고문 중에서
대형마트 부분만 발췌 | 목수정 | 2019.06.06.

월마트 vs 아마존… 신선식품 실적 '옴니채널'이 갈랐다

미국 신선식품 시장 경쟁에서 오프라인 유통가 대표 월마트가 온라인 유통가 대표 아마존을 눌렀다는 평가가 나온다. 아마존은 연간 신선식품 시장 규모를 8000억 달러(903조 2000억 원)로 추산한다.

월마트가 앞세운 것은 오프라인 유통가의 장점 신선식품, 그리고 이를 효과적으로 배송할 온라인 서비스다. 온·오프라인 서비스를 융합한 옴니채널로 실적을 이끈 셈이다. 아마존도 2017년 인수한 홀푸드의 신선식품 노하우에 정보통신기술을 더해 새로운 옴니채널 매장을 개설, 경쟁 판을 다시 쓴다는 각오다.

월마트뿐 아니라 타겟, 콜스 등 미국 오프라인 유통가도 온라인 유통과의 융합을 꾀해 좋은 실적을 냈다.

한국 유통업계 한 관계자는 "두터워진 소비자층, 한층 다양해진 쇼핑 요구를 만족하는데 옴니채널은 필수다"며 "한국 유통가도 미국 유통가의 실적을 타산지석으로 여겨야 한다"고 밝혔다.

신선식품 · 옴니채널 앞세운 월마트 좋은 실적… 아마존도 대응 나서

미국 오프라인 유통사 월마트는 2018년 4분기 어닝서프라이즈를 기록했다. 이 기간 월마트의 매출은 1387억 9300만 달러(156조 6556억 원), 영업이익은 60억 6700만 달러(6조 8478억 원)에 달한다.

업계는 지난해 같은 기간보다 35.8% 늘어난 월마트의 영업이익뿐 아니라, 43% 수준인 온라인 판매 성장률을 주목했다.

옴니채널 서비스 '클릭&콜렉트(Click & Collect)'는 월마트 실적 호조의 비결 중 하나다. 온라인 할인가격으로 신선식품을 산 후 오프라인 매장에서 직접 수령하는 서비스다. 소비자는 온라인 유통의 저렴한 가격, 오프라인 유통의 품질을 한번에 얻는다. 월마트는 2016년 e커머스 기업 제트닷컴과 플립카트를 인수한 효과를 톡톡히 누렸다.

미국 온라인 유통 공룡 아마존도 2018년 4분기 좋은 실적을 공개했다. 이 기간 아마존의 매출은 724억 달러, 81조 7323억 원이며 영업이익은 30억 달러(3조 3861억 원)다. 지난해 같은 기간보다 66% 늘어난 수치다.

하지만 정작 아마존은 오프라인 유통 강화를 위해 2017년 인수한 홀푸드 효과를 거의 누리지 못했다는 평가가 나온다. 아마존 홀푸드의 4분기 매출이 지난해 같은 기간보다 18% 늘었다고는 하지만, 신선식품을 비롯한 오프라인 유통가를 장악하는 데에는 실패한 모양새다. 아마존은 홀푸드와 다른 유기농·프리미엄 신선식품점으로 대응할 전망이다.

미국 경제지 월스트리트저널은 4일(현지시각), 아마존이 미국 로스앤젤레스를 시작으로 2020년까지 3곳 이상의 유기농·프리미엄 신선식품점을 만들 것이라고 보도했다. 무인 유통 매장 아마존고의 정보통신기술이 적용될 가능성도 높다.

신선식품은 보관 온도나 방법 등이 제품별로 다르다. 따라서 기존 온라인 유통의 문법으로 대응하기 어렵다. 아마존은 데이터 기반 온라인 물류 시스템에 홀푸드의 신선식품 노하우를 융합, 시장을 본격 공략한다. 업계는 아마존 유기농·프리미엄 신선식품점을 미국 유통가 간 옴니채널 경쟁의 신호탄으로 해석한다.

월마트뿐 아니라 타겟, 콜스 등 오프라인 매장도 옴니채널로 실적 반전

2019년 유통가 옴니채널 경쟁은 더욱 심화될 전망이다. 월마트뿐 아니라 타겟과 콜스 등 미국 백화점도 나란히 옴니채널 전략을 도입해 2018년 4분기 실적 반전을 이뤄냈다.

타겟의 2018년 4분기 매출은 2017년 대비 5.3% 늘었다. 이는 2005년 이후 가장 높은 수치다. 타겟은 온라인 주문 후 자동차에서 제품을 바로 받을 수 있는 커브사이드 픽업을 2018년 시작했다.

같은 기간 콜스의 매출도 1%, 연간으로는 1.7% 늘었다. 콜스는 모바일 쇼핑몰과 결제 등 기본적인 온라인 쇼핑 수단을 우선 도입하고 점포 효율화, 기계학습을 통한 맞춤형 검색을 선보였다. 콜스 경영진은 콘퍼런스콜에서 오프라인 소매점 중심으로 2019년 옴니채널을 본격 구축, 온라인 매출을 전체의 40% 상당으로 늘리겠다고 밝혔다.

매출 신장율 자체는 크지 않지만, 최근 수년간 하락 일변도였던 미국 오프라인 유 통가의 실적을 옴니채널이 반전시켰다는 의미는 크다.

옴니채널은 미국 유통가에 있어 선택이 아닌 필수다. 온·오프라인의 융합을 통해 부활한 월마트, 타겟, 콜스와 달리 미국 유통 공룡 시어스는 오프라인에만 집중한 채 온라인을 등한시했다.

결국 시어스는 2018년 10월 1억 3400만 달러(1512억 원) 채무를 견디지 못하고 파산신청, 역사의 뒤안길로 사라졌다.

출처 IT 조선(http://it.chosun.com) | 차주경 기자 | 2019.03.08.

Quiz

소속 ....

성명 ....

1 제조업자가 중간상을 통해 얻을 수 있는 장점과 단점에 대해 논하라.

....

....

....

....

....

....

....

....

....

....

2 유통 커버리지와 관련된 3가지 유형을 간단히 비교 설명하라.

....

....

....

....

....

....

3 옴니 채널의 특징에 대해 간단히 설명하라.

당신이 생각하는 국내(혹은 국외)를 대표한다고 볼 수 있는 옴니 채널 방식을 진행하는 유통 브랜드에는 어떤 것이 있다고 보는가? 이 브랜드의 옴니채널 마케팅 전략의 장단점에 대해 설명하라.

4 당신이 이용해 본 서브스크립션 서비스에는 어떤 것들이 있는가? 실제로 이용한 경험을 기준으로 이의 단점을 보완한다면 어떤 식으로 진행할 것인가?

⑤ 최근은 복수 유통 관리 유형을 채택하고 있는 것이 일반적 추세이다. 이는 다양한 세분 시장에 있는 소비자를 공략할 수 있는 반면, 복수 채널 간의 유통 갈등을 유발시키게 된다. 이와 같은 수평적 혹은 수직적 갈등을 해결하기 위한 방안에는 어떤 것들이 있는가?

⑥ 대형마트, 백화점과 같은 오프라인 유통채널의 미래를 자유롭게 토론해보자. 이와 같은 오프라

인 유통이 생존하기 위해서는 어떤 마케팅이 필요한지 논하라.

7 IOT, AI, 가상 현실 및 증강현실 등의 기술 혁명이 유통 서비스와 접목되어 혁명의 시대에 접어들고 있다. 이러한 리테일 테크와 관련하여 일반적인 소비자들에게 가장 필요한 '유통 서비스 + 기술의 만남'에는 어떠한 것들이 있다고 생각하는가?

Chapter 10
마케팅 커뮤니케이션과 IMC

제1절 마케팅 커뮤니케이션의 이해

1. 마케팅 커뮤니케이션의 과정

[그림 1. 마케팅 커뮤니케이션 과정과 이의 구성 요소들]

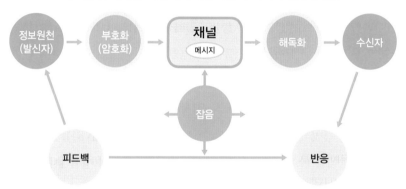

① 발신인 : 다른 사람이나 집단과 정보를 공유하고자 하는 개인이나 집단

② 부호화 : 커뮤니케이션 목적을 메시지로 전달하는 과정, 문자, 심볼, 그림 등을 통해 수신자에게 메시지를 전달하기 때문에 따라서 수신자가 이해하기 쉬운 방향으로 메시지를 부호화하는 것이 필요함.

③ 채널 : 커뮤니케이션 정보원천으로부터 수신자에게 전달되는 매개체로 인적 채널과 비인적 채널로 구분 가능.

④ 메시지 : 발신인이 전달하고자 하는 내용의 조합을 의미함.

⑤ 해독 : 수신자가 메시지에 의미를 부여하고 해석하는 과정으로 마케팅 관리자가 의도

한 방향으로 수신자가 해독하는지, 또는 해당 메시지가 소비자(수신자)의 태도와 행동에 긍정적 영향을 미치는지가 중요함.

⑥ 수신인 : 마케팅 관리자의 메시지를 보고 듣고 해독하는 표적 시장 혹은 표정 청중을 의미함. 성공적인 커뮤니케이션은 발신자가 의도한 대로 수신자가 메시지를 해석하는 것.

⑦ 잡음 : 커뮤니케이션 과정에서 효과적인 커뮤니케이션을 방해하는 모든 요인으로 메시지의 부호화 과정과 수신시점의 산만함에 의해서도 발생하며, 수신자와 발신자와의 경험 영역이 일치하지 않을 경우에도 발생.

⑧ 반응 : 메시지 수신 이후, 수신자는 해당 메시지에 대한 반응을 통해 인지 및 행동을 하는 바, 메시지를 단기 기억 속에 저장하거나 혹은 광고된 상품을 구매하는 행위가 포함됨.

⑨ 피드백 : 메시지의 발신자에게 수신자의 반응이 커뮤니케이션되는 것으로 마케팅 관리자는 피드백을 통해 커뮤니케이션 활동의 성과를 평가함. 브랜드 인지도, 태도 및 실질적인 구매 결과 등의 다양한 형태로 파악이 가능함.

이와 같은 마케팅 커뮤니케이션 과정 모형은 목표 고객을 대상으로 진행하는 마케팅 관리자의 효과적인 의사결정의 중요한 요소와 전체 프로세스를 보여준다. 이 모형에서 중요한 시사점은 발신인이 보내는 다양한 채널을 통해 보내지는 메시지가 수신인에게 전달되는 커뮤니케이션 과정에 상당한 양의 잡음이 존재한다는 점이다. 소비자들은 하루에도 수백 개에 달하는 상업적 메시지를 접하고 있다. 또한 정보를 처리할 때 자기 중심성(Egocentrism)의 원칙을 자신도 모르게 사용하여 외부에서부터 오는 정보를 접할 때, 자신이 좋아하는 정보는 중요하게 처리하고 그렇지 않은 경우는 무시하는 태도를 보인다. 즉, 소비자들은 선택적으로 본인이 관심이 있는 것에만 주의(Selective attention)를 기울이기 때문에 발신자가 보내는 모든 자극과 메시지를 감지하는 것이 불가능하다. 또, 소비자들은 자기가 듣고 싶고 보고 싶은 것만 선택적으로 골라서 들음과 동시에 이를 자신에게 유리한 방향으로 변형, 왜곡하여 수용한다(Selective distortion). 그리고 자신들의 장기 기억 속에 모든 메시지를 저장하는 것이 아닌, 일부만 간직하고 정보를 검색할 때도 선택적으로 골라서 기억하고 골라낸다(Selective retention). 이 때문에 마케팅 의사 전달자는 소비자들이 처한 내·외부적 잡음 속에서도 그들이 주의를 집중하고 설득될 수 있는 메시지를 만들어서 이를 일관성있게 지속적으로 커뮤니케이션하는 것이 매우 중요하다.

2. 마케팅 커뮤니케이션의 개발

마케팅 의사 전달자는 여러 차원의 잡음에 둘러싸인 소비자들을 이해하고 이들의 주의를 끌고, 설득하기 위한 일관성 있는 작업을 통해 효율적인 커뮤니케이션 목표를 달성해야 한다. 이를 위해서는 다음의 여섯 단계의 프로세스를 이해하는 것이 필요하다.

[그림 2. 마케팅 커뮤니케이션 개발을 위한 프로세스]

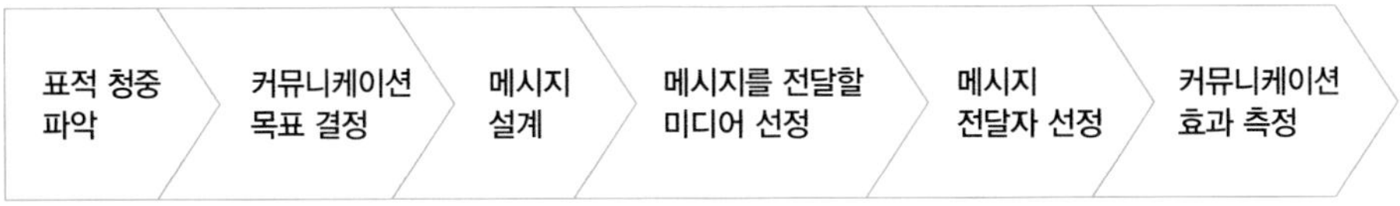

표적 청중 파악 〉 커뮤니케이션 목표 결정 〉 메시지 설계 〉 메시지를 전달할 미디어 선정 〉 메시지 전달자 선정 〉 커뮤니케이션 효과 측정

1) 표적 청중의 파악

이는 구매 의사 결정을 내리거나 혹은 의사 결정을 미치는 현재의 고객뿐 아니라, 예상되는 잠재 고객 모두가 포함된다. 표적 청중에 대한 가설 설정에 따라서 이후 진행되는 다섯 단계의 전략적 방향성에 있어 큰 차이가 발생할 수 있다. 예를 들어, 20대 여자 대학생과 40대 가정 주부의 라이프 스타일, 선호 채널, 구매 행동, 해당 제품에 대한 지식의 수준 등은 차이가 나기 때문이다. 따라서 이 단계는 시장세분화(Segmentation)와 표적 시장의 선택(Targeting)에 따른 일관성 있는 가이드라인에 의거해서 결정하는 것이 효율적이다.

2) 커뮤니케이션 목표 설정

표적 청중을 확정한 후, 마케팅 의사 결정자는 그들로부터 기대하는 반응이 무엇인지를 결정해야 한다. 대부분의 경우, 기업 마케팅 커뮤니케이션의 궁극적 목표는 구매이다. 하지만 기업이 처한 상황에 따라서 커뮤니케이션의 목표가 달라질 수 있기 때문에, 다음과 같은 소비자 의사 결정 과정 상의 각 단계를 이해해야 한다. 즉, 소비자는 브랜드에 대해 알게 되는 인지(Awareness) 단계 → 해당 브랜드에 대해 지식(Knowledge)을 갖게 되는 단계 → 해당 브랜드에 대해 좋아하거나 별다는 감정이 없을 수도 혹은 싫어할 수도 있는 호감(Liking) 단계 → 해당 브랜드를 좋아하지만 다른 브랜드와 비교 시, 더 좋아하거나 그렇지 않을 수 있는 선호(Preference) 단계 → 내가 다른 브랜드보다 선호하는 그것이 최고의 제품이라고 믿게 되는 확신(Conviction) 단계 → 확신을 지닌다고 해도 다양한 이유로 인해 구매를 유보하는 경우도 많기 때문에 이를 최종 단계까지 유인하는 구매(Purchase)의 과정을 거친다. 그러므로 자사가 처한 상황 및 목표를 설정하고 소비자가 구매를 결정할 수 있도록 구매 시점에 경품 제공 및 가격 할인 등으로 즉각적인 행동을 유도해야 한다. 즉, 마케팅 커뮤니케이션 의사 결정자는 표적 청중이 거치는 구매 단계에서 자사 브랜드의 위치 및 현황을 파악하여 의사 전달 계획을 효과적으로 수립, 실행해야 한다.

3) 메시지의 설계

효과적인 메시지를 개발하기 위해서는 청중들의 주의(Attention)를 끌고, 관심(Interest)를 유발하고, 욕구(Desire)를 자극하여 마지막으로 행동(Action)을 이끌어내야 한다(AIDA 모델). 이를 위해서 메시지 내용, 메시지 구조, 메시지 형식이라는 다음의 세 가지에 대한 의사 결정을 해야 한다.

첫 번째, 메시지 내용은 목표 청중으로부터 기대하는 반응을 얻어내기 위한 주제 및 메시지의 소구 방향으로 이성적 소구(제품의 품질, 성능, 경제성, 가치 또는 최종 편익을 제공하는 것에 중점을 두어 개인적으로 얻을 수 있는 혜택을 강조), 감성적 소구(구매를 자극하는 긍정적 혹은 부정적 감정 예를 들어, 사랑, 기쁨, 유머, 죄책감, 공포감 등을 활용함), 도덕적 소구 방법(무엇이 옳고 도덕적으로 타당한 것인지에 대한 생각을 유도)이 있다.

두 번째는 메시지의 구조로 이와 관련된 세 가지 의사 결정 사항이 있다. 메시지의 결론을 이에 포함시키는가 혹은 표적 청중의 자의적 해석에 맡길 것인가와 관련된 것, 강력한 주장을 메시지의 어느 부분에 둘 것인가와 관련된 것이다. 예를 들어 메시지의 결론을 첫 번째 부분에 두면 초반의 주의를 유도하지만 결론의 맥이 빠질 수 있는 점을 고려하는 것이 포함된다. 또 제품의 장점만 소구하는 일면적 주장(One-sided argument) 혹은 제품의 장·단점에 대해 함께 제시하는 양면적 주장(Two-sided argument) 중 어느 것을 활용할 것인가와 관련된 것이다. 최근 여러 연구 결과에 의하면, 소비자들이 스스로 결론을 내리게 하는 양면적 주장이 제품에 대한 소비자의 진정성과 신뢰성을 오히려 증대시키고 경쟁사의 공격에 더 유연하게 대처할 수 있음이 밝혀졌다.

세 번째는 메시지의 형식으로 인쇄 매체, TV 혹은 유튜브의 영상, 제품 자체의 패키지 등과 같은 전달되는 유형에 따라서 가장 효과적인 형식을 결정해야 한다. 예를 들어, 인쇄 광고에는 소비자의 시선을 유도할 수 있는 그림, 카피, 독특한 구성, 메시지의 크기와 위치, 색상, 모델 및 피사체의 움직임을 고려해야 한다. 영상 제작인 경우에는 음악, 음향, 움직임, 속도 등이 고려되어야 하고, TV매체 혹은 유튜브와 같은 매체 유형에 따라서 길이, 주제, 표현 방법 등에 차이를 두어야 하고, 제품의 포장으로 전달시에는 촉감, 향기, 크기, 형태, 색상 등의 선정에 주의를 기울여야 한다.

4) 메시지를 전달할 미디어의 선택

기업이 사용할 수 있는 미디어에는 인적 의사 전달 경로(Personal communicational channel)와 비인적의사전달 경로(Nonpersonal communicational channel)로 구분된다. 인적 의사 전달 경로는 둘 이상의 사람들이 직접적으로 의사 소통하는 방법으로 서로 얼굴을 보면서 대면 접촉을 하는 경우, 전화 및 이메일, 인터넷, 모바일 문자 메시지 등을 통해 커뮤니케이션을 하는 경우이다. 대부분 기업의 통제하에서 형성되지만, 소비자 보호원과 같이 전문 상담 기관의 상담요원을 통하는 경우 혹은 포털사이트의 파워 블로거, 인스타그램, 유튜브 등에서 활동하는 유튜버(Youtuber)와 같은 인플루언서(Influencer)를 통하는 경우는 기업의 통제를 벗어나는 경우가 많다. 이와 같은 경우를 포함하여 주변에 나보다 정보를 더 많이 알고 있는 지인, 가족, 친구 등이 제공하는 정보 등은 구전 효과(WOM: Word Of Mouth)가 형성되는 바, 긍정적인 구전 효과의 역할을 활용해야 할 것이다. 또한 기업들은 사회적 영향력이 큰 의견 선도자(Opinion leader)를 이용하여 타겟층에게 자사 제품에 대한 유리한 인식과 이미지를 형성시키는 데 노력을 기울이고 있다. 즉, 의견 선도자들에게 미리 제품에 대한 정보를 제공하고 시험적으로 자사 제품을 시도할 기회를 부여하여 다른 일반인들에게 이의 장점이 전파되도록 하여 구매 욕구 등을 자극하는 방안이다.

비인적 의사전달 경로(Nonpersonal communicational channel)에는 신문, 잡지, DM(Direct

Mail Advertising) 등과 같은 인쇄 매체(Print Media), 라디오, TV, 유튜브 등의 방송 매체(Broadcast Media), 포스터, 옥외간판, 벽보 등의 전시 매체(Display Media), 이메일, 기업 홈페이지와 같은 온라인 매체가 있다. 또, 간접적으로 기업의 이미지를 향상시킴으로써 신뢰감을 높이고 상품 판매를 강화하는 방안인 이벤트(Event)를 통해 메시지를 전달할 수 있다. 이와 같은 비인적 의사 전달 경로를 통한 메시지는 구매자에게 직접적으로 영향을 주기도 하고, 때에 따라서는 인적 커뮤니케이션을 통한 구전이 형성되는 것에도 영향을 주는 바, 기업의 메시지 전달자는 2개의 경우를 자사의 상황에 따라서 단독으로 때로는 융합하여 운영할 필요가 있다.

5) 메시지 전달자 선정

메시지의 효과는 메시지 전달자에 대해 표적 청중이 어떤 인식을 지니고 있는지에 달라진다. 일반적으로 메시지 전달자의 전문성, 신뢰성, 매력도, 진실성, 선호도, 인지도 등의 요인에 의해 그 영향력이 달라지는 바, 이와 같은 모든 요소를 지닌 메시지 전달자를 찾는 것은 쉽지 않은 일이다. 그렇기 때문에 기업은 자사 제품과 모델과의 적합성을 전략적으로 고려하여 이를 선정하는 것이 필요하다.

6) 커뮤니케이션 효과 측정

이와 같은 메시지 전달이 완료된 후에는 표적 청중에게 미친 효과를 측정하여, 차후 마케팅 커뮤니케이션 활동에 반영해야 한다. 이를 확인하기 위한 조사 항목에는 '해당 메시지는 본 적이 있는가', '메시지는 몇 번 보았는가', '어떤 내용들이 회상되는가', '메시지에 대한 느낌은 어떠한가', '메시지를 접하기 전과 비교 시 회사 및 제품에 대해 태도의 차이가 있는가', '실제로 매장을 방문했는가', '제품을 구매했는가', '다른 사람에게 추천하고 싶은가'의 내용이 포함된다.

제2절 IMC의 이해

미국 광고 대행사 협회는 IMC를 다양한 커뮤니케이션 수단(광고, DM, 판촉, PR 등)들의 전략적인 역할을 비교, 검토하고 분명한 메시지를 갈라진 틈이 없이 결합함으로써 명확성, 일관성과 같은 커뮤니케이션 효과를 달성하기 위한 커뮤니케이션 계획 과정으로 정의했다. 즉, IMC는 브랜드의 표적 고객과 여타 대상에게 시간에 걸쳐 전달되는 다양한 마케팅 커뮤니케이션 수단(광고, 판촉, PR, 이벤트)을 수반하는 기획, 창작, 통합 및 실행과정이다.

IMC의 수단으로는 ATL(Above The Line: TV, 신문, 잡지, 라디오의 4대 매체를 활용해서 표적 시장에 접근하는 비교적 전통적인 방식)과 BTL(Below The Line: 4대 매체를 제외한 매장에서의 판촉, DM 혹은 SNS를 활용한 이벤트 등의 활동)으로 크게 분류되며 이 둘을 통합적으로 운영하는 것을 TTL(Through The Line)이라고 한다. 과거에는 4대 매체를 활용하는 ATL이 IMC 전략에서 매우 중요한 역할을 차지한 반면 최근은 ATL보다 BTL 커뮤니케이션의 활용도가 높아지고 있다. ATL의 특성상 TV, 라디오, 신문, 잡지를 통해 커뮤니케이션하기 때문에 비용의 부담이 큰 반면, BTL은 ATL 대비 상대적으로 적은 예산으로 표적 고객에게 직접 접촉할 수 있는 장점이 있기 때문이다. 또한 최근에는 이 두 가지 유형을 구분하기보다는 통합하여 IMC 전략을 실행하고 있는 추세이다. 이는 현재의 비즈니스가 산업 간의 경계를 두지 않고, 융합하여 그 경계가 사라지는 것과 동일한 원리가 적용되고 있는 것과 견줄 수 있다. 또한 소비자의 SNS, 모바일 등이 활용도 증가에 따라 개인화된 소비자 경험이 중요시됨에 따라, 소비자 라이프 스타일에 따른 이의 컨버전스 형태의 커뮤니케이션 역할이 더욱 중요해지고 있다.

제3절 촉진 믹스의 유형

광고, 판매촉진 PR, 인적 판매와 같은 각각의 촉진 방법은 각기 다른 특성을 지니고 있는 바, 소요 비용 및 기대 효과 등에 있어서 차이를 지닌다. 그러므로 기업은 전체 촉진 예산을 할당 시, 당사의 촉진 목표 및 마케팅 목표 달성에 효과적일 수 있도록 각 방법들 간의 효율적인 믹스를 구성함이 필요하다. 이에 각 유형별 특징은 다음과 같다.

[그림 3. 촉진의 4가지 유형]

1. 광고

광고는 비교적 다양한 표현이 가능한 촉진 방법 중의 하나로 색상, 음향, 배경, 모델, 카피 문구 등을 효과적으로 사용하여 제품의 특징을 보다 강하고 극적으로 표현할 수 있다. 또, 장기간에 걸친 브랜드 이미지 구축을 포함하여 일시적인 가격 할인 등과 같은 단기적인 판매 촉진 방법으로도 활용이 가능한 특징이 있다.

체계적인 광고 프로그램 개발과 실행을 위해서는 다음의 4단계와 관련된 마케팅 관리자의 의사 결정이 필요하다.

[그림 4. 광고 프로그램 개발 단계]

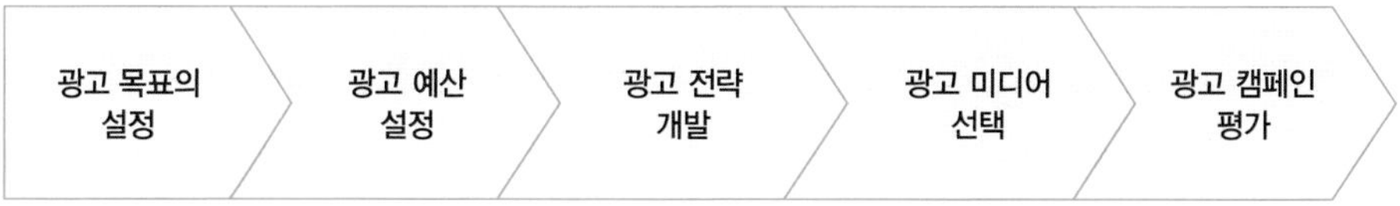

광고 목표의 설정	광고 예산 설정	광고 전략 개발	광고 미디어 선택	광고 캠페인 평가

1) 광고 목표의 설정

광고는 표적 소비자에게 자사만의 강하고 독특하고 우호적인 가치를 커뮤니케이션하여, 소비자와 강한 유대관계를 형성하기 위함이다. 이를 위해 특정 시기에 자사의 타겟 소비자를 대상으로 기업이 원하는 메시지를 커뮤니케이션해야 하는데, 이를 위해 다음의 세 가지 유형을 고려해야 한다.

[표 1. 광고 목표의 3가지 유형]

광고 목표유형	주요 내용
정보 전달형	신제품 런칭 정보 제공, 기존 제품(서비스)의 가격 변화 및 새로운 TPO 창출 내용 고지, 제품의 특징적 기능 설명, 기업 및 제품 단위의 브랜드 이미지 구축, 오인 내용 정정. 소비자에게 제공되는 가치 전달, 구매자의 지각된 위험에 대한 감소.
설득형	브랜드 선호도 구축, 자사 브랜드로의 전환 유도, 강한 브랜드 커뮤니티 형성, 소비자들의 현시점에서의 즉각적인 구매 유도, 주요 제품 속성에 대한 소비자의 인지 변화 자극.
상기형	해당 제품의 구매 필요성 상기, 제품의 구매 장소에 대한 상기, 브랜드 인지도 강화(브랜드를 지속적으로 상기할 수 있도록), 비수기에도 자사 브랜드에 대한 기억을 유지하도록 함, 구매자의 인지 부조화 감소를 위한 안심시키는 내용의 고지.

2) 광고 예산 설정

광고 목표의 설정과 함께 예산 책정이 필요하다. 광고 예산은 일반적으로 다음의 4가지 요인에 의해 결정된다.

[표 2. 광고 예산 설정 시 고려 요인]

제품 수명 주기 단계 상에서의 단계	신제품 도입기의 경우, 인지도 형성 및 구매 자극을 위해 매출액 대비 상대적으로 큰 규모의 예산 설정. 반면, 성숙기는 이와 반대의 경우로 진행.
자사의 시장 점유율 현황	현재보다 자사의 시장 점유율을 높이고자 하는 경우, 혹은 경쟁자의 시장 점유율을 뺏어야 하는 경우에는 자사의 시장 점유율과 상관없이 많은 광고 예산이 필요함.
외부 경쟁 상황	광고 환경 혹은 자사 제품이 속한 외부 시장에서의 경쟁률이 치열할 경우에는 상대적으로 많은 광고 예산이 투입됨.
제품의 차별성	소비자 인식상에 브랜드 간의 뚜렷한 차별성이 형성되기 어려운 제품군의 경우, 경쟁자와의 차별적 인식 형성을 위해 보다 많은 광고 예산이 투입되어야 함.

3) 광고 전략 개발

광고 예산의 방대한 투자가 성공적인 광고 캠페인 결과를 보장하지는 못한다. 또, 유사한 광고비를 집행하더라도 광고 크리에이티브 개발 수준 및 이에 따른 광고 미디어의 선택에 따라서 광고 효과가 다르게 나타난다. 특히 성공적인 광고의 중심에는 크리에이티브 전략이 있는 바, 이는 타겟 소비자에게 매력적으로 소구할 수 있는 메시지 개발에서부터 출발된다. 광고의 메시지는 타겟 소비자의 생활 및 그들의 미충족 욕구와의 연관성을 제시하여야 하고, 다른 경쟁사 광고들과 비교 시 독창적이고 강한 임팩트를 지녀야 한다. 이를 통해 소비자가 원하는 혹은 잠재적으로 느끼고 있는 소비자 편익과 가치를 자극하는 것이 필요하다.

이러한 편익 및 가치를 담은 광고 메시지는 다양한 스타일을 통해 타겟 소비자에게 전달된다. 보통 사람들이 일상생활 속에서 제품을 사용하는 방식을 제시하는 생활의 단면(Slice of life), 제품이 특정 라이프 스타일과 어울리는 정도를 보여주는 소비자의 생활 방식(Life style), 제품 및 서비스에 대해 다양한 인간의 감정을 녹아 내는 무드 혹은 이미지 활용, 과학적인 증거나 연구 내용을 제시하거나 상징적 인물, 기술적 전문성, 소비자 혹은 유명 인사의 증언(Testimony)을 통한 신뢰감 및 공감 극대화 등이 있다. 최근 소셜 미디어 트렌드 강화 및 IT 기술 강화로 소비자들의 마케팅 콘텐츠 및 메시지 아이디어의 개발, 광고 제작에의 적극적인 참여가 증대되고 있다. UCC(User Created Contents) 즉 사용자인 소비자가 직접 제작한 멀티미디어 동영상 등의 광고 형태가 증가하고 있는 바, 이를 통해 기업은 소비자들이 일상생활 속에서 자사 브랜드 혹은 제품에 대한 관여도 증대 및 풍부한 경험을 유도하고 있다.

4) 광고 미디어 설정

이와 같은 광고 크리에이티브 제작이 완료된 후, 메시지를 전달할 매체를 선정해야 하는데, 광고 도달 범위 & 빈도 & 영향도 결정 → 주요 미디어 유형 및 미디어 유형 내에서 특정 미디어 수단 선택 → 미디어 시기 결정의 순서로 진행된다. 광고 도달 범위 & 빈도 & 영향도 결정 이후, 주요 미디어 유형에는 TV, 라디오, 잡지, 신문, 옥외광고, 소셜 미디어, DM(Direct Mail) 등이 있는 바, 이들은 각각의 장·단점을 지니고 있다. 그러므로 광고 담당자는 표적 소비자 및 진행하고자 하는 광고 메시지의 특징을 잘 이해한 후에 미디어의 영향력, 비용 등을 고려하여 미디어를 결정해야 한다. 이때, 특정 한 종류의 미디어에 의존하는 것이 아닌 여러 미디어 믹스를 통해 통합적 마케팅 커뮤니케이션(IMC)이 형성될 수 있도록 해야 한다. 예를 들어, 자사 목표 소비자가 10대라면 그들의 미디어 습관은 신문, 잡지, TV 등의 전통적 매체보다는 인터넷, 모바일 미디어 등을 중심으로 전개하는 것이 유효할 것이다. 또한 인터넷 혹은 모바일 수단 내에서도 페이스북, 인스타그램, 카카오톡, 유튜브 등의 선택지가 있는 바, 이와 같은 구체적인 미디어 수단별 비용, 신뢰도, 소비자의 인식 현황 및 파급력, 편집 방향, 미디어 수단별 수준 등을 고려하여야 한다. 이후 어떤 수단이 비용 대비 가장 효과적인 도달률, 빈도, 영향력을 지니는지를 최종적으로 판단하는 것이 필요하다. 여기서 광고 도달 범위는 전체 표적 시장 구성원 중 특정 기간 동안 광고 캠페인에 노출된 사람들의 비율을 의미하고, 도달 빈도는 표적 시장의 평균적인 사람이 광고 메시지에 얼마나 노출되었는지를 의미한다. 마지막으로 영향력은 미디어를 통한 광고 메시지 노출을 종합적으로 측정한 가치를 의미한다.

또, 광고 관리자는 최종적으로 광고 집행 패턴을 결정할 때, 광고를 1년 내내 거의 유사한 수준으로 집행하는 지속형 전략과 특정 기간 동안 집중하고 나머지 기간은 휴지기를 두는 것을 반복하는 맥박 전략을 고려해야 한다. 이는 자사 제품 및 서비스, 타겟 소비자의 특성, 예산 등에 의해 결정된다. 예를 들어, 아이스크림, 여름 아웃도어 스포츠 등과 같이 계절성이 뚜렷한 산업군에서는 계절적 특징을 고려하여 성수기에 집중적으로 광고를 집행하고, 화장품 등과 같이 계절성이 없는 산업군의 경우 1년 내내 동일한 수준의 광고를 집행하는 것이 효과적일 것이다.

5) 광고 캠페인 평가

광고는 인지도 및 매출 증대, 자사 제품에 대한 소비자 태도 변화 등의 뚜렷한 목표 달성을 위해 진행되는 바, 기업이 의도한 바가 반영된 광고 효과를 측정하고 이의 결과를 분석하는 것은 매우 중요하다. 즉, 커뮤니케이션 메시지가 의도한 대로 소비자에게 잘 전달되었는지 여부와 매출 증대 기여 여부 등을 기준으로 평가한다. 하지만 광고 캠페인 효과 평가에 있어 후자의 측정이 쉽지는 않다. 왜냐하면, 매출은 광고 이외의 경쟁 구도 등의 시장 환경, 제품 자체의 실질적 매력도, 가격 등의 여러 가지 변수에 영향을 받기 때문이다.

2. 판매촉진

판매 촉진(Sales Promotion)은 제조업자가 소비자의 구매를 자극하거나, 유통 경로 상에 있는 구성원들의 판매 독려를 위해 사용하는 다양한 유형의 인센티브를 의미한다. 특히 샘플 및 쿠폰 제공을 통한 시험 구매 활성화와 로열티 프로그램 등의 제공을 통해 반복 구매를 유도하여 즉각적인 매출 증대 효과를 얻을 수 있다. 또한 경품 및 콘테스트는 브랜드 인지도 재고뿐 아니라, 잠재 고객에 대한 데이터 베이스를 확보할 수 있는 유용한 수단이 된다.

이와 같이 판매 촉진은 소비자들에게 직접적인 혜택을 즉시 제공하기 때문에 경쟁사와의 단기적 경쟁에서 우위를 점할 수 있는 장점이 있다. 한편, 지나친 판매 촉진은 장기적인 측면에서 브랜드 이미지 및 가격 관리 측면에서 어려움을 줄 수 있는 바, 예를 들어 빈번한 가격 할인 행사는 소비자 인식상의 준거 가격에 대한 기준점을 모호하게 만들 수 있고, 구매 촉진을 위한 인센티브는 브랜드의 고급화 이미지 형성에 부정적인 영향을 미칠 수 있다.

판매 촉진의 유형은 소비자 대상과 유통 경로 구성원(판매원) 대상으로 구분될 수 있는데, 전자는 소비자들의 최종 구매 결정에 영향을 주는 면에서 유통 경로상의 풀(Pull) 전략의 특징을 후자는 유통 경로상의 판매원이 해당 브랜드를 적극적으로 취급하여 소비자들에게 접근되는 측면에서 푸쉬(Push) 전략의 특징을 지닌다. 소비자 대상의 판매 촉진의 종류에는 샘플, 쿠폰, 프리미엄(예: 맥도날드가 제공하는 '해피밀 장난감'), 가격 할인, 콘테스트 경품 추천, 시연회, 충성도 제고 프로그램(예: 마일리지 프로그램을 통한 고객 혜택), 구매시점(POP: Point Of Purchase), 이벤트 마케팅(예: 아다다스의 마이런, 뉴발란스의 런온 및 각종 스폰서십 프로그램 포함) 등이 있다. 이와 달리 유통 경로 구성원들에게 제공하는 판매촉진은 이늘이 자사 제품을 끝는 존(Golden zone: 진열 매대에서 상품 매출이 가장 큰 부분)에 더 많이 진열하고, 중간상(도매상 & 소매상)의 광고물에 자사 제품을 더 많이 광고하여, 이들이 소비자 대상으로 자사 제품을 더 많이 판매할 수 있도록 동기 부여하는 것을 말한다. 이를 위해 기업은 소비자 대상으로 진행하는 것과 유사한 방식으로 예를 들어 판매 콘테스트, 대량 구매 시 가격 할인, 판매 촉진 지원금, 프리미엄 등을 중간상의 구성원에게 제공한다. 또, 유통업체 매장에 판매 도우미를 파견하거나, 중간상 판매원 대상의 다양한 교육 훈련 프로그램을 제공하여 판매 노하우를 전수하기도 한다.

이러한 판매 촉진 프로그램을 설계시에도 표적 소비자에 대한 충분한 이해를 통한 목표 달성을 분명히하고 예상 효과를 고려한 예산 측정 및 다른 판매 촉진 수단과의 시너지를 고려해야 한다. 이의 즉각적이며 확실한 결과를 보장하는 측면에 치중하여 판매 촉진에만 의존 시, 장기적으로 브랜드 이미지(특히 프리미엄 브랜드) 훼손에 영향을 주기 때문에 이의 부정적 효과를 최소화하는 방안도 고민함이 필요하다.

3. PR

일반적으로 PR은 광고 대비 저렴한 비용으로도 비교적 높은 신뢰감을 줄 수 있는 방법으로 타겟 소비자뿐 아니라, 기업 주위의 지역 사회 단체를 포함한 대중들에게 자사에 대한 긍정적 이미지 부여를 통한 우호적인 관계 형성 및 유지를 목적으로 한다. PR은 소비자 대상의 제품 촉진 수단 기능 외에도 기업 활동 관련 이해 도모를 위한 투자자, 미디어, 지역사회 대상의 사내외적 커뮤니케이션, 정부 규제 및 국회위원들의 입법 활동에 영향을 미치는 합법적 설득 활동 등이 포함된다.

이를 위해 기업은 간행물(뉴스레터, 잡지, 보도 자료, 재무 보고서, 각종 브로슈어 등)의 정기적 발행, 로비, 스폰서십 프로그램(다른 조직 혹은 개인에 대한 재정적 지원을 의미하는 것으로 예술 및 스포츠 분야의 인재 지원이 대표적임), 이벤트(신제품 런칭 행사, 각종 컨퍼런스 및 축제 등) 등의 방법을 통해 PR을 진행한다. 또한 기업이 예측하지 못한 사건을 잘 처리하여 야기되는 피해를 최소화하는 위기 관리도 이에 속한다. 예를 들어 제품 부실로 인한 리콜, 기업 임원의 스캔들, 사회적 공익에 위반되는 각종 사건에 대한 적절한 피해 대책 수립 및 이의 대응 방안은 PR만이 적극적으로 할 수 있다. 이러한 PR은 궁극적으로 제품 및 서비스에 대한 대중의 수요를 자극하여 광고 및 다른 판촉 수단의 유효성을 높임과 동시에 기타 대중 매체와의 우호적인 관계를 유지할 수 있다.

4. 인적 판매(Personal selling)

인적 판매는 소비자와의 직접적인 양방향 의사 소통을 통해 형성되기 때문에 제품에 대한 즉각적인 정보 제공을 통한 소비자 설득과 피드백이 한번에 가능하다. 또한 기업과 소비자와의 개인적 관계 형성이 용이해서, 소비자들의 관심사 및 문제점과 직결된 메시지 개발에도 유용한 장점이 있다. 이는 특히 제품 자체가 복잡해서 충분한 정보 제공이 필요한 경우, 구매량이나 구매액이 큰 경우나 가격에 대한 협상이 필요한 경우, 구매 후에도 서비스가 필요한 경우, 푸쉬 전략이 사용되는 상황에서 유용하다. 이를 통한 매출 극대화를 위해서 개별 영업사원들로 구성된 영업조직에 대한 효율적인 관리가 중요한데, 이 또한 다른 마케팅 믹스 요인들과 상호 보완적 위치에 있기 때문에 이들 간의 시너지 도모는 매우 중요하다.

일반적으로 인적 판매 절차는 고객 예측 → 사전 준비 → 고객 접근 → 제품 소개 → 의견 조정(반대 의견에 대한 대응책 포함) → 구매 권유 → 사후 관리의 일곱 단계로 이루어진다.

중국의 커피 굴기… 스타벅스에 도전장 내민 루이싱커피

루이싱커피, 2017년 설립된 중국 최대 커피 프랜차이즈

올해 중국 내 매장 수 스타벅스 추월 전망

중국의 루이싱커피가 스타벅스의 아성에 도전하고 있다. 중국 내 매장 오픈 속도를 높이며 점유율을 빠르게 확대 중이고 지난달에는 미국 나스닥시장에도 상장했다. 업계에서는 루이싱커피에 대한 장밋빛 전망과 우려가 동시에 나오고 있다.

출처: www.luckincoffee.com

12일 업계에 따르면 루이싱커피는 올해 중국 내 매장 수에서 스타벅스를 넘어설 것으로 보인다. 올해 안에 2,500개의 신규 매장을 출점해 총 4,870개의 매장을 확보할 예정이어서 스타벅스의 중국 매장 수인 4,500여 개를 추월할 것이라는 전망이다. 스타벅스에 대한 중국인들의 충성도를 생각하면 루이싱커피의 성장은 이례적이라는 평가다.

루이싱커피가 스타벅스의 경쟁자로 급부상할 수 있었던 이유는 속도와 가격에 있다. 루이싱커피는 픽업 서비스를 중심으로 매장 면적을 최소화하고 100% 온라인으로만 주문받아 저렴한 가격에 고품질 커피를 제공한다. 게다가 배송 서비스를 앞세워 소비자의 편리성을 최대화했다.

루이싱은 SNS를 통한 위치기반 광고와 번들 판매(묶음 서비스)를 통해 신규 소비자를 빠르게 확보하고 있다. 지난해 4분기 기준 월평균 이용자 수는 430만 명을 돌파했다. 매출 증가세도 고무적이다. 지난해 매출은 8억 4070만 위안(약 1430억 원)으로 전년(1300만 위안·약 22억 2000만 원)보다 65배 증가했다. 올해 1분기 매출은 4억 7850만 위안(약 817억 원)으로 이미 지난해 연간 매출의 절반을 넘어섰다.

백승혜 하나금융투자 연구원은 루이싱커피에 대해 "기존 커피 브랜드와 차별화된 성장 전략을 기반으로 가파른 외형성장을 이뤘고 스타벅스가 독과점하고 있던 시장을 빠르게 잠식하며 중국 소비자로부터 높은 호응을 얻고 있다"고 말했다.

블룸버그통신도 "지난해 기준 중국의 1인당 연간 커피 소비는 6.2컵에 불과해 독일의 867.4컵은 물론 대만의 209.4컵에도 한참 못 미친다"면서 "중국이 이제 막 에스프레소와 라떼를 맛보기 시작했다"고 언급해 루이싱커피의 성장 가능성을 점쳤다.

하지만 우려 섞인 시선도 있다. 백 연구원은 "외형 확장 과정에서 동반되는 비용 부담, 과대 프로모션으로 인한 거품, 경쟁 심화 우려로 변동성이 매우 클 수 있다"고 지적했다.

실제로 중국 커피의 세계화를 목표로 커피 굴기에 나선 루이싱은 지난달 17일 미국 나스닥시장에 상장하며 기대감을 높였다. 상장 당일 미국 주식예탁증서(ADR)가 25.96달러까지 상승했지만 이후 조정을 받으며 지난 11일 기준으로 17달러 선까지 내려앉았다.

수익성도 문제로 지적되고 있다. 루이싱커피는 저가공급과 공격적인 매장 확대 탓에 지난해 4억 7540만 달러(약 5621억 원)의 순손실을 기록했다. 이러한 상황으로 계속갈 경우 루이싱커피가 정상적으로 버틸지 의구심을 자아내는 목소리도 있다.

루이싱커피와 달리 꾸준히 양호한 실적을 내고 있는 스타벅스도 공격적인 마케팅으로 맞대응하고 있다. 스타벅스는 2023년까지 중국에 6,000개의 매장을 확보한다는 방침이다.

가장 중요한 것은 가치 창출이다. 한 커피업계 관계자는 "외형 성장이 커피 브랜드의 모든 것을 말하지는 않는다"며 "중국에서 생산하는 식품에 대한 부정적인 인식을 바꾸는 것은 상당한 시간이 걸릴 텐데 그때까지 루이싱커피가 버틸 수 있을지는 미지수"라고 내다봤다.

그럼에도 루이싱 커피에 대한 해외 투자자들의 관심은 높다는 평가다. 백 연구원은 "향후 중국 커피시장의 성장 잠재력이 매우 크다는 점을 감안하면 앞으로의 성장성도 매우 기대가 된다"고 전망했다.

출처 한국경제신문 한경닷컴 | 강경주 기자 | 2019.06.12.

투게더의 새로운 시도

'투게더 피크닉 하우스'로 젊은 소비자들과 소통하다

젊은 소비자와 소통하기 위해 노력하는 빙그레의 장수 브랜드들을 종종 보게 된다. '바나나맛우유'를 콘셉트로 한 플래그십 스토어, 다양한 브랜드와의 컬래버레이션을 선보인 '메로나'까지. 빙그레의 다음 타깃이 된 브랜드는 투게더다. 젊은 세대의 발길이 끊이지 않는 연남동에 투게더 팝업 스토어 '투게더 피크닉 하우스'가 오픈했다. 이곳에서 더 젊어진 모습의 투게더를 만나볼 수 있었다.

세월을 간직한 투게더

아이스크림 '투게더'하면 떠오르는 장면이 있다. 드라마 〈응답하라 1988〉의 한 장면. 퇴근길, 성동일은 마중 나온 막내아들에게만 몰래 월드콘을 사준다. 그러나 둘째 딸 혜리에게 이 사실을 들키게 되고 서운해 하는 딸에게 성동일은 투게더를 사준다. 1988년을 다루는 드라마에서 등장하는 투게더. 이를 통해 우리는 투게더의 나이를 새삼 실감하게 된다.

실제로 투게더는 1974년에 처음 출시돼 어느새 빙그레의 대표적인 스테디셀러 제품이 됐다. 그 오랜 역사를 간직한 만큼 기자에게 투게더는 가족과 함께 즐기는 추억 속의 아이스크림이라는 생

각이 컸다. 하지만 최근 투게더가 변화하고 있다. 기존 소비자들은 물론이며, 투게더에 추억이 없는 소비자들까지 함께 소통하고자 새로운 시도를 하고 있는 것이다. 그 대표적인 노력이 투게더 팝업스토어 '투게더 피크닉 하우스'이다.

추억과 새로움이 공존하는 공간

팝업스토어에 방문하면 한쪽에는 투게더의 역사를 볼 수 있는 전시 공간이 마련돼 있다. 이 공간은 철저히 레트로적이다. 오래된 티비, 이 티비에서 송출되는 그 시절 투게더 광고들. 그리고 곳곳에 붙여져 있는 오래된 투게더 포스터. 또 끊임없이 흘러나오는 추억 속의 광고 음악. 이를 통해 방문자들은 투게더의 역사를 알아볼 수도, 투게더에 담긴 각자의 기억을 떠올릴 수도 있었다.

하지만 조금만 걸음을 옮기면 전혀 다른 풍경이 펼쳐진다. 네온사인으로 둘러싸인 냉장고와 그 안에 가득한 투게더. 투게더라는 글씨와 함께 빛으로 번쩍이는 이 공간은 방문자들의 시선을 사로잡는다. 뿐만 아니라 투게더 피크닉 하우스에 방문하면 젊은 세대들의 감각에 맞춘 다양한 투게더의 모습을 만나볼 수 있다. 지붕에도, 계단에도 깨알같이 그려져 있는 투게더는 젊은 세대들의 발길을 멈추게 했다.

한 켠에서는 투게더를 즐길 수 있는 여러 방법을 소개하고 있었다. 색다르게 투게더를 즐길 수 있도록 빵, 크래커, 브라우니 등을 방문자들에게 제공했다. 이 밖에도 아이스크림 위에 사진을 식용 색소로 프린팅해주는 이벤트, 엽서를 써서 투게더 우체통에 넣으면 보내주는 이벤트 등이 진

행되고 있었다.

미각을 넘어 오감을 채우다

실제 팝업스토어 방문자들 역시 세대
구분 없이 다양했다. 젊은 세대들은 물
론이며, 투게더에 많은 추억을 간직하고
있는 3040 세대들 역시 이곳을 방문하
고 있었다. 이처럼 투게더 피크닉 하우
스는 누군가에게는 하나의 체험 공간을,
또 누군가에게는 추억을 떠올리는 공간
으로서 작용하고 있었다.

투게더는 계속해서 신제품을 내며 소
비자들과 소통해왔다. 그러나 젊은 소비자들은 미각만으로 만족하지 못한다. 미각을 넘어 보다
다양한 방식으로 오감을 채우고 제품을 소비하길 원한다. 이에 투게더는 친근한 이미지를 살리고
체험할 수 있는 공간을 만들어 젊은 소비자들에게 다가가고 있었다.

출처 월간 Digital Insight | Marketing & Brand | 최아영 기자 | 2019.07.04.

"튀어야 산다!" 車업계, '15초의 마법' TV광고 변천사

우리나라 자동차 누적 등록대수는 2019년 6월말 현재 2344만 4165대다. 통계청 추산 올해 우리나라 인구 5170만 명과 비교하면 국민 2명 중 1명은 자동차 1대를 보유하고 있는 셈이다. 국내외 자동차 업체들은 지난 2015년 이후 매년 185만 대 수준의 차량을 팔아치우고 있다. 세계 5위 자동차 생산국이자 초격전지이다.

사진 출처: 현대자동차

뜬금포에 어리둥절하겠지만 국내 자동차 시장의 성장과 함께 15초의 마법사로 불리는 TV광고 역시 끊임없이 진화하고 있다는 얘기를 하고 싶었다. 찰나의 순간에 매력을 발산하지 못하면 초격전지에서 살아남기 힘들기 때문이다.

과거에는 자동차 특유의 역동성을 강조하는 한편의 영화를 보는듯한 착각을 불러일으키는 광고가 대세였다. 2000년대는 연예인 등 스타를 앞세운 마케팅이 주를 이뤘다. 현재는 가치와 철학을 담은 슬로건이 대세다.

이미지

자동차 TV광고는 1990년대부터 본격화됐다. 당시에는 성능과 이미지를 집중적으로 부각시켰다. 이를 위해 역동적인 모습을 담아내는 데 주력했다. 당시 우리나라 자동차 기술은 세계적인 수준에 미치지 못한다는 인식이 강했다. 이에 드라마틱한 TV광고를 통해 의구심을 최소화시키려는 의도가 다분했다.

대표적으로 현대자동차의 엘란트라를 꼽을 수 있다. 엘란트라는 TV광고를 통해 세계적인 명차 포르쉐와 혈투(?)를 벌이며 우수한 성능을 전달하는 데 집중했다. 광고에서 포르쉐 911 운전자가 엄지손가락을 치켜들었던 모습이 바로 현대차가 노린 핵심 포인트. 그러나 세상은 뜻대로 되지 않는 법. 이 장면은 포르쉐 911 운전자가 '나 1단으로 달리고 있다'라는 의미로 해석돼 웃음을 주기도 했다.

쌍용자동차의 무쏘는 이름처럼 강인한 힘을 전달했다. 광고에서 들판 위를 누비는 성난(?) 코뿔소가 무쏘로 변신한다. 힘 하나만큼은 최고라는 이미지를 각인시키기 위해서였다. 광고의 효과는 상당했다. 특히 도서산간 지역에서 인기가 상당했다.

대우자동차(한국지엠) 프린스 역시 성능을 자랑했다. 무너지는 다리를 전속력으로 질주하며 무사히 통과하는 장면이 압권. 한 편의 영화 같은 장면으로 깊은 인상을 남겼다. 성능과 함께 이미지를 각인시키기 위한 노력이 담기기도 했다.

가장 인상 깊은 광고는 기아자동차 프라이드다. 광고에서 창틀을 잡고 뒷발차기를 날리며 탑승하는 다소 과장된 몸짓은 당당함의 또 다른 표현이었다. 경차라고 기죽지 말고 '당당하라(프라이드)'는 메시지를 담아냈다는 호평을 받았다.

스타

자동차 업계는 스타를 앞세우기도 했다. 특히 시대를 대표하는 남자 연예인을 앞세워 도시적이라고 세련된 모습을 연출했다. 드라마 '파리의 연인'을 통해 만인의 연인이 된 배우 박신양은 2005년 매그너스(한국지엠) 광고 모델로 발탁됐다. 박신양의 세련된 이미지가 매그너스를 격상시켰다는 전언이다. 토스카(한국지엠)는 문화 대통령 서태지를 전면에 내세웠다. 광고는 서태지가 피아노를 연주하는 장면과 토스카의 주행이 번갈아 나오는 방식으로 전개됐다. 마치 토스카가 피아노 선율에 따라 움직이는 듯 한 분위기를 연출했다.

PPL(영화나 드라마 협찬을 댓가로 브랜드를 노출하는 광고)도 중요한 수단이 됐다. 대표적으로 K7(기아자동차)이다. K7은 국내 출시 전 드라마 아이리스를 통해 먼저 선보였다. 아이리스는 국가로부터 버림받은 남자가 조국을 상대로 복수하는 내용이다. 극중 주인공 이병헌의 애마로 등장해 존재감을 과시했고, 인기몰이에 성공했다.

제네시스(현대자동차)도 드라마 효과를 톡톡히 봤다. 인기 드라마 태양의 후예에서 제네시스 EQ900의 자율주행 성능을 뽐낸 것. 드라마에서 군인 커플로 나온 진구와 김지원이 달리는 차 안에서 자율주행으로 변경한 뒤 달달한 키스를 나눴다. 최근에는 세계적인 스타 방탄소년단(BTS)이 팰리세이드(현대자동차)의 글로벌 홍보대사로 나서고 있다. BTS는 지난 2월 미국 LA 스테이플스센터에서 열린 '제61회 그래미 어워즈(Grammy Awards)' 레드카펫 행사에서 팰리세이드를 타고 등장해 시선을 집중시켰다.

슬로건

TV광고에서 간결한 문장을 통해 자동차가 제시하는 방향을 전달하는 슬로건 마케팅도 눈에 띈다. 그랜저(현대자동차)는 국내 자동차 시장에서 고급차의 타이틀을 유지했고, 이는 현재진행형이다. 특히 그랜저의 가치를 짧은 문장으로 완성시킨 광고가 그랜저TG다. 광고에는 30~40대 두 남성이 등장해 대화를 나누는 모습이 그려진다. 그리고 "친구가 요즘 어떻게 지내냐는 말에 그랜저로 대답했습니다"라고 나온다. 그랜저 오너가 됐을 정도로 성공했다는 뜻이다. 이보다 앞서 등장했던 유명한 슬로건도 있다. 바로 레가자(한국지엠)다. "소리 없이 강하다"는 슬로건으로 정숙성을 강조했다.

트렌드에 공감하기 위한 노력을 슬로건에 담는 경우도 있다. 현대차가 지난달 출시한 베뉴가 바로 그 주인공이다. 베뉴의 티저 광고는 혼라이프를 강조하면서 주인공(자동차)을 내세우지 않은 것. 소비자들의 궁금증을 유발시키겠다는 전략으로 풀이된다. 광고는 '혼라이프 SUV, 베뉴'라는 문구만 내세운다. 혼술(혼자 술), 혼밥(혼자 밥) 등 혼자가 익숙한 2030 밀레니얼 세대를 겨냥한 것이다.

사진 출처: 현대자동차

익명을 원한 자동차 업계 관계자는 "TV광고는 시대적 상황과 맞물린다. 과거 성능에 주력했다면 이제는 환경과 개성 등에 집중한다"면서 "마케팅 영역 역시 TV에서 유튜브, SNS 등으로 확대됐다. 광고시장이 복잡 미묘해지면서 업체 간 수 싸움이 더욱 치열해지고 있다"고 전했다.

출처 이지경제(www.ezyeconomy.com) | 정재훈 기자 | 2019.08.20.

Quiz

소속 ....

성명 ....

1 IMC의 개념에 대해 설명하라.

....

....

....

....

2 소비자 의사 결정 단계에 대해 기술하라.

....

....

....

....

....

....

3 마케팅 커뮤니케이션의 과정 상에서 발신인(정보원천)과 수신인(소비자) 사이에는 내·외부적 잡음이 존재한다. 특히 인간인 소비자가 지닌 특징으로 인해 발신인이 보내는 정보를 어떤 식으로 처리하기 때문인지 간단히 설명하라.

....

4 당신이 접한 광고 메시지 중에서 '일면적 주장'과 '양면적 주장'의 대표적인 경우를 서술하라. 어떤 유형의 주장이 보다 설득적이라고 생각하는지 그 이유를 설명하라.

5 판매 촉진의 수단들로는 어떤 것들이 있으며, 기업이 처한 상황별로 어떤 수단이 어떤 면에서 유리하다고 생각하는가?

6 기업이 새로운 브랜드를 런칭 시, 지나치게 판매 촉진에 의존할 경우 예상되는 단점에는 어떤 것들이 있는지 서술하라.

7 최근 유트버와 같은 인풀루언서의 역할이 증대되고 있다. 당신은 이러한 현상에 대해서 어떤 생각을 지니고 있는가? 그렇다면 이들을 통한 마케팅 커뮤니케이션 활동을 전개시에 마케터로서 어떤 부분에 대한 고민이 필요한지 자유롭게 토론해보자.

8 광고 메시지를 전달 시, 유명인을 활용하는 경우와 일반 소비자 모델을 활용하는 2가지 유형 중에서 각각의 유형은 어떤 상황에서 혹은 어떤 종류의 제품군에 더 효과적이라고 생각하는지 토론해보자.

9 유통 경로 서비스 관련 소비자 욕구와 관련해서 어떤 요인들이 분석 대상에 포함될까? 유통 채널 담당자들은 각 요인별로 어떠한 편의를 소비자에게 제공하는 것이 필요하다고 보는가?

Chapter 11
브랜드 관리와 고객 관리

제1절 브랜드의 개념과 구성 요소

미국 마케팅 협회(AMA, American Marketing Association)는 '판매자 개인이나 단체가 재화와 서비스를 특징짓고, 이것들을 경쟁자의 재화나 서비스로부터 차별화시킬 목적으로 만들어진 이름, 어구, 표시, 심벌이나 디자인 또는 이들의 조합'으로 브랜드를 정의한다.

브랜드와 제품을 비교하자면, 필립 코틀러(Phillip Kotler)는 제품을 소비자의 필요와 욕구를 충족시키기 위해 주의, 획득, 사용, 소비를 목적으로 시장에 제공될 수 있는 모든 것으로 정의했다. 이에 제품은 물리적인 제품(시리얼, 자동차, 테니스 라켓), 서비스(은행, 항공회사, 보험회사), 소매점(백화점, 마트, 슈퍼), 인물(정치인, 연예인, 운동 선수), 조직(비영리 기구, 무역 기구, 예술단체), 장소(나라, 도시)를 포함하고 혹은 아이디어(정치적 또는 사회적 명분)이 될 수 있다고 했다.

브랜드는 하나의 제품이지만, 이 하나의 제품을 유사한 의도에 의해 제작된 다른 제품과 다양한 면에서 차별화시키기 위한 경쟁적 요소를 추가시킨 것을 말한다. 그래서 브랜드의 핵심은 경쟁사 혹은 자사의 다른 제품들과 명확하게 하기 위한 네임, 심볼, 로고, 패키지 디자인, 또는 다른 속성들을 자사 제품에 부여하는 것이다.

이러한 브랜드의 구성요소에는 브랜드 네임, 로고와 심벌, 캐릭터, 슬로건, 패키지가 있다. 이의 각 구성 요소가 유기적으로 잘 조화된 경우에는 브랜드 인지도 향상은 물론 소비자들에게 강력하고 호의적이고 독특한 브랜드에 대한 연상을 일으켜 차별화된 포지셔닝 구축에 힘을 더해줄 수 있다.

[표 1. 브랜드 주요 요소 및 역할]

브랜드 요소	특징 및 역할
브랜드 네임	특정 제품 및 서비스를 소비자들이 발음하거나 들을 수 있는 단어, 문자, 숫자들이 결합된 것으로 전반적인 브랜드 상기 및 인지도 향상에 가장 큰 역할을 담당함.
로고와 심벌	브랜드 네임과 함께 브랜드 상기 증대의 큰 역할 담당, 시각적인 본질로 인해 쉽게 인지되고 제품을 구별하게 하는 좋은 수단. 브랜드 네임과 달리 시간이 지남에 따라서 보다 현대적인 모습을 갖추기 위해 상대적으로 쉽게 변경이 가능함.
캐릭터	브랜드 심벌의 특별한 한 형태로 다양한 상상력 동원이 가능하며 만화, 인간을 생생한 움직임을 차용하여 실생활의 반영도 용이한 편임. 특히 브랜드 퍼스낼러티를 형성시키고 소비자의 호감도 강화에 상대적으로 큰 역할을 할 수 있음.
브랜드 슬로건	브랜드에 관한 설명적이고 설득력있는 정보를 전달해 주는 짧은 문구로 주로 광고 속에 전달되는 서술적이고 설득적인 정보를 요약하는 도구로 사용됨. 소비자들에게 브랜드가 지닌 자신만의 의미를 전달하는 데 유용한 연결고리의 기능을 수행함. 한편, 징글(Jingles)은 확장된 브랜드 슬로건의 일종으로 간주되며, 소비자의 기억 용이성을 증대하는 데 큰 도움을 줄 수 있음.
브랜드 패키지	제품을 넣는 용기 혹은 이를 디자인하고 만들어 내는 활동으로 이의 기능적 역할 (제품 보호, 배송 용이, 사용 편리성 등) 외 사이즈, 모양, 재료, 컬러, 내용, 그래픽과 같은 심미적 요소도 고려하여 소비자의 구매 시점에서의 구매욕을 자극시켜야 함. 패키지의 혁신은 성숙기 시장에서 단기간의 판매 증대 효과를 지니기도 함.

제2절 브랜드 자산

1. 브랜드 자산의 개념 및 구성 요소

브랜드 자산이란 특정 제품이나 서비스가 브랜드를 가짐으로써 발생하는 바람직한 마케팅 효과를 도모할 수 있음을 의미한다. 즉, 소비자 입장에서는 브랜드가 부착되어 있음으로 인해 선호도가 증가하게 되고 기업 입장에서는 매출과 이익이 증가하는 결과를 얻을 수 있다. 특히 기업 입장에서는 브랜드 자산이 커질수록 다음과 같은 이익이 있다.

첫째, 기존에 잘 정립된 브랜드 자산을 다른 제품에 그대로 이전해서 사용하는 브랜드 확장(Brand Extension)이 용이하다. 둘째, 강력한 브랜드 자산을 보유할수록 중간 유통상과의 거래 협상에서 보다 유리한 위치에 점할 수 있다. 셋째, 강력한 브랜드 자산을 보유할수록 소비자들 인식상에 경쟁 브랜드 대비 차별적 우위점을 심어 놓았기 때문에 소비자의 충성도가 높아질 가능성이 증대되고 이를 통해 소비자들 간의 자체 긍정적 구전효과를 기대할 수 있다.

브랜드 자산의 구성 요소들 중 첫 번째, 브랜드 로열티는 소비자가 어떠한 상황에서도 타 브랜드의 마케팅 활동에 영향을 받지 않고 미래에도 지속적으로 자사 브랜드를 선호 및 구매하고 타 브랜드로의 구매 전환을 하지 않는 것으로 이야기할 수 있다.

두 번째, 브랜드 인지도는 소비자가 한 제품 범주에 속한 특정 브랜드를 알아보고 그 브랜드를 쉽게 떠올릴 수 있는 능력을 의미한다. 브랜드 인지도는 브랜드 재인(Brand recognition)과 브랜드 회상(Brand recall)으로 구성되는 바, 전자는 소비자가 한 범주 내에 있는 여러 브랜드명들 중에서 각 브랜드명을 과거에 들어본 적이 있는지를 통해 측정된다. 브랜드 회상은 소비자들에게 한 제품 범주 내에서 생각나는 브랜드를 열거하도록 하여 이를 확인할

[그림 1. 브랜드 자산 모델]

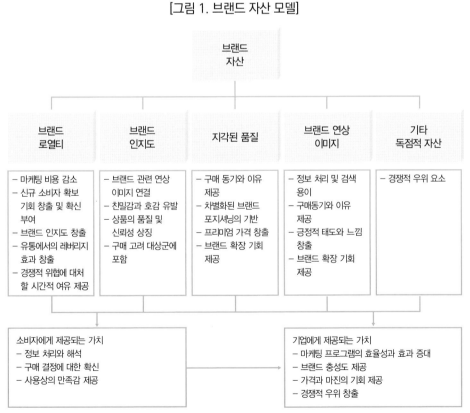

자료: David A. Aaker (1992), "The Value of Brand Equity", Journal of Business Strategy

수 있다. 소비자들이 기억하는 브랜드들 중에서 가장 먼저 떠오르는 브랜드를 TOM(Top Of Mind)라고 하는데, 이렇게 강력한 인지도를 지닌 브랜드는 시장 경쟁에서 우위를 점할 수 있다. 또한 높은 인지도를 지닌 브랜드는 고려대상 브랜드군(Consideration set: 소비자가 특정 제품을 구매할 때, 우선적으로 고려하는 브랜드)에 우선적으로 포함되는 가능성이 높아지고 브랜드 친숙성(Brand familiarity)를 증가시켜 해당 브랜드에 대한 선호도와 선택 가능성을 증가시킨다.

셋째, 지각된 품질(Perceived quality)은 소비자 인식 속에 형성된 제품에 대한 전반적인 성능으로 이는 소비자의 기대 및 해당 브랜드에 대한 감정을 내포하므로 실제적인 제품의 품질보다 더 중요한 역할을 한다. 실질적 품질보다 소비자에게 높은 지각된 품질을 지닌 것으로 간주되는 브랜드는 브랜드 충성도 형성에 기여를 하며 이로 인해 상대적으로 더 높은 가격을 부과할 수 있는 장점을 지닌다. 넷째, 브랜드 연상이란 소비자가 브랜드와 관련하여 기억으로부터 떠올리는 모든 것을 의미한다. 강력한 브랜드 자산은 소비자 인식 속에 호의적이고(Favorable), 강력하고(Strong) 독특한(Unique) 연상들이 심어질 때 형성된다. 이는 제품이 주는 최종 혜택, 속성, 가격, 품질 등의 제품의 물리적 특성 및 특정 제품 범주(예: 신용카드, 식료품, 생활용품 등)와 관련된 것과 브랜드 모델, 해당 제품을 사용하는 상황(TPO), 제품 사용자와 같은 제품의 물리적 속성과 직접 관련이 없는 것 그리고 우아함, 낭만, 야성적 등의 브랜드와 관련된 심리적 특성 등의 것들이 모두 포함된다. 다섯 번째, 기타 독점적 자산은 특허, 등록상표 등이 포함되는데, 예를 들어 특허는 경쟁사와의 직접적인 경쟁에서 벗어날 수 있도록 해주고 등록상표는 경쟁사들이 자사와 유사한 브랜드 네임, 심벌, 패키지 등을 사용해서 소비자의 혼동을 유발 시, 유용한 힘을 발휘한다.

2. 브랜드 아이덴티티와 브랜드 퍼스낼러티

이와 같은 브랜드 자산을 구축하는 데 있어 가장 중요한 첫 단계는 명확한 브랜드 아이덴티티를 확립하는 것이다. 브랜드 아이덴티티는 '기업이 해당 브랜드를 소비자에게 어떤 식으로 지각되고 싶어하느냐 하는 것과 관련된 목표 및 이상적인 모습'이라고 할 수 있다. 아이덴티티는 사전적으로 자아 동일성, 정체성, 주체성 등과 동일한 의미를 지니며, 어떤 한 개인의 성향, 목표, 의미를 말한다. 즉, 인간은 타인과 구분되는 자신만의 가치관과 행동 양식을 통해 독자적인 개성을 발휘한다. 이와 유사한 이치로 브랜드도 타 브랜드와 구별되는 특성인 아이덴티티를 통해서 차별화된 것으로 포지셔닝될 수 있다. 이는 브랜드 이미지와는 차이가 나는 개념으로 브랜드 이미지는 소비자가 해당 브랜드에 대해서 어떤 식으로 지각하는가와 관련된 즉, 브랜드가 행하는 마케팅 활동의 결과와 연관이 깊다. 그러므로 브랜드 담당자는 자사가 추구하는 브랜드 아이덴티티와 자사의 마케팅 활동을 통해 형성되는 소비자 인식상의 브랜드 이미지와의 간극에 대해 이해하고 이를 관리하는 것이 매우 중요하다.

한편, 감성화 시대의 소비자는 자신의 이미지에 부합하고 자신의 가치를 대변해 주는 브랜드의 존재와 함께하는 것에 보다 큰 의미를 두고 있기 때문에 목표 소비자와 자사 브랜드와의 감성적 유대 강화를 위해서도 브랜드 개성에 대한 중요성이 대두되고 있다. 브랜드 개성은 '브랜드에 부여된 인간적 특성'으로 특정 브랜드를 사람으로 생각했을 때, 그 제품이 지닌 인간적 특징들의 집합체라고 할 수 있다. 소비자들은 브랜드를 통해서 자신의 개성 및 자아를 표현할 수 있다고 생각한다. 그러므로 자신의 현재 이미지와 부합되거나 혹은 이상

[그림 2. 제니퍼 아커(1997)의 개성 5차원]

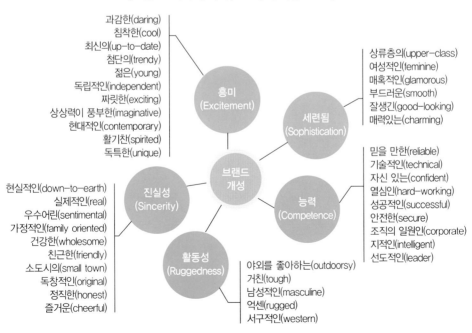

자료: Jennifer L. Aaker (1997), "Dimensions of brand personality", Journal of marketing Research)

적인 이미지를 표현하고 확대할 수 있는 수단으로의 브랜드 개성은 소비자의 만족감을 향상시킬 수 있다. 즉, 브랜드 개성과 자아 이미지가 일치하면 할수록 브랜드에 대한 좋은 감정을 유발시키고 충성도를 끌어낼 수 있다.

제니퍼 아커(Jennifer Aaker)는 학계와 업계에서 활용도가 높은 5가지의 브랜드 개성 차원을 연구하였다. 여기에는 진실성, 흥미, 능력, 세련됨, 활동성이 포함되는데, 이의 5가지 요인은 사람의 개성과 브랜드 개성에도 모두 연관되기에 대부분의 제품과 서비스 산업에 일반화시킬 수 있는 장점을 지닌다.

제3절 고객 자산과 고객 관리

강력한 브랜드 자산은 강한 소비자 충성도 확보 및 높은 매출과 시장 점유율 등의 측면에서 긍정적인 마케팅 결과를 유발한다. 기업이 강한 브랜드 자산을 구축하는 목적은 자사 브랜드와 소비자와 강한 애착 관계 형성을 통해 다양한 측면의 긍정적인 효과를 얻기 위함이다. 여기서, 브랜드 가치는 일반적으로 특정 제품 브랜드에 국한되는 특징을 지니는 반면, 고객 자산(Customer equity)은 충성 고객이 한 기업의 특정 제품 브랜드 외에 해당 기업이 판매하는 모든 제품을 오랜 기간 애용할 때 구축되는 측면에서 브랜드 가치보다 광의의 개념이다.

결국 모든 마케팅의 핵심에는 소비자가 그 중심에 있는 바, 마케팅 관리자는 이를 이해하고 때로는 이들을 측정하고 관리해서 이들과의 우호적인 관계를 유지해야 한다. 이에 브랜드 자산과 함께 중요한 무형 자산 중의 하나인 고객 자산에 대한 개념을 이해하고 이를 구축, 관리, 강화하기 위한 방법에 대해 설명하고자 한다.

1. 고객 자산의 개념 및 이의 중요성

미국 마케팅 학회에서는 고객 자산의 정의를 '고객 자산은 기업의 모든 고객들의 생애가치를 합친 것이다.'라고 정의했다. 여기서 고객 생애가치(Customer Lifetime Value: CLV)는 고객과의 관계로부터 창출될 것으로 예상되는 미래 현금 흐름의 현재 가치를 기반으로 계산한 고객 관계의 화폐 가치를 의미한다.

예를 들어, 쿠팡에 가입하여 거래를 시작한 고객들 모두가 이 기업에 동일한 가치를 가져다 주는 것은 아니다. 각 고객이 쿠팡이라는 사이트에서 소비하는 제품 비용에는 편차가 다양하고 또, 어떤 고객은 장기간 동안 쿠팡만을 이용하는 반면, 다른 고객은 쿠팡 외에 다른 유사한 쇼핑과 관련된 유통 채널을 교차해서 이용할 수도 있다. 이는 기업 입장에서 고객별로 예상되는 미래의 가치가 다른 즉, 각기 다른 고객 생애 가치를 지니고 있다고 볼 수 있다. 이러한 고객 개개인별 생애가치를 모두 합친 것이 고객 가치이다.

최근 들어 많은 기업들이 치열한 경쟁에 노출되어 있고 빠른 기술 발전으로 인해 기업 간의 품질과 관련된 차이가 점점 희미해지고 있다. 또한 소비자들은 점점 개인화된 제품과 서비스를 요구하고 있다. 그러므로 이를 만족시키기 위해서 고객 자산을 중심으로 하는 마케팅 활동이 더욱 필요한 상황이다. 또한 고객 자산은 고객 생애 가치에 기반을 두고 있기 때문에 단기적인 근시안적 마케팅 활동이 아닌 장기적인 관점에서의 의사 결정 토대로 활용할 수 있는 측면도 지닌다. 이에 정보 기술의 눈부신 발전을 기반으로 대용량의 고객 데이터 베이스를 구축하고 이의 분석 방법 또한 나날이 발전하고 있다. 이에 맞는 마케팅 전략 프로그램 수립 및 마케팅 성과 평가에 있어 고객 자산에 대한 관리가 더욱 활발해지고 있다.

[그림 3. 고객 관계 관리의 실행 프로세스]

2. 고객 자산 구축을 위한 고객 관계 관리

고객 관계 관리(CRM)란 기업이 보유한 고객에 대한 자료를 분석하고 통합하여 고객들의 특징과 성향에 기초를 둔 마케팅 활동을 계획, 조직, 지휘, 통제, 지원하고 평가하는 일련의 과정을 의미한다. 즉, 고객 생애 가치에 기반하

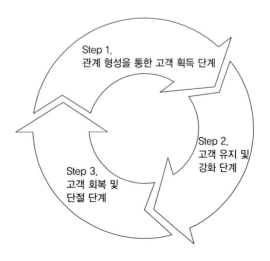

Step 1.
관계 형성을 통한 고객 획득 단계

Step 2.
고객 유지 및 강화 단계

Step 3.
고객 회복 및 단절 단계

여 신규 고객의 획득, 기존 고객 유지 및 고객 수익성 증대를 위해 지속적인 커뮤니케이션을 통해 고객 행동을 이해하며 이들에게 영향을 주기 위한 광범위한 전체 과정이라고 할 수 있다. 이는 통상적으로 고객 획득 단계 → 고객 유지 단계 → 고객 관계 강화의 3단계로 이루어지며, 기업은 각 단계별 특징에 맞는 적절한 마케팅 프로그램을 개발하여야 한다.

첫 번째는 고객과의 관계 형성을 통한 획득 단계이다. 자사의 상품군을 처음 구매하는 소비자와 첫 거래가 이루어지거나 혹은 경쟁사의 고객을 자사로 유인하는 경우를 말한다. 즉 고객에게 필요한 다양한 혜택 및 가치를 제공해서 경쟁사가 아닌 자사의 제품 및 서비스를 이용할 수 있게 만드는 것이다.

이를 위해 제품의 견본 제공 및 사전 테스트 기회를 제공하는 형식의 자사 제품에 대한 경험 제공을 통한 직접적인 설득 방법 혹은 브랜드 이미지와 관련된 다양한 커뮤니케이션 활동을 통한 간접적인 설득 전략을 병행하는 것이 유용하다. 이때, 한정된 자원의 유용한 활용을 위해 자사의 타겟 고객을 명확히 정의하고, 기업에게 도움이 될 만한 고객의 분류를 명확히 하는 것이 필요하다. 기업의 높은 시장 점유율이 반드시 기업의 수익성과 비례 곡선을 형성한다는 보장은 없으므로 고객확보를 위한 맹목적 마케팅 활동보다는 표적 고객 확보를 위한 일관성있는 전략 전개가 더 중요하다.

두 번째는 확보한 고객을 유지하는 단계로 해당 고객에 대한 생애 가치 극대화, 고객 자산 극대화 관련된 CRM에 있어서 매우 중요한 위치를 차지한다. 고객을 유지하는 것은 재구매율 향상과 직접적인 관련성을 지니는 바, 획득한 고객의 재구매율이 높다면 고객 생애 가치에서 미래에도 자사의 고객일 확률이 증가되기 때문이다. 때로는 기업이 고객 획득 과정에서 손해를 보더라도 장기적인 관점에서의 이익 획득을 도모할 수 있기 때문에 이의 손해를 감안하는 것이다. 또한 연구들에 따르면 충성도 높은 기존 고객을 유지하는 데 드는 비용이 신규 고객을 창출하는 데 드는 비용보다 5~7배 정도 저렴하다고 한다.

이를 위해 마케팅 관리자는 전환 장벽 구축을 통해 고객과의 장기간에 걸친 관계를 긴밀하게 해야 한다. 예를 들어, 통신사 2년 약정 서비스, 스포츠 센터의 연회원 가입 등의 장기간 거래에 의한 계약 조건을 활용하거나, 관계가 종료될 경우 고객이 입게 되는 손실에 근거한 물품 구매시의 각종 할인 혜택 혹은 포인트 혜택을 주는 멤버쉽 카드 제도를 통해서 관계를 유지할 수도 있다. 이와 함께, 신기술이 접목된 제품 및 서비스의 경우에는 다른 브랜드로 교체 시, 부품의 호환성 부족 및 새로운 기능 숙지로 인한 불편함을 통해 전환 장벽을 구축할 수 있다. 또한 기업과 고객 사이에서 창출되는 가치는 해당 고객이 처음 구매한 상품의 재구매에서만 발생하는 것이 아닌, 교차 판매 및 상위 판매를 통해서도 발생한다. 교차 판매(Cross selling)는 동일한 고객에게 여러 관련 상품을 연관시켜 판매하는 것을 의미하는데, 예를 들어 스마트폰을 구입한 고객에게 케이스 구매를 제안하거나, 또는 은행에서 예금 고객에게 증권, 카드, 보험 등의 관련 서비스를 더 많이 이용하도록 유도하는 것들이 해당된다. 상위 판매(Up Selling)은 같은 제품에 대해서 등급을 높여가면서 판매 제안을 하는 것으로 자동차 혹은 스마트폰 판매 시, 보다 상위의 버전을 제안하는 것이 이에 해당된다.

한편, 기업의 CRM 프로그램에 의해 잘 관리되어진 기존 고객을 통해 신규 고객이 창출되는 경우도 발생하기 때문에 기업은 기존 우량 고객과의 좋은 관계 형성을 통해 고객이 고객을 유인하는 선순환 시스템을 정립하는 것도 필요하다.

세 번째는 고객 회복 및 단절 단계이다. 고객 관계가 항상 긍정적으로 유지되기는 쉽지 않다. 그러므로 심리적 혹은 실제로 이탈한 고객을 다시 유인하고자 하는 회복 전략과 불량 고객을 선별하여 기업에 손실을 끼치는 부정적 결과를 사전에 방지하는 것 또한 매우 중요하다.

고객들은 통상적으로 제품(서비스) 및 기업과의 상호 작용에 불만을 느낄 때, 관계 종료 의지를 지니게 되는 바, 이를 과거의 만족스러운 상태로 회복시키는 것이 필요하다. 예를 들어, 자동차 리콜 등의 제품 오류에 대한 교환정책 실시를 비롯하여 고객이 입은 정신적 경제적 피해에 대한 적절한 배상책을 실시해야 한다. 또한 실제로 관계가 완전히 종료된 경우에도 자사에게 유리한 고객일 경우에는 제품, 가격, 판촉 등에서 추가적인 부가가치 제공을 통해 관계를 회복하여 기업 이익 및 시장 점유율 증대에 노력해야 한다. 한편 블랙 컨슈머들의 요구 및 불평이 모두 옳지 않을 수 있으므로 기업이 추구하는 기준에 맞게 고객을 구분하여 이들과의 관계를 단절하는 것도 고객 관계 관리의 중요한 의사 결정이 될 수 있다.

"소용량이 잘나가네"… 음료 사이즈 줄이니 매출이 '쑥'

음료업계에 소용량 제품이 인기를 끌고 있다. 한입에 마시기 좋고, 휴대성도 좋아 소용량 주스, 탄산음료 및 생수 등의 판매가 크게 증가하고 있다. 소용량 제품은 기존 제품이 성인 남자 음용 기준에 맞춰져 있어 한번에 마시기 부담스러워하는 어린이 및 여성 소비자를 타깃으로 기획됐지만, 1인 가구 증가, 상대적으로 저렴한 가격, 휴대성 용이 등으로 인해 음용 트렌드가 변화하면서 연령 및 성별을 가리지 않고 폭넓게 인기를 얻고 있다.

1일 업계에 따르면 주요 음료, 생수, 주류 제품들이 소용량 제품으로 출시되면서 실제 판매량 역시 크게 늘었다. 이에 기존 용량보다 작은 소용량 제품의 출시 및 리뉴얼이 잇따르고 있다.

롯데칠성음료가 지난 2016년에 선보인 160ml 용량의 초미니 탄산음료 '칠성사이다 미니'와 '펩시콜라 미니'의 지난해 판매량은 약 230만 캔, 150만 캔으로 전년대비 약 200%씩 증가했다.

미니캔은 기존 주력으로 판매되던 250ml 제품대비 용량을 약 40% 줄여 휴대성 및 음용 편의성을 극대화한 소용량 제품으로, 올해 4월 누적 판매량도 전년대비 약 300%, 150% 증가하는 등 10여 개의 다양한 용량의 제품 중 성장세가 가장 돋보였다.

(시계방향) 롯데칠성음료 소용량 제품, 웅진식품 아침햇살 340ml, 코카콜라 미닛메이드 300ml 소용량 제품(사진: 각사 이미지 제공/ 이미지 합성: 아시아타임즈 류빈 기자)

생수 역시 소용량 제품의 판매가 두드러졌다. 한 손에 쏙 들어가는 용량인 '아이시스8.0' 200 및 300ml 제품의 2018년 매출은 약 170억 원으로 전년대비 약 45% 증가하며 아이시스8.0 전체 매출성장률 대비 2배가 넘는 성과를 보였고 올해도 비슷한 성장세를 이어가고 있다. 탄산수 대표 브랜드 '트레비'도 기존에 주력으로 판매되던 500ml 용량의 매출 비중은 줄고 가볍게 즐길 수 있는 300ml 용량의 매출 비중은 2017년 11%에서 2018년 18%, 올해(1~4월)는 22%로 늘었다. 일화도 최근 온라인 전용 제품인 아임탄산수를 가볍게 즐길 수 있는 190㎖ 소용량 캔으로 출시했다.

소용량 제품은 홈술, 혼술 문화 확대와 함께 주류에서도 주목받고 있다. 롯데주류는 일반 레드 와인 1잔 분량인 187ml 용량의 '옐로우테일 쉬라즈' 와인을 판매 중이며, 오비맥주는 250ml 용량의 '카스 한입캔', 롯데아사히주류는 초소용량 맥주인 '아사히 수퍼드라이' 135ml를 선보이며 인기몰이를 하고 있다.

이어 다양한 주스제품들도 소용량 제품으로 출시되고 있다. 코카콜라의 주스음료 브랜드 미닛 메이드는 식이섬유를 담은 과즙음료 '미닛메이드 식이섬유'를 선보이면서 1.2L 페트와 300ml 소 용량 제품을 함께 출시했다.

올해로 출시 20주년을 맞은 웅진식품의 '아침햇살'도 340ml 소용량 페트 제품을 새롭게 출시 했다. 롯데칠성음료는 대표 주스 브랜드 '델몬트주스'와 '롯데주스'의 소용량 제품인 180ml 제품 10종 전체의 패키지를 리뉴얼해 브랜드 경쟁력을 강화시키고 있다.

업계 관계자는 "부담없이, 낭비없이 가볍게 즐길 수 있는 소용량 제품은 최근 '1코노미(1인가구+ 이코노미)' 트렌드와도 맞아 앞으로도 꾸준한 인기를 얻을 것으로 기대된다"며, "소용량 제품에 대 한 소비자의 욕구 증가를 확인한 만큼 향후 소용량 제품의 품목 확대를 검토하고 판매처 확대에 도 주력할 것"이라고 말했다.

출처 아시아타임즈(www.asiatime.co.kr) | 류빈 기자 | 2019.06.03.

캐릭터 전성시대, 브랜드는 왜 캐릭터에 주목해야 하는가?

바야흐로 캐릭터 전성 시대

요즘은 아이부터 어른까지 캐릭터 소품 하나쯤 안 가진 사람이 거의 없을 정도다. 문구나 인형 등 전통적인 캐릭터 상품은 물론 패션, 뷰티 등 다양한 분야에서 캐릭터 마케팅을 펼치면서 일상 속에서 캐릭터를 쉽게 접하게 되었다. '캐릭터 = 아이들 장난감'이라는 공식이 깨진지도 이미 오래다. 더불어 최근 복고 열풍과 함께 어린 시절로 돌아가고 싶어하는 '어른아이' 즉, 키덜트 문화가 부상하면서 캐릭터 소비자층이 아이에서 성인으로 급속히 확대되고 있다.

숫자로 보는 캐릭터 열풍

불황 속에서도 나홀로 성장 중인 국내 캐릭터 산업 규모는 매출액 기준으로 지난해 11조 573억 원으로 성장했다. 1990년대 캐릭터 산업 규모가 1000억 원대였다고 하니 그 성장세가 얼마나 대단한 지 알 수 있다. 2005년 2조 원대에서 2015년 10조 807억 원으로 처음 10조 원을 넘어섰으며 연평균(CAGR) 16% 이상 꾸준히 성장한 셈이다. 캐릭터 부착 여부가 상품 구매에 미치는 영향력은 무려 54.5%에 이른다. (출처: 한국콘텐츠진흥원 캐릭터산업백서)

기업들의 캐릭터 활용

과거에 키즈 타겟 제품 등 특정 산업에만 활용하던 캐릭터가 이제 뷰티, 패션, 교육, 식품, 음료 등 인간의 라이프스타일 전반을 아우르며 다양한 산업에 경계 없이 확대되고 있다. 이는 캐릭터가 어린이나 특정 소비자의 문화가 아니라 전 세대를 아우를 수 있는 고도의 마케팅 도구로서 확대되고 있다는 것을 의미한다. 또한 기업들이 유명 캐릭터에 대한 사용권 계약을 맺거나 콜라보레이션하는 데서 끝나는 것이 아니라 캐릭터를 자체적으로 개발해 활용하는 사례가 늘고 있다. 인지도가 높은 유명 캐릭터를 활용하면 단기간에 매출을 높이는 데는 기여할 수 있지만 장기적으로 타사와 차별화하기 힘들다는 단점이 있다. 자체 캐릭터를 개발하면 자신들만의 독창성을 가진 캐릭터를 소유함으로써 제한없이 자유롭게 활용할 수 있다. 이에 캐릭터를 브랜드의 고유한 자산으로 바라보고 잘 만들어 적재적소에 활용하여 인지도를 키워 나가는 것이 점차 많은 기업의 관심사가 되어가고 있다.

브랜딩 관점에서 '캐릭터의 강점'은?

다른 시각적 브랜딩 요소인 CI, BI 등과 비교해 캐릭터만이 가진 강점은 무엇일까? 원론적 이야기이지만 이를 짚어보면 캐릭터를 브랜딩 요소로 활용하는 데 있어서 견지해야 할 방향성을 엿볼 수 있을 것이다. 브랜딩 요소로서 캐릭터의 강점을 아래의 6가지로 요약해보았다.

적용성: 대상의 특징을 간결하게 응축한 시각물이기 때문에 다양한 매체에 적용이 쉬움
생명력: 캐릭터를 바탕으로 애니메이션을 비롯한 다양한 콘텐츠가 만들어지면 살아있는 생명체와 같은 느낌을 줄 수 있음
표현력: 브랜드의 특성과 이야기를 외모에 반영하거나, 행동이나 말투로 표현할 수 있음(스토리텔링에 용이)
친밀성: 대상을 의인화한 콘텐츠이기 때문에 다른 콘텐츠보다 공감이 쉽고 이로 인해 대고객 커뮤니케이션이 용이함
주목성: 다른 콘텐츠에 비해 풍부한 이미지와 강한 개성으로 인해 쉽게 눈에 띄고 기억에 남음
확장성: 원소스 멀티유즈(OSMU)에 적합한 콘텐츠로서 다양한 형태로 확장이 가능해 지속적인 활용이 가능함

이처럼 다양한 장점이 있는 캐릭터는 과거에도 TV를 비롯한 전통적인 대중매체 광고 시장에서 오랫동안 활용되어 왔다. 그런데 모바일의 대중화와 맞물려 뉴미디어와 네트워크 플랫폼들이 발전하면서 소비자들이 캐릭터를 받아들이고 소비하는 방식도 더욱 폭넓게 변화하고 있다. 이런 시대의 변화와 함께 캐릭터를 소비하는 대중의 생각과 취향은 어떤 방향으로 가고 있을지 생각해보게 된다.

과연 캐릭터의 어떤 점이 소비자의 지갑을 열게 만드는 걸까?

브랜드를 통해 개성을 표현하는 시대 – 캐릭터는 효과적인 자기 표현 수단

젊은 소비자들을 중심으로 남들에게 보여주기 위한 예쁘고 이색적인 제품을 찾는 경향이 강해지고 있다. 미적으로 친숙하거나 재미있는 제품들을 찾는 소비자들이 늘어나면서 소비자들의 시선을 끌기 위해 캐릭터를 디자인에 반영하는 사례도 늘고 있다. 캐릭터가 브랜드에서 추구하는 이미지와 잘 맞을 경우 캐릭터를 적용한 제품 디자인이 브랜드에 대해 친숙하면서도 긍정적인 이미지를 구축하는 데 도움이 된다. 앞으로 사람들이 브랜드를 통해 자기표현을 하려는 경향은 더욱 강화될 것으로 보인다. 자신의 개성 또는 이미지를 자신이 선호하는 브랜드를 통해 나타내는

것이다. 만약 선호 브랜드가 독특한 캐릭터를 갖고 있다면 이런 경향은 더욱 강해질 것이다. 자신의 개성과 이미지를 대변해주는 캐릭터가 있기에 사람들은 거기에 더 관심을 쏟을 것이고, 그러다 보면 자연히 브랜드에 대한 선호도와 충성도가 높아지게 된다.

캐릭터를 좋아하는 어른들, 키덜트(Kidult) 시장의 성장

국내 키덜트 시장이 지난해 1조 원을 넘어서는 등 폭발적으로 성장하고 있다. 한국콘텐츠진흥원의 '2016 콘텐츠 산업전망 보고서'에 따르면 키덜트 시장 규모는 2014년 5천억 원대에서 해마다 20%씩 성장해 지난 해 1조 원대를 넘어선 것으로 추정된다. 키덜트는 어린 아이들과는 달리 소비 여건을 가지고 있는 성인들이기 때문에 유통업계에서는 이들을 불황 속 성장동력으로 주목하고 있다. 키덜트가 열광하는 핵심분야는 캐릭터를 바탕으로 한 피규어와 인형 등으로, 과거 캐릭터를 어린 아이들의 전유물로 여겼던 상황이 바뀌고 있다.

가볍고 빠르게. 공유와 확산이 용이한 콘텐츠의 중요성 대두

20억 이상의 인구가 인터넷과 모바일로 연결된 초연결의 시대에 넘쳐 흐르는 정보와 이미지는 소위 '스낵컬쳐'(Snack Culture)로 대변되듯 짧은 시간에 간편하게 즐길 수 있도록 만들어진다. 또한 경기가 불황일수록 감성을 자극하고 가벼우면서도 즐겁고 유쾌한 이슈를 찾는 경향이 있는 소비자 심리는 캐릭터가 본질적으로 지니고 있는 재미와 즐거움이라는 요소와 맞아 떨어진다. 이런 상황에서 화려하고 풍부한 이미지와 강한 개성을 지닌 캐릭터는 빠르게 소비자의 시선을 사로잡아 관심을 끌 수 있고, 그 이미지들을 쉽게 공유할 수 있어 콘텐츠로서 확산성이 높다.

기술의 진보와 맞물려 점점 더 중요하게 대두되는 '인간화'

모바일 플랫폼, 증강현실, 옴니채널, 로봇 공학, 인공지능(AI), 4차 산업혁명 등 다양한 과학·기술적 진보를 맞이하고 있는 시대에 역설적으로 인간이 설 자리, 즉 인간이 가진 고유한 감성과 인간만이 가진 창조능력이 점점 더 중요하게 대두되고 있다. 캐릭터는 '인간화'에 방점이 있는 인간을 닮은 콘텐츠이기 때문에 이러한 시대적 변화 상황에서 점점 더 주목을 받을 가능성이 높다. 과거 캐릭터를 활용한 '아바타'(Avatar) 마케팅이 그러했고, 현재 우리의 일상에서 뗄 수 없는 캐릭터 이모티콘을 통한 대화도 '인간화'의 사례로 볼 수 있다. 인터넷 공간에서 브랜드와 소비자 간의 접촉은 사람을 통한 물리적 만남이 아니라 웹사이트를 통한 기계적 만남이다보니 무엇보다 '인간화'가 중요하며, 다양한 캐릭터가 그 인간화를 충족시켜주고 있다. 가까운 시일 내에 로봇공학과 인공지능이 결합된 로봇 애완견이나 로봇 조수는 친근한 캐릭터의 모습을 입고 있을 수 있다.

지금까지 살펴본 내용을 본다면 캐릭터는 단순히 일시적인 유행이 아닌 현재 진행형이자 앞으로의 성장 가능성이 큰 분야임을 알 수 있다. 캐릭터의 인기는 단순히 귀엽고 예뻐서만이 아니라 자기 자신과 닮았고 교감할 수 있는 존재를 찾는 인간의 본능과 맞닿아 있기 때문인 것을 안다면 앞으로 점점 '인간화'가 중요해지는 미래 시대에 '인간을 닮은 콘텐츠인 캐릭터'의 전망은 밝다고 할 수 있다. 당신의 브랜드가 소비자를 충분히 이해하고, 그들과 더 많이 교감하기를 원하는가? 그렇다면 당신의 브랜드에 매력적인 얼굴을 그려주고 흥미로운 스토리를 부여해줄 수 있는 멋진 캐릭터를 개발하는 것은 어떨까? 그래서 당신의 브랜드로부터 인간적인 따뜻한 체온을 느낄 수 있게 한다면 더이상 시니컬한 소비자가 아닌 브랜드의 충성스런 팬(Loyal Fandom)으로 대중을 변화시키는 것도 더이상 꿈만은 아닐 것이다.

출처 stone brand communications(https://stonebc.com) | Teo Lee, Brand Content Lab Creative Director | 2018.04.24.

사례 #3

CVS의 브랜드 의인화

　최근 편의점은 편의품을 판매하는 단순한 기능에서 탈피하여 도시락 café, 미니 세탁소, 음식 외의 화장품 PB의 발굴 등을 통해 구매의 편의가 아닌 생활의 편의를 도모하는 형태로 발전하고 있다. 이에 과거와 달리 편의점 주요사별로 브랜드 개성이 다르게 나타나고 있다. 아래 내용은 저자가 직접 편의점을 활발히 이용하고 있는 대학생들을 1:1 Depth Interview를 통해 도출한 내용이다. 브랜드는 노출하지 않은 상태에서 2개 정도의 편의점 브랜드 개성을 소개하여 이에 대한 이해를 도모하고자 한다. 실제 인터뷰에서는 브랜드를 노출하고 진행하여 도출한 내용이지만, 편의상 해당 교재에서 CVS 브랜드는 Blind로 표기했다.

1. (SSS) 편의점의 의인화 예시

1) 연령 및 성별
    → 50대 초반의 남성
2) 직업
    → 전문직 자격증 소지자
    → 젊은 나이에 대기업에 다니다가 스카우트 제의를 받고 이직, 이후로 승승장구.
3) 외모 및 인상 착의
    → 각진 얼굴에 강인한 인상, 50대 나이에도 불구하고 몸 관리도 잘한 편.
4) 성격 및 사회 생활 Style
    → 성공지향적인 성격
    → 회사에서 나아가야 할 방향을 제시하는 역할.
      다만, 지나치게 출세지향적 & 깐깐한 성격으로 인해 회사 내에서 그를 어려워하고 꺼려하는 부하직원들이 많음.
    → 성공가도를 달리는 중에는 괜찮지만 후에 실수할 경우, 주변 반대자들에게 물어뜯길 소지가 있다.
5) 취미 및 Life Style
    → 벤츠 S Class
    → 주중엔 야근이 많아서 특별한 취미 활동을 하지 않음.
      주말엔 골프 혹은 테니스로 여유로운 시간을 보냄.

수지	호날두	조조(삼국지)
- 자타공인 Top - 마치 별같이 범접하기 힘든 이미지	- 잘난 것 그 자체 - 여친, 스캔들, 능력, 외모 빠지는 것이 없음.	- 큰 세력자, 하지만 모든 것을 다 가지지 못함. - 현재의 포지셔닝이 압도적이지는 않음.

2. (DDD) 편의점의 의인화 예시

1) 연령 및 성별
 → 40대 여성, 내실있는 중견기업 CEO, 워킹맘
2) 외모 및 Fashion Style
 → 키는 작은 편이고 둥근 얼굴과 후덕한 인상, 잘 웃는 스타일
  정장과 캐주얼 모두 잘 어울리는 이미지
3) 성격 및 사회 생활 Style
 → 정치성향은 중도보수로 어느 한쪽에 치우치지 않는 성격
 → 마치, 정치 입문 전의 '안철수'처럼 20대들이 존경하는 인물에 자주 회자됨.
 → 신뢰할 만하고 합리적인 인물상, 얼핏 보면 속 없이 다른 사람에게 퍼줄 것처럼 순해
  보이지만 본인은 이러한 자신의 이미지를 잘 파악하고 이용할 수 있는 능력을 보유함.
4) 재테크 및 투자 스타일
 → 재테크는 보수적인 성향으로 주식보다는 강남권 부동산 투자 선호.
5) 취미 및 Life Style
 → 제네시스 EQ900 보유.
 → 워킹맘의 역할 잘 수행, 주말엔 아이들과 주말 농장이나 여행.

아이유	박지성	유비(삼국지)
- 단독 Top으로는 약간 부족한 이미지 - 본인의 영역에서 똑 부러지고 친근하고 대중적 이미지	- 화려하지 않은 unsung hero 이미지 - 친근하고 묵묵함이 2인자의 이미지와 유사	- 야심가, 호시 탐탐 1위 자리를 노림. - 1위를 노리는 잠재력 보유

이와 같이 브랜드를 사람이 지닌 속성으로 표현할 경우, 소비자와의 친근감이 발생할 수 있고, 이러한 이미지를 통해서 자사만의 포지셔닝 전략 수립도 가능하다.

아마존시대에도 잘나가는 '트레이더 조' & '베스트바이'

미 경제매체 비즈니스인사이더에 따르면 미국에서 올해 폐업하거나 폐업 계획을 밝힌 소매 점포수만 7,000여 곳. 아마존발(發) 오프라인 유통의 종말은 아직도 현재진행형이다. 그런데 오프라인 유통이 폐허가 되고 있는 와중에도 잘나가는 소매업체들이 있다.

미국 유기농식품 슈퍼마켓 '트레이더 조'(Trader Joe's)와 전자제품 유통업체 '베스트바이'(Best Buy). 이들의 성공 비결 역시 아마존과 같다. 바로 고객 만족이다. 차이가 있다면 아마존이 할 수 없는 오프라인에서 충성 고객을 확장한 것이다.

2019 미국 소비자 슈퍼마켓 선호도

*조사기관: 유통 빅데이터 전문기업 던험비
*미국 거주 7000세대 조사

1위	트레이더 조
2위	코스트코
3위	아마존
4위	H-E-B
5위	웨그먼스
6위	마켓 바스켓
7위	샘스클럽
8위	스프라우츠 파머스
9위	윈코
10위	월마트

그래픽: 유정수 디자인기자

사진 출처 : 머니투데이

온라인 주문, 배달 안 돼도 잘 나가는 '트레이더 조'

트레이더 조는 아마존에 인수된 홀푸드와 함께 미국 유기농식품 시장을 양분하고 있다. 2017년 기준 매출액이 133억 달러(약 15조 8400억 원)인데 10년 전의 두 배 이상이다. 비결은 세월이 지나도 떠나지 않는 충성 고객이 많기 때문이다. 트레이더 조는 지난해 시장조사기관 포레스트리서치를 비롯해 각종 소매업체 선호도 조사에서 1위를 차지했다.

외신들은 트레이더 조의 고객을 '광적'(cult)이라고까지 표현한다. 고객들은 '트레이더조스팬닷컴'이라는 팬 사이트를 만들어 제품 리뷰는 물론 이곳에서 판매되는 식품으로 만들 수 있는 음식 레시피를 공유한다.

심지어 이곳은 온라인 쇼핑몰도 없어서 매장을 가야만 물건을 살 수 있다. 계산대 앞에서 길게 줄을 서야 함에도 고객선호도 1위를 놓치지 않고 있다. 매장이 없는 캐나다에는 트레이더 조 제

품만 되파는 '해적 조'(Pirate Joe's)
라는 가게까지 생겼다. 이 가게는 미
국 가서 물건을 사오는 사람까지 고
용했다.

더욱이 아마존이나 이베이 입점도
거부하고 지난 3월에는 뉴욕 7개 매
장에서 제공하던 배달 서비스도 비
용 문제로 중단했다. 아마존이 만들
고 있는 유통의 질서와 거꾸로 가는
셈이다.

사진 출처: 트레이더 조/머니투데이

그렇다고 트레이더 조 매장은 다른
마트와 비교해 규모가 엄청나고 제
품 수가 압도적으로 많은 것도 아니
다. 미국의 매장 수는 480여 개인데
다른 마트의 크기가 평균 5만 제곱
피트(약 1,400평)인데 반해 트레이더
조는 작게는 8,000제곱피트(224평),
가장 큰 매장도 1만 2000제곱피트
(337평)이다. 물건 수도 평균 5만 개
이상을 취급하는 다른 마트와 달리
3,000개 이하이다.

사진 출처: 트레이더 조/머니투데이

대신 트레이더 조 매장은 '슈퍼마켓의 디즈니랜드'라고 불릴 정도로 즐길 거리가 많다. 마치 열
대지방에 휴가를 온 느낌이다. 고객들은 '시식 원두막'(tasting hut)에서 전 제품을 마음껏 시식할
수 있다. 원두막에 원하는 제품이 없으면 하와이안 셔츠를 입은 직원들 중 아무나 붙잡고 요청하
면 진열 상품 집어서 그 자리에서 뜯어 맛을 보여준다. 진열대에 인형을 한두 개씩 숨겨 놓고 보
물찾기하는 매장도 있다. 부모 따라 온 아이들이 인형을 찾으면 막대사탕을 선물로 준다. 존 바살
론 트레이더 조 매장 총괄책임자는 "우리는 매장이 브랜드이고 제품 구입은 전체 고객 경험 중 하
나일 뿐"이라고 말한다.

매장 관리하는 직원들은 마치 동네 친구 같다. 제품이 얼마나 저렴한지 얘기하기보단 제품이 어
디서 생산됐고 어떻게 요리하면 맛있는지 설명한다. 자기가 좋아하는 제품까지 자신 있게 추천
한다. 직원들의 진열대 정리는 일반 마트와 달리 고객이 많이 있을 때 하는데 그 이유가 고객과

더 자주 마주치고 대화하기 위해서다. 계산대에서도 마찬가지다. 트레이더 조는 계산대 스캐너의 '삐' 소리가 계산원과 고객과의 대화를 방해한다며 1990년대까지도 바코드 찍는 대신 계산기를 사용했다. 지금은 소리가 거의 나지 않는 스캐너를 개발해 쓰고 있다.

마케팅회사 부사장이던 마크 가디너는 트레이더 조의 성공 비결을 밝히기 위해 1년간 위장 취업을 한 뒤 책으로 펴내기도 했다. 그가 알아낸 것은 직원들이 유별나게 수다쟁이들이더라는 것. 그는 팟캐스트에서 "첫날부터 매장 직원 50여 명이 앞다퉈 나에게 자기소개를 하기 시작했다. 모두가 자기 얘기를 하고 싶어서 안달이 난 표정이었다"며 "그런데 다른 사람이 얘기할 때는 기가 막히게 귀를 기울였다. 말 그대로 대화할 준비가 되어 있고 공감 능력을 타고 태어난 사람들이었다"고 말했다. 트레이더 조는 채용 면접 때 스펙 대신 '얼마나 사람을 좋아하는지', '가장 즐거웠던 대화 경험은 무엇인지', '내가 가장 좋아하는 음식은 뭔지'를 묻는다.

트레이더 조 직원이 친절한 이유는 그만큼 회사가 직원들을 대접하기 때문이다. 창업자 조 콜롬비는 창업 초기부터 "우리 정직원은 중산층 수준의 급여를 받아야 한다"는 원칙을 내세웠다. 유통업계 평균보다 더 높은 임금을 주고 비정규직도 의료보험을 제공한다. 월마트(2만 5,000달러)와 비교하면 연봉이 두 배 차이가 난다.

제프 베조스조차 "두고두고 전해질 전략"이라는 '베스트바이'

미국 전자제품 판매업체 베스트바이는 전자제품 유통시장 2위인 서킷시티와 라디오쉘이 줄줄이 폐업할 때도 살아남았다. 아마존의 공세에도 불구하고 오히려 더 잘 되고 있다.

베스트바이도 2012년부터 매출이 급감하면서 위기를 맞기도 했다. 하지만 미국 호텔

사진 출처 : 머니투데이

체인 '칼슨'의 CEO였던 휴버트 졸리를 영입하면서 2017년부터 상승 곡선이다. 그가 내세운 전략은 적을 알고 나를 안다는 '지피지기(知彼知己)'.

베스트바이는 아마존에서 배울 건 배웠다. 대표적으로 최저가 전략이다. 제품 가격 내리기 위해 회사 전세기를 매각하고 자동차 경주 후원과 슈퍼볼 광고에 쓰던 마케팅 비용을 삭감했다. 처음 몇 달은 손실이 났지만 2~3개월 지나자 일부 카테고리에서 시장점유율을 회복하기 시작했다.

대신 아마존이 따라할 수 없는 전략을 세웠다. 매장을 체험공간이자 물류기지로 활용한 것이다. 매장을 비용이 아니라 '아마존에는 없는' 자산으로 정의내리면서 새로운 수익을 창출했다.

1000여개 매장에 브랜드 전문가를 배치해 기기 사용법을 설명하게 하고 애플 스토어와 같은 숍인숍(shop in shop)도 만들었다. 2013년부터 삼성, 소니, 인텔, 다이슨 등 웬만한 가전박람회에 버금가는 브랜드 체험관을 열고 최근에는 아마존과 구글의 스마트홈 시스템을 비교하는 전시장도 만들었다. 이 때문에 기업들은 베스트바이 체험관에 먼저 신제품을 내놓고 할인혜택을 제공한다. 아울러 매장을 온라인 주문 당일 배송을 위한 중간물류센터로 활용해 배송시간을 33% 줄이고, 고객들이 매장에서 택배를 직접 수령할 수 있도록 했다.

그런데 베스트바이가 아마존의 빠른 배송과 로봇을 이용한 물류를 따라잡는 것은 사실상 무리였다. 그래서 로봇이 할 수 없는 고객서비스, 즉 사람에 집중하기로 했다. 바로 '긱 스쿼드'(Geek Squad). 한마디로 스마트 기기에 능숙한 '긱'(geek, 괴짜)들의 가정방문이다. 점포당 30여 명, 미국 전역에 2만여 명이 365일 고객을 방문해 기술 지원과 상담을 한다. 수리만 하는 게 아니라 제품 사용법을 알려주고 어떤 브랜드, 어떤 디자인이 어울릴지 최대 90분까지 무료로 상담해준다. 새로 출시된 스마트 기기를 설명하면서 친분도 쌓는다. 베스트 바이는 이들이 고객에만 집중할 수 있도록 매출 압박도 하지 않고 그렇다고 방문 판매에 따른 인센티브도 제공하지 않는다. 건당, 시간당 업무 성과에 압박을 받지 않도록 모두 시급제 대신 연봉제를 적용했다. 고객과의 관계에만 집중하라는 것이다.

사진 출처 : 베스트바이/머니투데이

2017년 베스트바이 전체 매출 중 긱 스쿼드에서 발생한 매출은 26%, 매년 가정방문 요청전화는 400만 건이 넘는다. 지난해 5월부터는 연간 199달러(23만 7,000원)를 내면 긱 스쿼드 서비스를 무제한 이용할 수 있는 유료화 모델을 도입했는데 지금까지 가입자 수가 100만 명을 넘었다.

조 펠드만 텔시자문그룹 애널리스트는 워싱턴포스트에 "아마존에서 클릭 몇 번으로 스마트폰과 스크린TV를 구입할 수 있는 시대이지만 고객들에게는 불안감이 존재한다. 이 제품이 좋을까? 필요한 기능일까? 그들은 도움을 받길 원한다"며 "베스트바이는 이를 간파했고 긱 스쿼드는 앞으로 회사매출의 3분의 1 이상을 차지하게 될 것"이라고 전망했다.

그래서 과거 경쟁자였던 서킷시티의 전 최고경영자(CEO) 제임스 마컴은 포춘과의 인터뷰에서 "베스트바이는 자신들이 잘하는 것과 할 수 없는 것을 빠르게 판단해 스스로 최고의 기회를 만들어가고 있다"고 말했다. 그리고 현재의 경쟁자인 제프 베조스 아마존 CEO는 "베스트바이의 경영전략에는 배울 점이 한두 가지가 아니다"라며 "두고두고 오랜 시간 쓰이고 전해질 것"이라고 칭찬하기도 했다.

출처 머니투데이(https://www.mt.co.kr) | 배소진, 김지현, 구유나 기자 | 2019.05.31.

Quiz

소속 ....

성명 ....

1 브랜드 요소 중에서 '브랜드 패키지'의 주요 역할과 이의 중요성에 대해 서술하라.

....

....

....

....

....

....

2 브랜드 인지도가 높은 브랜드가 브랜드 자산 구축에 어떤 식으로 기여할 수 있는지 간단히 정리해보라.

....

....

....

....

....

....

....

....

3 지각된 품질(Perceived quality)과 브랜드 자산은 어떤 연관성을 지니는지 서술하라.

....

....

....

....

....

....

4 브랜드 이미지와 브랜드 아이덴티티의 차이점은 무엇인가?

....

....

....

....

....

....

5 브랜드 개성의 주요 역할 및 특징에 대해서 설명하라. 당신은 자신이 추구하는 혹은 현재 이미지와 일치하는 '브랜드 개성'을 어떤 브랜드의 어떤 특징을 통해 경험해 보았는지 자유롭게 토론해 보자.

....

....

....

6 고객 자산의 개념과 마케팅에서 이의 중요성에 대해 논하라.

7 교차 판매와 상위 판매의 개념을 실생활 속에서 예를 들어 작성하라.

8 CRM의 단계 중 가장 중요한 단계는 무엇이라고 생각하는가? 그렇게 생각하는 이유에 대해 토론해보자.

....

....

....

....

....

....

....

....

8 CRM의 마지막 세 번째는 고객 회복 및 단절 단계이다. 당신이 생각하는 관점에서 회복이 필요한 고객 유형과 단절이 필요한 고객 유형을 서술하라. 당신이 마케터라고 상상한 후 각 상황을 가정해 본 다음에 상황과 연결시켜 생각해보라.

....

....

....

....

....

....

....

....

Chapter 12
마케팅 전략과 계획 수립

제1절 마케팅의 경쟁우위 전략

기업이 마케팅을 수행하는 주요 목적은 기업이 속한 산업과 시장에서 기업의 가진 비용을 최소화하는 동시에 소비자의 최대한의 구매선택을 우선적으로 받기 위함이다. 이는 앞서 언급한 마케팅활동이 영업·판매가 추구하는 것과 다르며, 기업의 존립과 성장에 가장 큰 영향을 미치는 기업의 경영활동결과와도 일맥상통한다. 이러한 이유로 경영전략 또는 마케팅전략을 논의하는 자리에서 관리자들은 주로 산업구조, 시장 환경, 경쟁자, 가격, 상품의 전략적 포지셔닝 등에 관한 의사결정을 논의한다.

즉, 이들이 찾고자 하는 노력의 해답은 시장에서 절대적 우위를 확보하는 경쟁전략이다. 하버드 비즈니스 스쿨 교수인 마이클 포터는 그의 책 '경쟁전략'에서 특정 산업의 경쟁강도는 우연의 결과가 아닌, **1) 신규 진입기업의 위협 2) 대체재의 위협 3) 구매자의 교섭력 4) 공급자의 교섭력 5) 기존 기업 간의 경쟁**이라는 5가지 요인을 통해 결정된다고 주장하였다. 이러한 요인들이 융합되어 해당 산업의 경쟁강도를 결정하고, 이를 통해 잠재적인 수익성이 산출된다고 하였다[그림 1 참조].

실제 예를 들어보면, 최근 우리나라의 배달 시장의 규모는 굉장히 빠른 속도로 성장하는 동시에 출혈경쟁까지 벌어지고 있다. 국내 배달음식시장 규모는 2017년 약 15조 원에서 2018년 20조 원(공정거래위원회 기준) 규모까지 급성장했다. 그 사이 배달앱 이용자는 2013년 87만 명에서 지난해 2500만 명으로 급증했다. 같은 기간 배달앱 거래규모는 3,347억 원에서 2018년 약 3조 원으로 5년 만에 약 10배가량 커졌다. 기관에서 조사한 '온라인 배달업체 이용 실태조사 보고서'에 따르면, 배달앱 시장 점유율은 배달의 민족 55.7%, 요기요

[그림 1. 경쟁우위전략 구조]

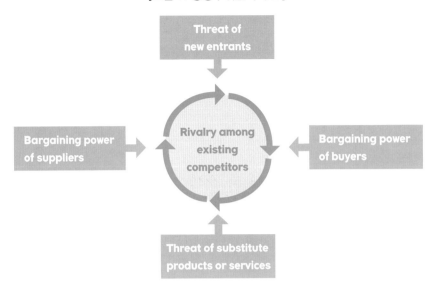

33.5%, 배달통 10.8%로 집계되었으며, 이는 IT 진화, 거의 100%에 달하는 스마트폰 점유율, 1인 가구의 증가, 편의성을 추구하는 소비자의 라이프스타일 등이 맞아떨어진 결과라고 분석하고 있다.

　이러한 산업과 시장 현황을 마이클포터 교수가 얘기하는 '경쟁전략'의 5가지 요소를 접목시켜 보면, 배달의 민족이라는 업체가 등장한 이후, 수많은 배달 창업자들이 배달시장에 뛰어들어 시장의 규모가 확대되었다. 소비자들은 좋은 조건을 제시하는 배달 앱을 설치하게 되고, 서비스를 편리하게 이용하고 있으며, 새롭게 이용하고자 시장에 진입한 소비자를 각 기업별 충성도 높은 소비자로 고정하기 위한 노력을 기울이고 있다. 동시에 배달앱을 통해 서비스를 제공하는 음식점, 편의점들도 배달앱에서 제공하는 광고, 추천을 받기 위해 투자를 하고 있으며, 이들의 경쟁으로 서비스는 더욱 정교해지고 편리해지고 있다. 만약 배달의 민족이 이 시장에 뛰어들지 않고, 일반 음식점들이 자체적으로 배달 편의를 제공했다면, 규모를 갖춘 시장으로 성장하기 어려웠을 것이다. 이것은 포터 교수의 경쟁전략이론에서 하나의 기업이 5가지 요소를 통해 시장 경쟁에서의 우위를 확보하는 것에 대한 시사점을 제공하는 것 이외에 시장이 규모적인 성장을 이룰 수 있는 환경적인 요소가 필요하다는 것으로 해석될 수 있을 것이다.

일반적으로 하나의 기업이 규모적인 성장이 담보된 시장에 뛰어들거나 주변 환경의 변화 기회를 통해 경쟁우위를 차지하기 위해서는 기업 입장에서 3가지의 본원적인 전략에 선택과 집중을 해야 할 필요가 있다. 그는 기업이 성공을 함에 있어 여러 가지 접근 방식을 추구하여 성공을 거두는 방식도 있지만, 3가지 본원적 전략 중 어느 하나를 효율적으로 수행하기 위해서는 전사적인 전력투구와 조직적인 뒷받침이 반드시 필요하다고 주장한다. 마케팅 전략의 기본 방향 역시 이러한 3가지의 본원적인 전략과 크게 다르지 않다고 볼 수 있다.

[그림 2. 본원적 전략우위 구조]

STRATEGIC ADVANTAGE

	Uniqueness Perceived by the Customer	Low Cost Position
Industrywide	DIFFERENTIATION	OVERALL COST LEADERSHIP
Particular Segment Only	FOCUS	

1) 원가우위

기업이 제품을 생산하여 최종 소비자가 구매하기까지 수많은 단계를 거치며, 해당 단계를 최소화할 때마다 소요되는 비용이 줄어들 수 있다. 가장 기본적인 것은 동일 품목을 대량 생산할 때, 원가절감을 꾀할 수 있다. 이때 원가가 절감됨으로써 제품의 가격경쟁력은 소비자에게 더욱 매력적으로 다가올 수밖에 없다. 즉 제품에 소요되는 원가측면의 우위를 차지하기 위해서는 어느 정도 규모의 경제를 달성하고(Critical Mass라고 부른다), 원가절감을 모색해야 할 필요성을 느낀다. 대량 생산은 곧 대량 소비와 수요로 연결되어야 하고, 결과적으로 원가우위를 확보한 기업은 다른 경쟁요인이 있다 하더라도 평균 이상의 수익을 거둘 가능성이 높다. 따라서 전반적인 원가우위를 확보하려면 마케팅과 영업측면에서의 시장점유율이 높거나, 원가에 가장 큰 영향을 미치는 원자재를 공급하는 파트너 사와의 교섭력을 높이거나 혹은 제품 생산을 비교적 용이하게 설계·디자인하는 것이 중요하다.

2) 상품 차별화

기업이 자사의 제품 또는 서비스를 다른 경쟁사들과 소비자 관점에서 구별되도록 하는 전략적 노력이 바로 상품 차별화이다. 상품 차별화는 경쟁사에 비해 혜택이 강화되거나, 사용이 편리하거나, AS 등 사후관리가 철저하게 이루어질 필요가 있다. 최근에는 이러한 상품 속성의 차별화에 따른 편익과 혜택의 차별, 사용성의 개선 및 사후관리 외의 차별화가 요구된다. 즉 마케팅측면에서의 차별화 개념은 소비자들로 하여금 경쟁사 또는 대체재로부터의 상품 차별화 인식을 더욱 공고할 수 있는 방향성을 지각시키는 데 가장 우선 순위가 있다. 특히 상품의 차별화는 신규 진입을 노리는 기업들에게 진입장벽의 역할을 하지만, 이는 반드시 상품 자체의 차별화만을 의미한다고 볼 수 없다.

예를 들어, 화장지를 제조·생산하는 기업에서 새로운 향을 중심으로 신제품을 출시했다고 가정하자. 시장에서 신제품 출시로 인해 소비자의 이목이 몰리기 시작했고, 점유율까지 위협받는 상황이 되어간다고 생각해보자. 또한 기존 제품을 생산·공급하여 어느 정도의 시장 점유율을 차지하고 있는 기업의 경우에 경쟁사의 신규 제품 출시에 대응하기 위해 기존 업체가 새로운 향을 개발하는 데 일정 기간의 시간과 투자가 소요된다고 할 때, 기존 기업은 새로운 제품을 출시하기까지 어떠한 차별화로 시장점유율을 지켜낼 수 있을까? 이 경우에는 경쟁사의 신규 진입 제품에 대한 소비자 반응을 원천적으로 차단하기 위해서 일시적으로 과도한 판매촉진 활동을 통해 소비자가 경쟁사의 신제품에 대한 경험 자체를 하지 못하도록 봉쇄하는 판매촉진 차별화 활동이 필요하다. 이는 포터 교수가 주장한 상품 차별화의 개념과는 동떨어진 기존 기업의 선택할 수 있는 시장 경쟁전략이다. 본원적인 전략이 아닌 시장 자체의 경쟁전략을 활용함으로써 달성할 수 있는 부분이 될 수 있으므로, 산업과 시장 환경을 면밀히 고려하여 추진될 필요가 있다.

3) 집중화

집중화는 특정 소비자 집단 또는 지역적으로 제한된 시장만을 목표로 잡고 시장 점유율을 증가시키는 전략이다. 마케팅 관리자에게 이미 익숙한 STP 전략과 차이점은 없다. 마케팅 관리자가 STP 방향성과 계획을 수립하는 이유는 가장 유력한 목표 시장을 통한 경험을 축적하여 다른 소비자 집단으로 영향력을 파급시키기 위함이다. 기업은 제한된 자원으로 시장에서 경쟁자와 싸울 수밖에 없다. 또한 기업의 가용한 자원 활용 역량을 높이고 경쟁을 벌이고 있는 다른 기업들보다 정해진 목표를 효과적이고 빠르게 달성하기 위함이라는 본원적 목표를 바탕에 두고 있다. 이러한 차원에서 집중화 전략은 시장 전체에 대해서는 원가 우위나 차별화를 달성하지 못하지만, 한정된 시장에서는 양자 모두를 성취하거나 둘 중 어느 하나라도 달성할 수 있는 방향이다. 마지막으로 3가지 본원적 경쟁전략 중, 단 하나의 전략이라도 제대로 구축하지 못한 기업들은 전략적 상황에서 무척이나 불리한 입장에 위치하게 된다. 그리고 이런 기업들은 수익성은 일반적으로 낮다. 마이클 포터 교수는 이런 어중간한 상태에 있는 기업들에게 반드시 본원적 경쟁전략에 관한 의사 결정을 다시 해야 한다고 말한다. 어중간한 상태의 기업들은 이를 벗어나는 과정에서 일정 기간 동안 원가우위, 차별화 그리고 집중화 등 3가지 전략 사이를 여기저기 왔다 갔다 하는 모습을 보이기도 한다. 하지만 본원적·근본적으로 상당한 시간과 자원을 투입하여 전략 자체를 냉철히 검토하지 않는 한 경쟁에서 밀려나는 상황에서 쉽게 벗어날 수는 없다.

제2절 시나리오 중심 마케팅 전략 수립

전략 계획을 수립하는 목적은 과거 또는 기존에 일어난 현상을 분석하여 이를 일반화하고 미래의 흐름을 예측하여 전략적으로 대응하려는 데 있다. 여기에서의 전략적 대응은 자원의 효율적 확보와 활용을 통해 효과적으로 목적을 달성하는 것을 목표로 하고 있다. 마케팅 전략 계획은 새로운 산업이나 시장에 진입하는 것이 아닌 기존 산업과 시장 내에서 변화하고 있는 소비자의 가치를 먼저 파악하고 이에 적절한 소비가치를 상품으로 제시함으로써 매출과 수익의 증대를 통해 경영 목적을 달성하고자 한다. 이 경우 마케팅 관리자가 전략 계획을 수립함에 있어 가장 어렵거나 불가능하다고 여기는 것이 바로 미래의 불확실성에 대한 예측을 어떻게 계획에 반영하는가에 있다. 기업경영에 있어 '한번 해보지'라는 것은 거의 있을 수 없기 때문에, 이런 점에서 불확실성을 가능한 한 사전에 예측하거나 최소화하고 싶어 한다.

이 경우에 활용될 수 있는 기법이 바로 시나리오 중심의 마케팅 전략 계획(Scenario-Centric Marketing Strategy Plan)이다. 이 기법은 불확실성을 무시하거나 평가절하 하기보다는 반대로 불확실한 시장과 소비자의 변화에 초점을 맞추고 있는 검증된 활동을 통해 마케팅 관점의 전략적 의사결정을 추구하는 방법이다. 예를 들어 새로운 시장을 개척하고자 하는 기업들은 해당 시장을 선점하면 우월적 지위를 누릴 수 있다고 기대하며, 기대에 따른 투자도 커진다. 예상한대로 시장과 경쟁사, 소비자의 기대반응이 움직여 질 때는 문제가 없겠지만, 계속 변화하는 시장에서는 그러한 경우는 좀처럼 나타나지 않는다. 그렇다면 현재의 마케팅 전략을 좀 더 미래의 불확실성에 대응할 수 있도록 계획을 수립하는 것이 실패의 가능성을 줄일 수 있다. 이때 활용할 수 있는 시나리오 중심의 마케팅 전략 계획은 불확실한 미래에 관한 대응전략이 될 수 있다. 그렇다고 시나리오 마케팅 전략 계획이 기업에 모두 적용될 수 있다고 말하기 힘들다. 시장 불확실성이 높고, 예상된 경쟁사 대응이 강한 경우, 소비자의 상품 선호가 불확실하거나 변화가 심한 시장의 경우에 한정하여 활용될 수 있다. 시나리오 중심 마케팅 전략계획은 다음과 같은 단계로 실행할 수 있다.

1단계: 의사결정 예정 사항의 명확한 이해

마케팅 관리자는 시나리오 도출의 처음 단계에서 어떠한 전략 부분에 대해, 무엇을 할 것인지에 대해 명확히 이해하고 경영진과의 공감대 형성이 우선적으로 이룰 필요가 있다. 가령, STP 단계에 관한 시나리오 도출은 전체 전략 계획을 다시 수립해야 하는 문제가 발생할 수 있으므로, 최우선적으로 설정한 목표 소비자 집단 외 선호 가능성이 높은 목표 소비자 집단에 대한 시나리오를 생각해볼 수 있다. 청년층의 예상된 호응을 생각했으나, 경제 상황이 대외환경으로 악화되었을 경우, 직장인 남녀를 중심으로 한 목표 소비자 집단에 관한 전략을 고려해 볼 수 있다. 이처럼 현재 설정한 마케팅 전략의 단계가 명확하게 이루어지지 않으면 시나리오 도출의 방향성이 흔들이고 커뮤니케이션의 어려움이 생긴다.

2단계: 전략적 의사결정 영향 요인에 대한 주요 요인 탐색

시나리오 전략 계획은 외부 전문가와 학계의 자문 등 광범위한 인터뷰 및 독립적 조사 기관의 견해를 통해 전략적으로 의사결정이 요구되는 부분과 해당 부분의 주요 영향 요인을 탐색하는 것이 바람직하다. 즉 마케팅 전략에 영향을 미치는 모든 중요한 요소는 가능한 한 모두 검토될 필요가 있다. 하지만 기업에서는 실무적으로 필요성은 인정하지만 실제 실행하는 곳은 거의 없다. 상품 속성, 상품 컨셉, 가격, 유통 채널과 프로모션 등 비교적 실행 계획에 영향을 미칠 수 있는 4P 요소를 비롯하여 대외적 경제상황, 법적 및 기술적 변화 등 해당 산업의 구조, 부가가치 변화, 경쟁, 신규 참여업체, 인수합병 등 업계 특유의 미시적 변수까지 포괄적으로 검토해야 한다.

사례로 정치적인 상황이긴 하지만 미국이 북한의 비핵화를 위해 84가지 종류의 시나리오를 고민하여 비핵화 협상에 참여한다는 보도가 나온 적이 있다. 그만큼 상대방의 미래 움직임을 면밀하게 예상하여 상대방이 취할 수 있는 대응 방법에 대한 맞대응 방법을 독립적·연계적 시나리오 별로 검토하고 협상에 임한다는 것을 의미한다. 특히 마케팅 전략 수립의 시나리오 작성 측면에서 외부 자문 또는 학계의 풍부한 의견을 원활하게 듣기 어려운 경우에는 몇 개의 작은 소비자 그룹을 사전에 구성하고, 보상 안을 마련하여, 수시로 의견을 청취할 수 있는 외곽조직으로 운영하는 것이 가장 바람직하다. 왜냐하면 급변하는 환경에 대응하기 위해 지속적으로 목표 소비자 집단의 의견과 피드백만큼 중요한 것이 없기 때문이다.

3단계: 전략적 시나리오 작성

전략적으로 마케팅 시나리오를 작성할 때는 앞서 분석된 각각 영향 요인들에 대하여 직접 시장에 상품을 소개하고 소비자의 반응을 파악할 수 있는 시기를 내부적으로 결정한다. 해당 시기에 마케팅 관리자의 예상대로 시장과 소비자의 반응과 성과가 이어지고 있는지를 사전에 확인할 수 있음을 전제로 하여 본원적인 마케팅 전략 계획, 시장 반응이 기대 이상의 경우에 따른 전략 계획, 시장 반응이 기대보다 못 미칠 경우에 따른 전략 계획 등 3가지 경우의 시나리오를 작성한다. 이 경우에는 기본적인 마케팅 전략 계획이 Normal Case 계획이 되고, 각 영향 요인에 따른 변화로 인해 시장에서 의도한 대로 전개되지 않는 경우를 Worst Case, 시장에서 기대한 이상의 성과가 전개되고 있는 경우를 Best Case로 구분하고 이에 따른 대응방안을 구체적으로 마련한다. 이들 시나리오 계획은 각 영향 요인과 부분마다 각기 다른 세부 실행 계획을 바탕으로 구성되어야 하며, 해당 시나리오 계획에서 Best

Case의 경우, 매출보다는 수익 경영이 더욱 활성화되도록 목표를 정하며, 신규 소비자 확보보다는 기존 소비자의 고정화를 중심으로 실행계획이 수립되어야 한다. Worst Case의 경우, 수익 경영보다는 판매 마진이 확보된 채 더욱 매출을 증대시킬 수 있는 실행 계획, 즉 기존 소비자보다는 신규 소비자가 더욱 많은 경험을 통해 새로운 가치를 지각할 수 있도록 유도하는 방안으로 계획되어야 한다.

제3절 마케팅 전략의 기획절차와 단계

앞서 언급한 마케팅 전략 수립 이전의 경쟁우위 전략과 다양한 전략적 핵심요인에 대한 고민을 마친 뒤, 본격적인 마케팅 전략을 수립할 때, 해당 전략에 관한 기획절차와 단계를 요약하면 아래와 [그림 3]과 같다.

기본적 절차로서 ① 시장에 대한 이해, 고객에 대한 이해가 가장 중요하며, ② 다양한 시장 환경에 대한 분석과 경험에 따른 현재 및 향후 시장에 대한 예측을 실행해야 한다. ③ 전략적으로 중요한 가중치와 가중치에 따른 우선순위를 바탕으로 세부 전략을 설정하며, ④ 세부 전략을 수립함과 동시에 운영전략인 Action Plan을 세워야 한다.

그러나 전략을 수립할 때 마케팅 관리자가 유념해야 하는 사항은 전략은 전략일 뿐이라는 점이다. 다시 말해서 전략을 실행할 기업 내부 시스템, 관련 부서 또는 조직의 역량, 마케팅 전략의 실행을 지원할 마케팅 예산 및 성과 측정을 위한 평가 및 환류 계획 등이 충분히 마련되지 않고서는 마케팅 관리자가 수립한 전략은 단지 기업 내부의 향후 방향을 일관성 있게 정리하고자 하는 노력에 불과하다. 실질적인 마케팅 실행력이 담보되지 않는 전략은 효용성이 떨어져 향후 전략에 따른 산출물의 책임과 비용집행에 대한 내부갈등과 더 나아가 분쟁만이 기다리고 있을 뿐이다. 또한 시시각각으로 변화하는 산업, 외환, 금융, 유가, 경쟁사 환경 등에 대해서 능동적으로 대처할 수 있는 마케팅 전략 시나리오가 마련되어 있지 않은 경우, 계획한 바와 같이 전략적 실행이 성과를 거두기 어려울 수 있다. 따라서 이러한 불확실한 기업 내·외부 환경을 적절히 통제할 수 있는 관리적·운영적 책임과 역할의 분담, 그리고 무엇보다 경영진의 전폭적인 지원이 뒤따라야 한다.

[그림 3. 마케팅 전략의 기획절차와 단계]

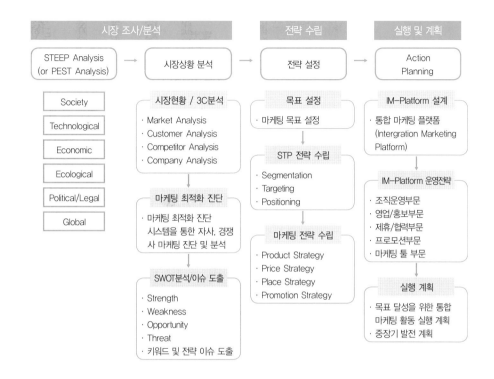

마케팅 전략의 계획과 수립단계는 학술적인 관점이나 실무적인 관점에서도 거의 유사하다. 즉, 큰 맥락과 흐름에서는 동일하거나 유사하다. 그렇다면 이렇게 정형화된 마케팅 전략의 계획과 수립단계를 알고 있음에도 왜 전략 계획과 수립에 있어 고려하지 못한 사항들이 종종 나타나는 것일까?

가장 큰 원인을 진단해보면, 마케팅 실행 계획이라고 얘기하는 'Action Plan'의 구체성이 부족한 점, 마케팅 관리자가 마케팅 전략 수립 시에 기업 내 비밀을 강조하여 관련 부서와의 충분한 협의를 거치지 않는 점, 마지막으로 지속적으로 변화하는 시장과 경쟁사, 소비자에 반응과 대응에 대한 '시나리오 계획(Scenario Plan)'으로 접근하지 않은 점을 들 수 있다.

1) 실행 계획(Action Plan)

마케팅 전략을 수립하는 계획과 실행 계획은 차이가 있다. 마케팅 관리자 사이에서도 이를 구분하기 어렵거나 구분하여 실행해본 경험이 부족한 것이 현실이다. 마케팅 전략 계획 수립에는 계획된 마케팅 수립에 직접적으로 실행하거나 지원해야 하는 기업 내 부서, 협력업체, 파트너 사 등의 역할과 어떻게 실행해야 하는지에 대한 구체적인 방법론이 기술되어야 한다.

예를 들어 마케팅 계획을 수립한 마케팅 관리자 홍보 관련 부서에서 해주어야 하는 일을 모두 기술하고, 이에 대한 적절한 시기와 방법 등을 홍보 관련 부서와의 사전협의를 거쳐 확정 짓거나 혹은 해당 홍보에 대한 성과 평가까지 기술해야 한다. 예를 들어, 신제품을 출시하기 1개월 전부터 관련 신제품에 대한 기획기사를 언론 매체를 통해 전달하여 소비자에게 공유되도록 하고, 자사의 온라인 매체 등을 통해 기대감을 높이거나 사전 예약, 이벤트 등에 관한 공지를 게재하며, 유통 매장에서 출시에 따른 대대적인 판매 촉진 활동이 이루어지도록 영업·판매 채널과의 협조 등이 모두 실행계획에 비교적 구체적으로 담겨 있어야 한다. 하지만 대부분의 마케팅 전략 계획은 경영진의 전략적 의사결정을 받기 위한 정보와 자료로 보여질 수 있기 때문에 구체적인 실행 부분을 생략하거나 마케팅 관리자 역시 해당 관련 부서에서의 활동 경험이 부족할 경우, 수립된 마케팅 전략이 제대로 갖춰진 실행계획과의 연계성이 떨어져 결국 기대하는 성과를 달성하기 어려운 경우가 많다. 따라서 마케팅 전략계획 중에 가장 중요한 부분인 실행계획을 철저하게 수립해야 할 필요성이 있다.

2) 관련부서 협의

마케팅 전략 계획의 수립과 실천에는 마케팅 활동에 관한 관련부서와의 철저한 준비와 지원이 요구된다. 이를 위해서는 마케팅 관리자는 마케팅 계획에서 중요한 역할과 마케팅 계획의 성공에 영향을 미칠 수 있는 관련부서와의 협의를 지속해야 한다. 특히 제품의 경우, 생산 관련 담당자를 통해 원재료의 수급과 원가 등을 점검해야 하며, 제조시설로부터의 생산량, 제품 생산과 검수, 포장, 물류, 배송 등의 전 단계에서 걸리는 시간, 투입량 등을 확인해야 한다. 또한 마케팅 관리자의 성과 및 전략 계획의 성공에 직접적인 영향을 미치는 영업·판매 관련 부서와의 정기적인 회의 또는 워크 샵 등을 통해 유통 채널에서의 호응을 받을 수 있도록 그들의 요구사항과 현장에서의 소비자 견해를 수시로 점검해야 한다.

아울러 자금 및 재무 관련 부서로부터 마케팅 계획 실행에 따른 총 예산 규모를 확정 받고, 이에 따른 예산 활용 계획 및 자금 집행 계획과 관련한 업무 협조를 완료 해야 한다. 특히 홍보 관련 부서를 통해 대내적으로 해당 마케팅 계획이 의도한 목적대로 수행될 수 있도록 다양한 지원을 받아야 한다. 마케팅 관리자의 역량은 본인의 창의적인 아이디어와 함께 마케팅 전략 계획을 철저하게 준비하는 것이 중요하지만, 관련 부서의 협조와 지원이 마케팅 전략의 성공여부에 직접적인 영향을 미친다는 점을 인식하고, 평소 이들 관계부서와의 원활한 협조 체계를 구축해야 할 필요성이 있다.

사례 #1

어도비(Adobe Systems)의 가치 집중화 전략

현대자동차보다 시세 총액이 250% 높은 기업. 자신만의 생태계를 구축하여 절대 빠져나오지 못하게 만드는 사용자 기반의 Creative Network과 Subscription Business Model의 대표적인 기업 Adobe. 작지만 큰 기업 Adobe Systems은 철저한 집중화전략을 수행하는 기업이다. 디자인 소프트웨어 시장의 독보적 마켓 리더로서, 대표 제품인 Photoshop, Illustrator, Acrobat(PDF) 등으로 유명하며, 상기 소프트웨어들은 디지털 디자인 도구의 전 세계 표준으로 인식될 정도로 널리 사용되고 있다. 어도비는 2013년 라이선스 판매 모델에서 구독 모델로 전환하는 데 성공하여 매출·이익·현금흐름 등 모든 측면에서 빠른 성장을 보이고 있으며, 비즈니스 모델을 전격적으로 전환하였다. 이 부분이 가능했던 것은 소프트웨어가 독점적인 위치에 있기 때문이라고 판단될 수 있다. 한편 전 세계적으로 소프트웨어 사용 환경이 클라우드 기반으로 바뀌며 불법 소프트웨어 사용이 더욱 어려워진 점도 매출 성장에 상당 부분 영향을 미쳤을 것으로 추정된다.

어도비는 3D콘텐츠 디자인 분야로 사업영역 확장하였다. 특히 자체개발 및 M&A를 통해 지속적으로 제품 포트폴리오를 확장하고 향후 성장성에 대한 가시성을 높여가는 중으로 특히 최근 영상이나 비디오게임 등 3D콘텐츠 디자인 분야로 사업영역을 빠르게 성장하는 부분은 주목할 만하다. 일례로 2018년 10월 발표한 Premier Rush(동영상 편집 툴)은 최근 폭발적으로 늘어나는 비디오 콘텐츠 크리에이터(유튜버 등)를 타겟으로 한 제품으로, 사용자들은 전문지식 없이도 데스크탑 · 태블릿 · 스마트폰 등에서 손쉽게 동영상 편  집이 가능하도록 구현하였고, 또한 최근에는 게임 및 영상 제작에 필요한 3D디자인 툴 개발사 Allegorithmic을 인수하며 3D콘텐츠 디자인 생태계를 빠르게 확장 중이다. 2D에서 3D로 콘텐츠가 전환되는 환경 변화에 민첩하게 대응하며 성장에 대한 우려를 불식시켜 주는 점이 성공적인 사업 전략을 안착시키는 데 크게 기여하였다.

Digital Experience 부문의 경우, 큰 시장이 열려있다고 볼 수 있는데, 이 시장의 경우, 매출은 크게 두 가지로 구성된다. 전체 매출의 70%를 차지하는 Digital Media부문은 디자인 관련 제품들로 구성되어 있으며, 디지털 마케팅, 광고, 커머스 등을 포함하는 Digital Experience는 매출의 27%를 차지하고 있다. Digital Media부문에서는 압도적인 시장지배력을 기반으로 포트폴리오를 확장하고 있으며, 이와 같은 견고한 비즈니스를 바탕으로 소프트웨어 생태계를 확대시키는 전략을 구사하고 있다.

어도비가 구독 서비스로 비지니스 모델을 전환하는 것은 모든 면에서 새로운 사고를 요구되었다. 제품, 영업 방식, 재무 및 마케팅에 이르기까지 거의 혁신 전략이 포함되었다고 해도 과언이 아니다. 이러한 비지니스 모델을 전환하기 위해 어도비 리더쉽팀들은 새로운 클라우드 제품의 판매 및 브랜딩 그리고 마케팅 방법을 전략적으로 세우기 위해 전략적으로 협업하였다. 비록 클라우드를 이용한 방식으로 전환은 시장의 변화 방향과 일치했지만 구독 서비스로 설계된 저가의 제품들은 성장 초기에는 수익 감소가 불가피할 수 밖에 없었다. 예를 들어, 2013년 어도비 매출은 8% 감소했고 그 다음해에는 수익창출이 이루어지지 않았다. 또한 심지어 구독 모델을 이해하지 못한 고객들의 반발을 초래하기도 했다. 그러나 어도비는 이러한 문제를 해결하기위해 다음과 같은 세 가지 핵심 원칙에 초점을 맞추었습니다.

- 커뮤니케이션을 촉진하고 효과적인 커뮤니케이션을 진행하기 위해 데이터를 기반으로 커뮤니케이션.
- 과제를 수행하는 과정은 투명하게 공유.
- 어려운 상황에서도 주주 친화적 의사 결정과 전략에 집중.

앞서 언급된 비즈니스모델이 급격히 변화되던 2013년 매출과 수익성이 단기적으로 악화되고, 잉여현금흐름 104% 규모에 달하는 자사주매입을 단행하며 주주가치 훼손을 최소화한 결과, Top-Line과 Bottom-Line의 악화에도 불구하고 기업가치는 꾸준히 증대되었고, 이는 어도비의 주주 친화적 경영철학 자세를 확인할 수 있는 유의미한 사례로 볼 수 있다.

단일 제품의 위력, 네이처 리퍼블릭

인간이 아름다워지길 원하는 것은 기본적인 욕구다. 특히 거센 한류(韓流) 바람과 함께 일어난 K-뷰티(K-Beuty)시장은 이례적인 성장세를 기록하는 중이다. '한국 여성처럼 예뻐지고 싶다'는 바람으로 국내 기업의 제품을 구매하는 각국의 여성들. 그 중심에는 '자연으로 회귀한다'는 슬로건의 '네이처 리퍼블릭'이 있다.

네이처리퍼블릭은 각종 기초화장품 중심으로 기타 뷰티 관련 액세서리를 판매하는 코스메틱(Cosmetic) 기업으로, '청정 자연으로부터 아름다움을 얻는다'는 이념으로 자연미를 중시 여기는 현대 여성을 공략, 국내뿐 아니라 대만과 태국, 말레 이시아, 일본, 필리핀 등 세계 각국 여성들로부터 높은 선호를 받고 있다. '청정 자연성분' 이라는 콘셉트를 표방함으로써 세계 각지의 자연 성분을 제품에 담고 용기에까지 이러한 이미지를 일관되게 적용하고 있는 만큼, 내추럴 메이크업(Natural Make-up)이 각 광받고 있는 이때 네이처리퍼블릭 만이 갖는 브랜드 가치는 매우 희소하다. 2009년 3월, 더페이스샵의 임원진이 주축이 돼 새 옷을 입은 네이처리퍼블릭은 이미 중저가 화장품이 국내 시장을 점유하고 있을 때 업계에 출사표를 던졌다. 사실, 더페이스샵을 LG 생활건강에 매각하고, 매각대금을 가지고 새롭게 만든 회사가 네이처리퍼블릭이다. 타 브랜드보다 약 3년이 늦은 후발주자로 시장에 입성했지만 성장세는 여느 브랜드보다 빠르게 성장했다.

'자연주의 브랜드'라는 브랜드 콘셉트와 전문화된 유통채널을 확보했기에, 늦은 출발에 비해 빠른 성장속도를 기록할 수 있었던 것이다. 전문화된 유통 채널은 크게 몇 가지로 구성된다. 일반적인 화장품 전문대리점 모집, 명동 등 대형 상권을 중심으로 한 플래그십 스토어, 지하철 등 기존 화장품 기업에서 생각하지 않은 신유통 채널을 개척하는 것으로 구분된다. 네이처 리퍼블릭이 성공하게  된 가장 큰 효자 상품은 '슈퍼 아쿠아 맥스 수분크림' 3종과 '수딩 앤 모이스처 알로에베라 92% 수딩젤', '아쿠아 콜라겐 솔루션 마린 하이드로젤 마스크' 등이다. 특히 '수딩 앤 모이스처 알로에베라 92% 수딩젤'의 경우 머리부터 발끝까지 사용할 수 있는 만능 제품이라는 이유로 고객들로부터 '호랑이 연고'라는 별명을 얻기도 했다.

네이처리퍼블릭 CEO가 말하길, "우리 기업의 제품이 소비자와 만나는 방식은 기업의 적극적인 마케팅도 한 몫을 하지만 무엇보다 고객들이 제품력을 인정하고 먼저 다가가 준다는 것입니다. '슈퍼 아쿠아 맥스 수분크림'의 경우 블라인드 테스트를 통해 당당히 1위를 차지했어요. 이후 많은 입소문을 거쳐 매장에 제품이 출고되는 대로 매진행렬을 이어가기도 했죠. 알로에베라 수딩젤 역시 많은 여성들이 기다렸던 제품이 아닌가 싶습니다. 알로에 성분을 92%나 함유한 만큼 얼굴과 전신은 물론 모발에까지 바를 수 있거든요. 피부를 진정시키고 보습시켜주는 알로에만의 장점을 가득 품고 있기에 봄·여름·가을·겨울 사계절에 관계없이 쉽게 손이 가는 제품이라는 평가를 받고 있습니다."

네이처리퍼블릭은 최근까지 총 155개의 매장을 오픈했으며 가장 중심이 되는 매장은 명동에 소재한 명동월드점 등 총 7개의 매장을 명동에 보유하고 있다. 특히 명동월드점이 소재한 장소는 국내 화장품 기업뿐 아니라 세계 유수의 글로벌 기업의 경쟁이 매우 치열한 자리다. 그럼에도 불구하고 네이처리퍼블릭은 올해도 재계약에 성공함으로써 자사만의 브랜드 희소가치를 당당히 증명했다. 제품을 찾는 소비자가 많아지면서 자연스럽게 특정 제품에 애칭도 붙게 됐다. '수딩 앤 모이스처 알로에베라 92% 수딩젤'의 경우 가격 대비 용량이 많을 뿐 아니라 어디에나 바를 수 있다는 이유 때문에 '호랑이 연고'라는 별명 외에 '짐승젤'이라는 수식어가 붙었다.

해외 각국에 활발한 진출을 시도하고 있는 네이처리퍼블릭은 기업 설립 단계부터 해외사업을 염두에 둔 만큼 접근방식이 매우 적극적이었다. 동남아시아뿐 아니라 유럽 권역까지, 한국 드라마와 K-pop 열풍이 영향을 미치는 곳에서 네이처리퍼블릭만의 마케팅으로 세계 여성 소비자들의 정서를 자극하였다. 네이처리퍼블릭이 현지 시장에 진출하기 전 가장 신경을 쓴 부분은 각 국가별 상황을 정확하게 인지하는 것이었다. 일본과 미국, 중국 등 나라마다 요구하는 규정이 모두 다르기 때문에 이를 통과할 수 있는 자격요건을 갖추는 게 중요했다. 중국이나 일본은 해외 기업의 진출이 매우 까다롭기 때문에 진출 전 제품성분 표시검사나 승인을 반드시 거쳐야 한다. 미국의 경우 제품 중 200개 품목이 승인을 얻었는데 안전성과 신뢰성에 큰 의미가 있다고 볼 수 있다.

"캄보디아 사람들이 가끔 그런 말을 합니다. 좋은 제품으로 화장을 할 수 있어 매우 기쁘다고요. 또한 자국에 여행을 온 서양 사람들이 화장품을 사가는 광경을 볼 때면 정말 감격스럽다고 까지 이야기해요. 유러피언(European)이나 미국인들이 캄보디아에서 물건을 사는 일은 거의 없으니까요. 현지 파트너사가 그런 말을 하더군요. 네이처리퍼블릭은 기업 이미지 그대로 깨끗한 기업 같다고요. 일을 진행할 때 모든 것을 투명하고 정직하게 진행하기 때문에 믿음이 간다며 많은 신뢰를 보내고 있죠."

글로벌 진출에 항상 따라오는 수식어는 그 나라의 환경과 시장에 맞게 마케팅 전략을 구사해야 한다는 점이다. 한 가지 예로, 우리 기업이 일본에 진출할 때는 현지의 화장품 시장을 충분히 이해해야 한다. 일본은 우리나라와 달리 화장품 유통이 드러그스토어(Drug store)에서 이루어지고, 일본에는 샵 인 샵(Shop in shop) 형태로 먼저 진출한 뒤, 제품 홍보와 기업 이미지를 높여주는 플래그십 매장(Flagship store) 형태로 도쿄에 네이처리퍼블릭을 알리는 방법을 활용하였다. 국내에서와는 순서를 바꿔 진행한것이다. 무엇보다 중요한 것은 현지 시장을 단순히 마켓으로서만 활용하는 것이 아닌, 함께 상생하는 관계로 이해하는 태도가 중요하다. 이러한 태도는 일본이나 미국과 같이 뷰티 시장이 성숙기에 접어든 시장에도 계속해서 자국의 브랜드를 알릴 수 있는 요소로 작용할 수 있기 때문이다. 필자가 네이처리퍼블릭 대표를 만났을 때는 자신이 더페이스샵을 만들기 전에 '식물원'이라는 컨셉으로 화장품을 만들었는데, 식물원 1990년대 후반에 슈퍼마켓을 중심으로 판매되었던 CJ제일제당의 '식물나라' 브랜드를 많은 부분 벤치마킹 했다고 하였다. '식물나라' 브랜드는 필자가 CJ제일제당에서 만든 식물성 원료를 중심으로 한 화장품 브랜드로, 식물나라 이후 과일나라 브랜드가 등장하고 기존 동물성에서 식물성으로 원료의 전환을 꾀했던 화장품 브랜드이다. 정대표와 필자는 이후로 중국 북경중앙역에 한국 브랜드 무역 전시관 내에 대형 매장을 출점하는 데 상호 협업을 추진했었다.

인도네시아의 공유차량 서비스, 'Go-Jek'

젊은 인구구조와 1억 3천만 명의 인터넷 사용자에 힘입어 인도네시아 스타트업 생태계가 급격히 성장하고 있다. 인도네시아 스타트업에 대한 투자금액은 지난 5년 사이 68배 이상 급증해 올해는 석유·가스 부문 투자액(2016년 50억 달러)을 초과할 것으로 보인다. 가장 대표적인 스타트업으로는 일명 'GTT'라 불리는 고젝(Go-Jek), 토코피디아(Tokopedia), 트래블로카(Traveloka) 등 3대 유니콘기업이 있다. 인구 구조와 소득 향상 등에 힘입어 모바일 환경이 발달하며 인도네시아의 스타트업 생태계가 더불어 성장하고 있다. 총 인구 2억 6천만 명 중 10~30대의 비중이 49.6%에 달하며 인터넷 사용 인구는 1억 3천만 명으로 전체 인구의 절반을 초과(세계 5위)하며, 빠른 경제발전에 힘입어 소비시장이 급격히 확대되는 가운데 거대한 디지털 경제 형성 중이다. 특히 인도네시아 정부는 아시아의 디지털 허브로 성장시키겠다고 다짐하는 등 스타트업 육성에 적극적이다. 인도네시아 연구·기술·고등교육부에 의하면 올해 약 60개의 스타트업 인큐베이터를 지원하고 있으며 이로부터 500여 개의 스타트업 기업이 탄생할 것으로 기대하고 있다(한국무역협회).

필자가 올해 초 인도네시아에 방문하였을 때, 과거 인도네시아와는 확연히 달라진 서비스를 체험하였다. 그것은 바로 'Go-Jek'(고젝)이라는 서비스다. 수도인 자카르타 공항 2층에 별도로 서비스를 이용할 수 있는 통로와 공간을 마련하고, '고젝' 서비스 앱을 설치한 후, 목적지를 입력하니, 서비스를 특정한 가격에 제공하겠다는 제공자가 차례로 스마트폰에 표시되었다. 스마트폰에 표시된 서비스에는 차량의 승차 규모, 차량의 최신성을 비롯한 운전기사의 얼굴과 면허 종류 등 다양한 정보가 제시되었다. 이중에서 수화물의 규모에 맞는 차량을 호출하고, 해당 차량은 3~5분 안에 고객의 장소로 들어왔다. 운전기사에게 물어보니 대략 90만 명에서 100만 명의 차량 공유 서비스를 제공하는 것 같다고 말한다.

약 2억 명의 인구에 스마트폰이 보급되면서 이러한 차량 공유 서비스를 비롯한 배달 서비스까지 나날이 성장하고 있는 모습을 확인할 수 있었다. 고젝 서비스는 차량은 물론 동남아시아 신흥국가의 중요한 운송수단인 오토바이 공유 서비스도 활발하다. 요금은 거의 자가용의 절반수준이다. 곳곳에 지정된 승차 장소가 있어 차량 도착과 알림, 차량의 선택 취소도 별도의 수수료 없이 가능하다. 또한 운송가격이 미리 정해져 있어서 서로 요금 시비가 붙을 일도 없으며, 차량 혼잡으로 인해 목적지를 돌아가더라도 추가 요금이 없다. 결재 역시 신용카드를 통해서 지불할 수 있기에 당장 현금지불에 대한 부담도 없다.

고젝은 택시 호출에만 머무르지 않고, 음식 주문배달, 상품 배송까지 가능하다. 최근 열린 아시안게임 주요 경기가 집중해 열리고 있는 젤로라 붕 카르노(GBK) 주 경기장 내에는 고젝을 랩핑만 차량이 음식을 판매하였다고 한다. 고젝 애플리케이션 초기 화면에 접속하면 고라이드(오토바이), 고카(차량), 고블루버드(브랜드 택시), 고푸드(음식 배송), 고샌드(물품 배송), 고빌스(세금 납부), 고샵(쇼핑몰), 고마트(장보기), 고마사지(마사지), 고박스(대량 운송), 고클린(청소 대행), 고글람(화장 또는 이발), 고오토(자동차 정비), 고틱스(공연 등 예매), 고메드(약품 배달), 퀵서비스(고센드), 고펄사(전자화폐 결제) 등 무려 17가지 서비스가 제공된다.

그야말로 생활 밀착형 전천후 서비스로서 인도네시아의 녹색혁명, 전천후 서비스가 된 셈이다. 각종 규제와 이해관계 묶여 거의 아무것도 하기 어려운 국내와는 너무 많이 다른 서비스 환경 속에서 인도네시아 소비자는 다양한 혜택을 즐기고 있는 것이다.

이들의 마케팅 전략은 너무도 단순하다. 기존의 택시 서비스는 고객의 '니즈'에 제대로 부응하지 못한 측면이 매우 높았고, 요금 시비를 비롯하여 특히 관광객의 불편함은 이루 말할 수 없었다. 인도네시아의 기존 택시 서비스는 기본 요금이 표시된 미터기가 아무런 소용이 없다. 택시기사가 달라는 대로 주지 않으면 운행 중간에 승차를 거부하고 그 자리에 손님을 내리게 한다. 꽹장히 위험한 서비스를 제공해왔던 것이다. 즉 고객만족이란 것을 상상할 수 없는 수준이었다. 특히 택시가 주변에 없거나 있어도 높은 요금, 가까운 거리 승차 거부 그리고 승객들이 이용도가 낮다고 여겨지는 지역으로는 안 가려고 한다든지 다양한 문제점들을 내포하고 있었던 것이다. 고젝은 시민들에게 해당 서비스를 홍보하기 위해 일정 기간 무료 서비스를 제공했고 입소문 마케팅을 전개하였다. 기존의 대중교통에 만족하지 못했던 고객들은 쉽게 고젝으로 이동하였으며, 결국 고젝이 인도네시아 시장을 장악해 나가는 것은 특정한 정책적 로비 또는 전략 마케팅이 아닌 고객의 만족전략의 철저한 실행에 근거했다고 볼 수 있다. 결국 고객을 만족이 최고 가치로 이어지면 선도적인 서비스 혁명이 가능하다는 점을 직접적으로 보여준 중요한 사례가 아닐 수 없다.

사례 #4

이탈리아의 식품 스타트업 전략 사례

우리나라와 마찬가지로 지속되는 경기침체와 저성장, 이와 맞물린 청년실업을 해결하기 위해 이탈리아 정부는 2012년 도입한 청년창업 지원 정책 '성장 2.0(Crescita 2.0)'을 도입하여 현재 스타트업 창업은 지속증가세에 있다.

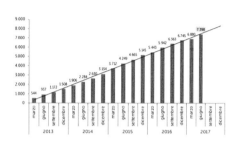

이탈리아 창업 동향(출처: 이탈리아 경제개발부 Relazione annuale Startup e PMI Innovative 2017 보고서)

최근 이탈리아에서는 식·음료산업에 다양한 IT 기술을 접목한 '푸드테크(Food Tech)'가 스타트업 창업의 주요 테마로 부상하며 다양한 성공 사례를 창출하고 있다. 푸드테크는 전통적인 식품산업에 다양한 IT(Information Technology)를 접목해 탄생시킨 미래 산업으로 인구 증가와 식량문제의 대두, 환경과 건강에 대한 관심 증가 속에 유망한 산업으로 주목 받고 있다. 아직까지 국내의 경우, 일부 기업들과 창업자들에 의해 정보를 취득, 정리하는 단계에 머물고 있다. 반면 이탈리아의 경우, 기술 접목 분야는 식품 생산, 가공·제조, 운송, 보관, 기타 서비스 등 다양하며, 흔히 접할 수 있는 식·음료 주문배달 서비스는 물론 스마트팜, 인도어팜(Indoor-Farm) 등 생산 관련 분야도 상용화 단계에 돌입하였다. 이들의 기술적 노하우는 주로 식품 신선도 및 안전성 실시간 확인 서비스, 고객 취향 맞춤형 식품 제조 서비스 등 응용범위도 점차 넓어지고 있다.

몇 가지 전략 사례를 살펴보면 글로벌 투자기업인 SBC(Startup bootcamp)가 이탈리아 로마에 세계 최초로 푸드테크만을 위한 액셀러레이터(Accelerator)를 설치하여 본격적인 생활 서비스 제공을 서두르고 있다.

우선, 우리가 흔히 즐겨 찾는 와인과 IT를 접목시킨 'Wenda' 라는 서비스이다. 이 서비스는 와인의 병목에 설치된 저가의 센서로 온도, 품질, 상태를 체크해 스마트폰 애플리케이션에 실시간 보여주는 것이 핵심이며, 와인과 사물인터넷(IoT) 기술 접목한 형태이다. 몇년 전에 중국에서는 고급 명주가 가짜로 둔갑하여 판매된 적이 많았

Wenda의 대표제품 'Unique'(이미지 출처: www.wenda-it.com)

는데, 중국에서는 모든 고급 명주에 QR코드를 부착하여 원산지, 생산년월일을 비롯하여 주요 유통 경로와 상품입고와 보관까지 명확하게 기록되어 소비자가 자신의 스마트폰 QR코드 리더기를 확인하고 구매하도록 권장하고 있다. 이와 마찬가지로 이탈리아에서는 QR코드와는 다른 기법인 Wenda 서비스를 실행하고 있는 것이다.

이탈리아의 바쁜 도시인들을 위한 개인정원 서비스인 'YouFarmer'는 서비스가 소개되자마자 많은 소비자들의 호응을 얻었다. 신선한 야채와 과일을 지정한 농장에서 위탁 재배한 후 원하는 시간에 원하는 장소로 배달해주는 서비스로, 우리나라에서 최근까지도 계속되고 있는 '체험농장'과 유사한 서비스 개념이다. 소비자가 마치 개인 정원에서 직접 농산물을 기르는 듯한 느낌을 주는 것이 특징이며 최근 웰빙,

이미지 출처: youfarmer.bio 홈페이지

유기농 식품에 대한 관심이 점차 늘어나는 가운데 직접 작물을 재배할 시간과 공간이 부족한 도시인들을 위한 신개념 서비스인 것이다. 특히 이 서비스는 3년 이내에 이탈리아 모든 주(州)에 있는 농장과 제휴를 맺고 5만 가구 이상을 '개인 정원' 소유주로 만드는 것이 목표라고 밝힐 정도로 서비스 확산이 빠르다.

YouFarmer 서비스에 반해 올리브 오일로 유명한 이탈리아에서는 'Revoilution'이라는 서비스가 인기를 끌고 있다. 이 서비스는 가정에서 직접 짜내는 올리브 기름이라는 컨셉으로 가정용 기름 제조기 EVA를 개발하고, 냉동 오일 펄프를 활용하여 소비자가 선택한 취향에 맞는 올리브 기름으로 만들어주는 가정용 기기제품이다. 우리나라에서는 튀긴 기름에 대한 식용유 산화, 포화지방 등 건강에 민감한 소비자를 위해 '에어 프라이어'가 홈쇼핑에서 선풍적인 인기를 끌고 있는 것과 마찬가지로, 올리브 기름을 늘 식생활에서 접하고 있는 이탈리아를 비롯한 유럽 소비자들에게는 해당 서비스와 기기는 에어 프라이어에 버금갈 정도라고 하겠다.

Revoilution의 가정용 올리브 기름 제조기 EVA(이미지 출처: www.oliofresco.it)

이탈리아의 푸드테크 산업을 비롯한 관련 제품과 서비스는 기존 편의성을 강화한 배달 서비스 등을 넘어서 식품 생산, 가공, 운송, 보관 등 다른 분야로 확장 중이며, 이 역시 활발한 창업활동으로 이어지고 있는 점이 국내 상황과는 다른 점이라고 할 수 있다. 특히 건강, 웰빙에 대한 관심 증가, 맞춤형 소비 트렌드의 부상 등 최근 시장 변화를 반영한 푸드테크 스타트 업들의 성공사례를 바탕으로 서비스 창업의 핵심 성공요인을 되짚어 볼 필요가 있다.

출처 한국무역협회 홈페이지 및 KOTRA 밀라노 무역관 자료 종합

Quiz

소속 ....

성명 ....

1 마이클 포터는 경쟁강도는 우연의 결과가 아닌 1) 신규 진입기업의 위협 2) 대체재의 위협 3) 구매자의 교섭력 4) 공급자의 교섭력 5) 기존 기업 간의 경쟁이라는 5가지 요인을 통해 결정된 다고 주장하였는데, 최근 제품 또는 서비스에서 경쟁강도를 설명할 수 있는 사례를 논하라.

....

....

....

....

....

....

....

....

....

....

2 마케팅 전략을 수립할 때 반드시 고려해야 할 본원적인 전략요인 3가지를 서술하라.

....

....

....

....

③ 마케팅 전략에서 중요한 고려사항 중의 하나는 시장의 불확실성을 사전에 예측하여 적정한 대응방법을 미리 준비한다는 것인데, 이를 시나리오 플래닝이라고 한다. 시나리오 플래닝을 준비할 때 고려할 단계에 대해서 설명하라.

4 마케팅 전략과 계획을 수립할 때의 단계와 절차에 대하여 간단한 도표로 그려보고, 해당 사항을 간략히 적어보자.